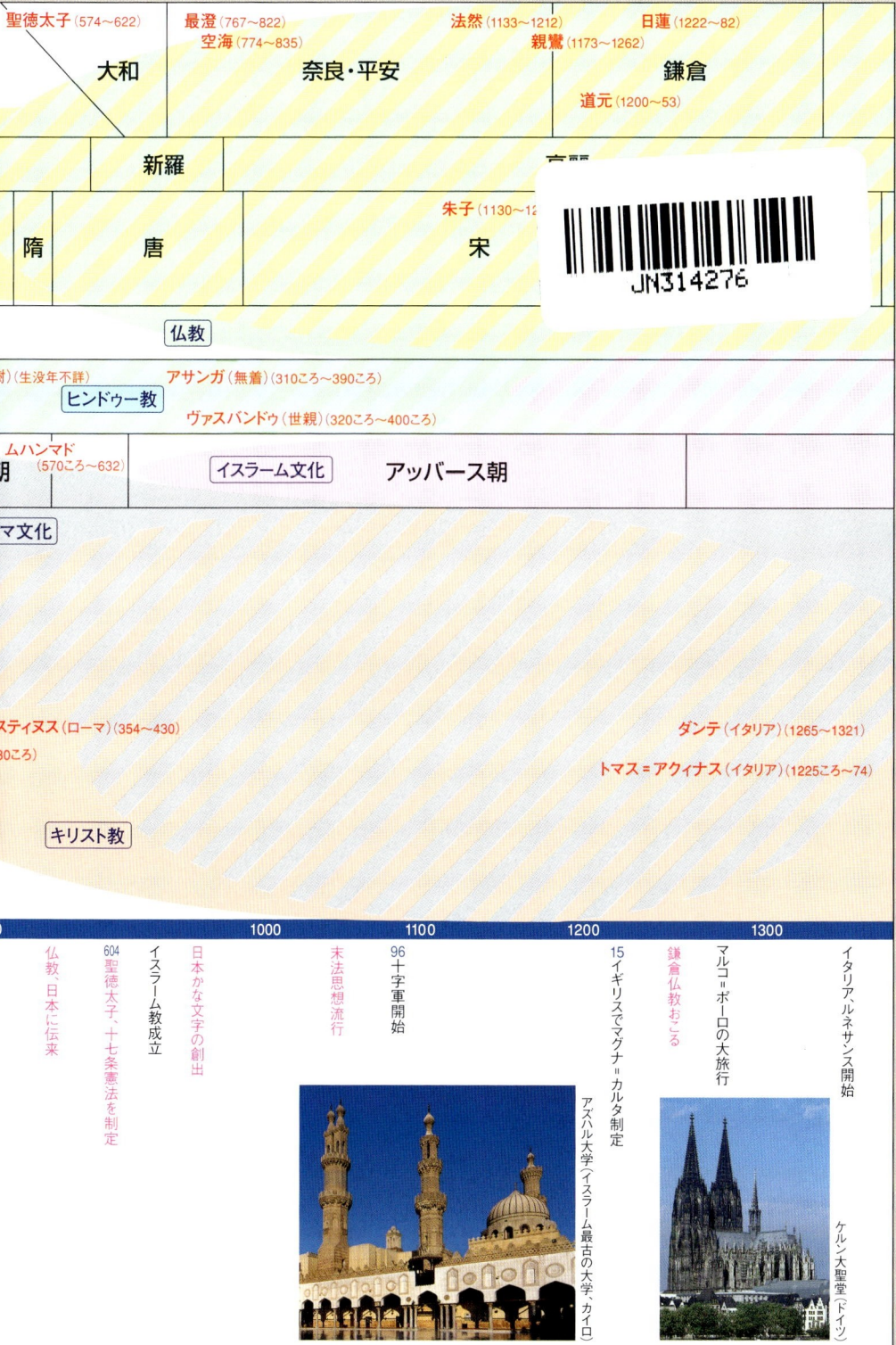

アテネの学堂 ヴァチカン宮の署名の間を飾るラファエロの壁画。盛期ルネサンス古典様式の最高傑作の一つ。古代ギリシアの哲学者・偉人を画面に集めて描いたもの。画面の①はソクラテス、②はプラトン、③はアリストテレス、④はアルキメデス、⑤はピュタゴラス、⑥はヘラクレイトス、⑦はラファエロ。

もういちど読む山川
倫理

キリコ『ヘクトールとアンドロマケー』

ふたたび倫理を学ぶみなさんへ

　「人間はいかに生きるべきか」「人生はいかにあるべきか」という問いは，私たちが人生で直面するさまざまな問題の中でも，いちばん基本にある問いといえます。それはまた，昔から古代ギリシアのソクラテスをはじめ，多くの優れた先人が生涯を通じて考え抜いた倫理の根本問題です。そして，この問題に対する先人の答えは，洋の東西を問わず，各人各様といってもよいほどさまざまです。ある人は個人の心のあり方を基準にして「よい生き方」を考え，ある人は社会全体の福祉を基準にして「人間のあり方」を求めています。また，ある人は倫理的生活の中心を，自分が体験する身近な世界の中に見出し，ある人は現実の世の中を超えた視点から，真実の生き方とは何かを問題にしました。私たちが，こうした先人の真剣な思索の成果を学ぶ際に，もしも，それがただ過去の知識を習得することに終わるならば，倫理を学ぶことほど不毛でつまらないものはないでしょう。私たちが自分自身の心と行動のあり方を反省しながら，人間の生き方・あり方について主体的に問い進めていくところに，倫理を学ぶ意義があるからです。

　倫理とは何かという質問に，「倫理」という言葉の意味を説明

する答え方があります。たとえば，「倫」とは「なかま」のことであり，「理」とは「筋道」のことをさしますから，倫理とは要するに人びとの永年の経験が積み重なってできあがった，人間集団の規律やルールのことをさすと説明できます。倫理は私たちが他者とともに，人間らしく生きるための道筋を示すものといえます。私たちはこのような人として歩むべき道筋を過去の人びとから受け継ぎながら，未来の新しい時代に即した人間の生き方を探求しなければなりません。

　本書は高等学校の教科書として使われている『現代の倫理（改訂版）』をベースに，一般の読者を対象として明解な記述ながらも内容を深め，人生について思索する手がかりになるように改めました。また，先人の思想を理解する上での手助けになるように，彼らの言葉をコラムとして掲載しています。誰にでも読みやすく，この一冊で，人類史上に登場したおもな思想家たちの考えが把握でき，人類の精神史の全体像と，現代の倫理的課題が一望できる書物です。本書が現代人の一人ひとりにとって，みずからの生き方を考える上での一助となることを願っています。

目次

ふたたび倫理を学ぶみなさんへ

序章　現代社会と自己への道　7
　プロローグ　自分を探す旅　7
　1　自己の発見　8
　2　他者との出会い　10
　3　社会に生きる自己　13
　4　人生の意味を求めて　14

第1章　思索の源流　17
　1　哲学と思索　17
　　❶哲学とは何か　17
　　❷古代ギリシアの思想　19
　　❸ヘレニズムの思想　37
　　❹古代中国の思想　41
　2　宗教と祈り　57
　　❶宗教とは何か　57
　　❷キリスト教　59
　　❸キリスト教の発展　65
　　❹イスラーム教　70
　　❺仏教　72
　　❻大乗仏教の展開　77

第2章　西洋の近代思想　83
　1　人間の尊厳　83
　　❶ルネサンスと近代的人間像　83
　　❷宗教改革と信仰の心　87
　　❸モラリストの人間観察　90
　2　近代科学の考え方　95
　　❶近代科学の誕生　95
　　❷経験論と合理論　97
　　❸科学技術と平和・環境問題　104
　3　民主主義の考え方　108
　　❶自然法の思想　108
　　❷社会契約説　109
　4　近代の理性的な人間像　114
　　❶カントと人格の尊重　114
　　❷ヘーゲルと精神の発展　119
　5　人間と働くこと　127
　　❶社会主義の思想　127
　　❷自由で公正な社会像　132
　6　幸福と創造的知性　136
　　❶功利主義と幸福の追求　136
　　❷プラグマティズムと創造的知性　141
　7　真実の自己を求めて　146
　　❶実存としての自己　146
　　❷現代の実存主義　151
　8　生命の尊重とヒューマニズムの思想　160
　　❶生命への畏敬と非暴力　160
　　❷社会参加とボランティア　164
　　❸人類に開かれた倫理　167
　9　新しい知性と現代への批判　172
　　❶近代の理性への批判　172
　　❷構造主義と近代社会への批判　175
　　❸全体主義と大量虐殺への批判　178
　　❹新しい思索の試み　181

第3章 日本の思想 185

1 日本の風土と文化　185
　❶風土と文化　185
　❷外来文化の受容と創造　188
2 古代日本人の心　190
3 日本人と仏教　193
　❶仏教の伝来と受容　193
　❷平安時代の仏教　195
　❸鎌倉時代の仏教　199
4 儒教とさまざまな思想　209
　❶江戸時代の儒教　209
　❷江戸時代の民衆の思想　217
　❸国学と日本人の心　221
　❹神道の思想　224
　❺洋学と幕末の思想　224
5 日本の近代化と新しい思想　227
　❶啓蒙思想と自由民権運動　227
　❷キリスト教と日本人　230
　❸国粋主義と国家主義　232
　❹人間解放の思想　234
　❺近代的自我の目覚め　238
　❻日本人の伝統に根ざした思想　244
　❼民衆の伝承と自然環境の保存　248
　❽戦後の日本の思想　250
　❾戦争と平和　251

第4章 現代の倫理的課題 257

1 科学技術の発達と生命　257
　❶科学技術と生命倫理　257
　❷遺伝子の操作　258
　❸生殖医療の課題　259
　❹脳死と臓器移植　260
　❺安楽死と尊厳死　261
2 地球環境問題と私たち　264
　❶科学技術と自然の関わり　264
　❷環境倫理の考え方　265
　❸国際社会と環境問題　266
　❹日常の生活とリサイクル　267
3 情報社会とその課題　269
　❶情報の受け手としての自覚　269
　❷情報の発信者としての自覚　270
　❸現代人のコミュニケーションの変化　270
　❹仮想現実の問題　271
　❺情報リテラシー　272
4 国際化と異文化理解　273
　❶異文化との出会い　273
　❷自文化中心主義の克服　273
　❸文明の衝突から文明の共生へ　274
　❹人類と宗教　276
　❺寛容の精神　276
5 世界の平和と人類の福祉　277
　❶世界の平和　277
　❷排他的・差別的な人間の心理　277
　❸貧困の克服　278
　❹NGOの活動　279
　❺人権意識の高まり　279
　❻バリアフリーとノーマライゼーション　281
　❼人類の福祉　282
　　エピローグ　命の星に生きる　282

コラム

ケーキをあたえた少女：アンネ＝フランクの童話『リタ』　*166*

「想像してごらん」：ジョン＝レノン『イマジン』　*171*

「人生への疑問」：芥川龍之介『侏儒の言葉』より　*243*

『きけわだつみのこえ』：戦争で死んだ若者たちの声　*253*

索　引　*284*

序章 現代社会と自己への道

プロローグ　自分を探す旅

　日常生活の中で，ふと，今，自分は何のために生きているのだろうか，自分はこれでよいのだろうか，これから自分はどうなるのだろうかという，さまざまな自己への問いかけが生まれることがある。私たちは，このような心にわきあがる問いに対して，自分なりの答えを見つけ出そうとする。そのような試みの一つが倫理，すなわち人間の生きる道筋を考えることである。人間は生きている限り，自己の生き方を問いかけ，倫理を模索し続ける存在といえるかもしれない。

　地球には，今まで無数ともいえる多様な生物が生まれてきた。その中で私たち人類は，あるときから命の神秘と価値に目覚め，命を守り，成長させることが善であり，命を傷つけ，破壊することは悪であることを知った。人類だけが倫理や道徳という文化をもつことは，命の価値を自覚できる唯一の生きものとして，命への責任のあらわれといえよう。それはまた，命を生み，育てる奇跡的な地球の自然への畏敬(いけい)の念にもつながる。倫理をはじめ，哲学・宗教・芸術などの文化が生まれた根源は，そのような人類の命への目覚めや，自然への畏敬にあるともいえよう。倫理はあたえられた命の重みをかみしめ，命を生み出した自然への畏敬の念をあらたにすることでもあるだろう。

　私たちは，このような人類の精神が目覚める歩みの中に生きている。それは自己とは何か，人間とは何か，人生とは何かを問い続ける長い心の旅である。その旅の道しるべとして，先人たちのさまざまな思想について学んでみよう。

1　自己の発見

自我の目覚め
　私たちは人間として成長してゆくプロセスにおいて，青年期の頃から，ふだん生活している自分と，その自分をみつめるもう一人の自分とに分かれる。自分で自分をみつめることを通して，自分の存在を意識する自我意識に目覚める。私たちは自分はまわりの誰とも異なる独自な存在であり，「自分は自分なのだ」ということを発見し，自分自身でありたいという欲求に基づいて生きる。
　自分を意識し始めることは，自分という一人の人間の個性を見つけることでもある。個性はただ他者と比較して人目をひくところがあるという意味ではない。一人ひとりが，誰とも交代することのできない，かけがえのない自分を生きている限り，自分が生きていることそのものが，きわめて個性的な出来事なのである。
　人間は誰でもそのような個としての自分を認めてほしいという欲求をもっている。したがって，他者から受け入れてもらえなかったり，ましてや無視されることは，大きな苦悩になる。また，他者と比較して劣等感に悩んだり，自分が認められないいらだちを他者を攻撃することによって発散し，虚勢を張って不満のはけ口にすることもある。

アイデンティティの確立
　心理学者のエリクソン〈1902〜94〉は，自分がつねに同一の自分であるという，自分についての一貫した自覚をもつことをアイデンティティ（自我同一性）と呼んでいる。「自分とは何者か」という問いに答え，「自分とはこのような人間なのだ」という自己のアイデンティティを確立することが，人生の大きな課題である。しかし，ときには自分がわからなくなり，毎日が空虚に感じられ，生きることへの不安や無力感に悩むこともある。

今まで確かだと思っていた人生の足元が崩れ，自信を喪失することもある。エリクソンは，そのような自我の危機的な状況を，アイデンティティの危機（拡散）と呼んでいる。

　青年期には，親に依存した子どもの状態をぬけ出し，自立した新しい自分のあり方を模索する中で，どっちもつかずの宙ぶらりんの状態になって，アイデンティティの危機におちいることが珍しくない。また，その後も，進学や就職，結婚や出産，転職や退職などで生活環境やライフスタイルが変わるたびに，人間はそのつど新しいアイデンティティを構築する必要に迫られる。

　人間は，ただ何となく毎日を過ごしているだけでは，自分の存在感が薄れ，自我意識が解体する危機に陥る可能性がある。このような危機を乗り越えるためには，第一に，自分は何をめざして生きているのかという，将来の目標や生きる意義をみつけることが大切である。自分が向かう目的をみつけ，将来への方向性を見定めて，時間の中で一貫した姿勢で生きるのである。

　第二には，社会集団に所属し，他者と共有できる現実の中に自己の居場所を確保することである。他者との関係の中で一定の役割や使命を果たし，他者から必要とされ，仲間の一員として承認されることによって，自己の存在を実感することができる。他者と結ばれた絆に生きることで，しっかりとした人生の現実感を得ることができる。このように今を意義づけてくれる目標や使命と，他者と共有できるリアリティの中で，自己のアイデンティティは確かなものになる。

　人生を生きることは，「自分自身へと向かうの道」（ヘルマン＝ヘッセ）であり，自分とは何かを見出す旅である。その旅は自分が今，ここに存在していること自体の不思議に目覚め，人生を生きることの有難さを見つめることでもある。有難いとは文字通り，めったにありえない，奇跡的ということである。私たちは日常の日々を生きる有難さをわが身に感じながら，自分自身への道を歩んでいくのである。

2　他者との出会い

情報ネットのつながり

　現代人はインターネットや携帯電話などの情報メディアを通して，多くの人とつながっている。情報ネットを使えば，共通の興味や利益でつながる不特定多数の人と出会える。しかし，その出会いは表面的で希薄な場合がある。また，コンピュータのつくり出す仮想空間（バーチャル＝リアリティ）の世界にひたり，自分だけの世界に閉じこもるうちに，自分中心な発想だけで行動する傾向が生まれ，他者の存在が視野にはいらなくなる場合もある。さらに，ネット上では自分の名を隠す匿名性のために，自己主張だけをして他者を攻撃し，トラブルのもとになることもある。

　情報ネットによる間接的なコミュニケーションのみでは，相手の気持ちを読みとって，相手への思いやりをもちながら語るという人間らしい心配りに欠けてしまう。現代のネット社会の中でこそ，私たちは人と人との関係をつくるコミュニケーションの能力を身につけることが改めて必要とされている。

仮面をかぶった人間関係

　現代人は「優しさ」を大切にするあまり，たがいに傷つくことを恐れ，本音を隠して，うわべだけの会話に終始する傾向がある。人が集まると，そこには他者にあわせようとする無言の心理的な同調圧力がかかる。一見，仲よさそうに話していても，たがいの心の内面を隠して周囲にあわせ，仮面をかぶった人間関係を演じている場合もある。

　また，ブログやホームページでの発言は，不特定多数の人の目にさらされるために，つねに他者の反応に敏感になり，いつもまわりの「空気」を読もうとする他者への過剰な適応が起こりやすい。しかし，他人から好かれる人を演じ，まわりに同調しようと気づかってばかりいては，いつのまにか本当の「私」

が見失われてしまう。そのような他者への過剰な同調を強いられるストレスが，学校や会社，ネットにおける他者へのいじめや攻撃となって，ゆがんだ形で発散されることもある。

他者との本気の対話
　現代は電子メールによる間接的なコミュニケーションや，パソコンの仮想空間で作業する時間が増える分だけ，たがいに顔を向けて語りあう体験をより大切にしなければならない。相手の言葉を正面から受けとめて，それに対して自分の思いを言葉にして相手に率直に伝えるという，本気のコミュニケーションの体験が必要である。

　私たちはコミュニケーションを通して，自分を言葉で表現することを学ぶ。言葉で自己を表現することは，それを受けとめてくれる他者がいてはじめて成り立つ。私たちは他者との対話を通して，他者を知ると同時に自分自身をも知ることができるのである。他者と本音で語りあえる対人関係の能力を身につけることは，自己が成長する上で大切な土台になる。

人の絆
　単身者の世帯が増え，個人が孤立しがちな現代社会において，今あらためて家族の絆，人の絆とは何かが問われている。私たちが他者とともに喜びも悲しみも分かちあい，一緒に支えあって生きるところに人の絆が生まれる。「『寒いね』と話しかければ『寒いね』と答える人のいるあたたかさ」（俵万智）という短歌がある。「寒さ」も愛する二人で分かちあえば，心のあたたかさに変わるのである。

　人間関係の心理学を説いたサリヴァン〈1892〜1949〉は，思春期において「相手の幸福や安全が，自分の幸福や安全と同じくらい大切に思えるようになるとき，はじめて友情や恋愛が生まれる」と述べている。もし，人を愛することが自分の欲求を満たすためだけにあるならば，それは人を愛しているようにみえて，実は自己満足を求める単なる自己愛にすぎない。また，

愛されたいがために，相手の欲求のままにふるまうことも同じである。自分を大切にするように相手を大切に思い，たがいに相手の想いに誠実に応えようとするときに，真実の愛が生まれる。

　宗教哲学者のマルチン＝ブーバー〈1878〜1965〉は，私たちが出会うものを「それ」と「汝」に分けた。三人称でさし示せる「それ」は，他のものと交換できる「もの」である。私が二人称で呼びかける「汝」は，今，そこにいる，誰ともかわることのできない唯一の「あなた」である。そのかけがえのない「あなた」の呼びかけに私が応えるとき，私もまた「あなた」にとってかけがえのない存在となり，そこに，われと汝の絆が生まれる。英語では責任 (responsibility) が，相手に応えること (response) に由来しているように，他者との出会いは，たがいに相手の呼びかけに耳を傾け，それにつねに誠実に応答しようとする責任を引き受けることである。他者からの心のメッセージを受け取り，その他者の呼びかけに応える責任をになうことによって，人の絆が結ばれる。そこに，人と人とのコミュニケーションの倫理的な意味があるといえよう。

3　社会に生きる自己

二本の手より四本の手

　私たちは自己の意志に基づいて行動する主体性とともに，他者とともに協調する社会性を身につけなければならない。ドイツの哲学者フォイエルバッハ〈1804～72〉は，「四つの目は二つの目よりも多くのことを見，四本の手は二本の手より多くのことをなしうる」と説いている。一人では無力な人間が，他者と協力することによって困難を克服して偉大なことをなしとげることができる。もし，人間が孤立して生きるのみで，他者と連帯することを知らなければ，文明を築き上げることはおろか，この自然界で生存し続けることさえできなかったであろう。人間は過去の人びとから知恵や文化を受け継ぎ，同時代に生きる人びととそれらを共有し，さらに未来の人びとに新しい知恵や文化を伝えながら，他者とともに生きる社会的な存在である。

個性と分業

　社会集団の中に生きることは，個としての自己を犠牲にすることではない。一人ひとりが個性を生かして得意な分野に専念できるのは，分業によって他者がそれ以外の分野をになってくれるからである。一人ひとりが個性を生かすことは，社会の中でさまざまな役割を分担する協調性によって可能になる。同時に，分業を通して一人ひとりが独自の能力を発揮し，人びとの多様な能力が開花することが，社会全体の発展にもつながる。

　自分だけの世界に閉じこもり，他者と連帯するコミュニケーション能力が低くなる傾向にある現代においてこそ，社会集団や地域コミュニティの中で，一人ひとりがみずからの能力をもちより，仲間と連帯して何かをなしとげる喜びや達成感を共有する体験を大切にしたいものである。

4　人生の意味を求めて

生きることの意味

　精神医学者のフランクル〈1905〜97〉は,「生きていることの意味を問うことこそ,人間と動物との本質的な違いの基準である」と述べている。自分が生きていることの意味を問うことは,私たちの精神的な成長の証(あか)しであり,その知的な誠実さのあらわれである。

　ユダヤ人であったフランクルは,第二次世界大戦中にナチスの強制収容所で家族を虐殺され,自分だけが生き残った。彼は収容所の絶望的な状況の中でも,あちらでは優しい言葉をかけ,こちらでは最後のパンのひとかけらを人にあたえた人がいたと語っている。彼らは人生の絶望の只中にあっても,「いかに生きるべきか」という問いに,つねに人間らしい誠実な態度によって応えたのである。フランクルは,これを態度価値と呼んでいる。いかなる状況にあっても,人間らしい態度を失わずに,運命と誠実に向きあうところに,人としての尊厳に満ちた態度価値が実現される。

　このようにつねに人生を尊重し,人間らしい尊厳に満ちた態度で生き抜くところに,人生の深い意味がある。フランクルは,「人生にはそれ自体で意味がある」と述べ,どのような状況でもつねに人間らしい誠実な態度で生き,人生にイエスをいうべきだと説いている。

生きがいの発見

　フランスの思想家ルソー〈1712〜78〉は,「もっとも多く生きた人は,もっとも長く生きた人ではなく,生きていることをもっとも多く感じた人である」と語っている。もっとも多く生きた人は,生きていることにもっとも多くのエネルギーを注いだ人であるといえるかもしれない。

　生きがいは自分が生きていることを実感すること,人生の手

応え，反響である。それは，ただまわりの世界に適応して「うまく生きる」だけでは得られない。自分が生きる目的や意味を探し求め，それをめざして「よく生きよう」とする意欲から生まれる。生きがいは，自分が何かに打ち込んだエネルギーの分だけはね返ってくる。生きがいは，私たちが精一杯に生きた証しであり，自分が発揮した命のエネルギーの反響であり，その手応えである。

> **価値をみいだす**　「生きがいというのは，もらうことじゃない。自分のなかにあるものを与えることである。自分の能力を，自分のエネルギーを使うことなのだ……人間は，心の中に価値意識を持たなければ，張りつめた，はつらつとしたところはでてこない。対象そのものが問題なのではない。それに価値を与える精神活動そのものが問題なのである。百メートルを0.1秒速く走るかどうか，ということで必死になるということ，そのこと自体を見て"くだらぬ"というのはナンセンス（無意味）なのである。その0.1秒に価値をみいだすことこそ，精神活動そのものなのである……」（加藤諦三『「自分」に執着しない生き方』大和書房）

使命感をもつ

　精神科医の神谷美恵子〈1914〜79〉は，瀬戸内海にあるハンセン病療養所での勤務体験をもとに書いた『生きがいについて』の中で，つぎのようなエピソードを紹介している。

　神経症による心臓の苦しみを訴える青年が，彼女に勧められて島にある気象観測所の手伝いをするようになった。その観測所は観測データを送る大事な役割を果たしていた。青年はその仕事に張りあいをおぼえ，みちがえるように元気になったが，国から年金を受けるようになると，その規定によって仕事をやめねばならなくなり，暇をもてあまして再び神経症に苦しむようになった。

　神谷美恵子はこのような体験から，人生の中で自分のなすべき使命感をもっている人が，一番生きがいをもっていると述べている。自分が誰かに必要とされ，自分の果たすべき使命や役割があると自覚している人が，生きる張りあいをもって毎日を

送れるのである。

使命感をもつ　「……どのようなひとがいちばん生きがいを感じる人種であろうか。自己の生存目標をはっきりと自覚し，自分の生きている必要性を確信し，その目標にむかって全力をそそいで歩いているひと——いいかえれば使命感に生きるひとではないであろうか。このような使命感の持主は，世のなかのあちこちに，むしろ人目につかないところに多くひそんでいる……しかし，つきつめていうと，人間は多かれ少なかれ漠然とした使命感に支えられて生きているのだといえる。それは自分が生きていることに対する責任感であり，人生においてほかならぬ自分が果たすべき役割があるのだという自覚である。」（神谷美恵子『生きがいについて』みすず書房）

自分自身への道

　ドイツの文学者ヘルマン＝ヘッセ〈1877～1962〉は，「すべての人間の生活は，自分自身へと向かう道である」と述べている。自分自身を求めて真剣に生きれば，失敗したり，挫折したときにはそれだけ苦しみも大きい。しかし，自分なりに全力で努力し，また，心から人を愛したゆえに傷つくならば，それは懸命に生きた証しであり，後悔することはないだろう。その体験は自分自身へと向かう人生の長い道のりの一歩である。

　社会心理学者のフロム〈1900～80〉は，「自分自身でないことほど恥ずべきことはなく，自分自身でものを考え，感じ，話すことほど，誇りと幸福をあたえるものはない」と語っている。自分の意志に基づき，自分らしさを表現して生きるとき，私たちは自分の本物の人生を生きていることを実感でき，それが生きる自信と誇りをあたえてくれる。フロムは，私たちが真実の自己を生きているとき，「人生の意味がただ一つあること，それは生きる行為そのものである」ことが明らかになると述べている。

第1章 思索の源流

1 哲学と思索

❶―哲学とは何か

哲学と科学

　自分が今，ここに生きていることの驚きや不思議さから，哲学することを始めてみよう。

　私たちは日常の暮らしの中で，さまざまなものごとに取り囲まれて生活している。そのような毎日の中で，ふと，自分が生きていること自体が不思議に思えたり，自分はなぜ，何のため，今，ここに存在しているのだろうか，という疑問に目覚めたりすることがある。そのような疑問や驚きによって，私たちはふだんの生活の流れの中から自分を取り戻し，人生を自覚的にみつめ，問うことのできる主体，すなわち哲学する人間となる。

　古代ギリシアの哲学者アリストテレス〈前384～前322〉は，「驚くことから，知恵を愛し求める哲学が生まれる」といっている。哲学することは，日常の自明な現実に，あらためて疑問や驚きをもつことから始まる。

　人間の考え方には，大きく分けて科学と哲学とがある。科学はこの世界の中で，私たちに対象としてあらわれるさまざまなものごとを客観的に考察し，その仕組みや法則性を明らかにする。科学は客観的な観察データによって，みずからの結論を検証し，裏づける実証性をもつ。一方，哲学は私たちがそのようなものごとと出会う場所となるこの世界や人生が，全体としてどのような意味や目的や価値をもつかについて思索する。

私たち自身が世界や人生の中に生きている限り，それらを私たちの前におかれた一つの対象として考察することはできない。世界や人生から離れた固定的な視点から，それらの全体像を見ることはできないのである。私たちは世界や人生のただ中で，生きる体験を通して，その意味や目的を思索し続けていくしかない。

哲学すること
　哲学者のカント〈1724～1804〉は，「人は哲学を学ぶのではなく，哲学することを学べるだけである」と述べている。哲学は，客観的な知識として学べるものではなく，学べるものは一人ひとりが哲学する主体的な行為のみである。哲学の真理は，科学のような客観的な知識として学べるものではなく，一人ひとりが思索しながら人生の真理を明らかにすること，つまり哲学する行為の中にある。
　哲学者のヤスパース〈1883～1969〉は，哲学とは私たちをつつみ込み，それ自体はけっして一つの対象となることのない世界の根源について思索することであると説いている。世界は，その中で私たちが生まれ，さまざまな出会いや，愛や苦悩，喜びや悲しみを体験し，そして死んでいく人間の存在の基盤である。ヤスパースはそのような世界を，私たちを包み込むものという意味で，包括者と呼んでいる。
　哲学は，そのような私たちをつつみ込む世界の根源について問いかける。私たちをつつみ込む世界や人生が，さまざまな現象となってあらわれる限り，それらの根源について考える哲学に，ただ一つの固定的な答えはない。
　古来，哲学はさまざまな世界観や人生観を考え出してきた。それらは世界や人生のさまざまなあらわれ方に対する，一人ひとりの思索の結果である。哲学の真理は，客観的な既成の知識として学べるものではなく，一人ひとりが思索しながら人生の真実の姿を明らかにすること，つまり哲学する主体的な行為を通して明らかになる。これから先人の思索の跡をたどりながら，

パルテノン神殿 古代ギリシアのアテネの中心にある丘の上に建てられた神殿。当時のアテネは、市民による民主政治が行われ、思想や芸術が栄えた。

私たちの人生について哲学してみよう。

❷―古代ギリシアの思想

神話から哲学へ

　私たちは、まず、青いエーゲ海が広がり、白亜の神殿がそびえたつ哲学の誕生の地、古代ギリシアに目を向けてみることにしよう。

　古代ギリシアでは、ホメロス〈前8世紀〉の『イリアス』『オデュッセイア』や、ヘシオドス〈前700頃〉の『神統記』などにみられる神話が、長いあいだ人びとの考え方の枠組みであった。そのような神話的世界観の中では、ゼウスをはじめとするオリンポスの神がみの超自然的な力が、世界や人間の運命を支配していると信じられていた。このような神話（ミュトス mythos）は、昔から伝えられ、信じられてきたという素朴な事実に基づく。

　これに対して、人間の固有の思想能力である理性（ロゴス logos）に基づいて、ものごとを筋道を立てて合理的に考えようとする哲学が生まれた。ロゴスとは、論理・理性・言葉などをあらわす、古代ギリシアの哲学の中心的な概念である。ロゴスは宇宙を支配する法則、思考の筋道である論理、人間の考える

19

理性の働き，さらに考えたことを表現する言葉を意味する。人びとは神話的な世界観から脱却し，ロゴスに基づいて考える哲学によって，世界を統一的，合理的にとらえようとした。

　古代ギリシア人は，宇宙は無秩序なカオス（混沌 chaos）ではなく，一定の法則によって支配された，秩序あるコスモス（宇宙・秩序 cosmos）であると考えた。人間もまた内なる理性であるロゴスをそなえており，みずからの理性の働きとしてのロゴスによって，宇宙を支配する理法としてのロゴスをとらえることができる。人間の本質を理性に求める古代ギリシアにおいては，宇宙の理法を探究する哲学は，人間の本質的な営みであった。古代ギリシアでは，哲学（フィロソフィア philosophia）とは知恵（ソフィア sophia）を愛すること（フィロス philos），つまり真理についての知恵を愛し求める学問という意味であった。

古代ギリシアの自然哲学

　紀元前6世紀初め，小アジアのイオニア地方に建設されたギリシアの植民都市で，自然哲学が誕生した。自然哲学は，自然のすべてのものが生まれてくる根源（アルケー arche）とは何かについて考えた。自然哲学者たちは，神話とは異なり，経験的な事実をもとに，万物が生まれる根源を論理に基づいて推理した。そこにロゴス（理性・論理）に基づいて思考する哲学の芽生えがみられる。

　自然哲学の祖タレス〈前624頃～前546頃〉は「万物の根源は水である」といい，その根拠として，水が種子の発芽をうながすことや，生物は湿り気に養われていることなどをあげている。タレスの説く水は，単なる物質としての水ではなく，万物を生み出す力をもつ生命の根源としての水である。

　ヘラクレイトス〈前550頃～前480頃〉は，すべてのものを焼きつくす火が万物の根源であると考えた。彼はまた，「同じ川の水に二度と足をいれることはできない」「太陽は日々に新しい」「万物は流転する」と語り，万物はとどまることなく変化すると説いた。しかし，その流動する世界で万物が分裂・対立・

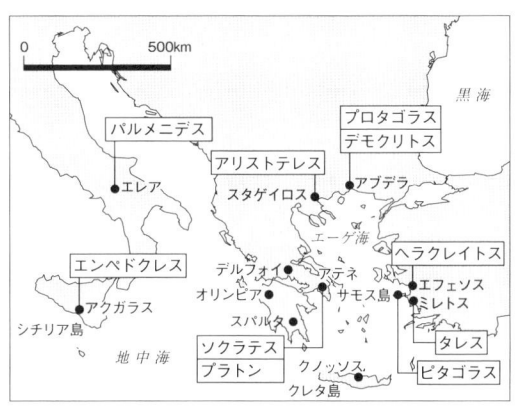

古代ギリシアと思想家の出身地

抗争する中に、世界を統べる理法（＝ロゴス）が働いているとした。

また、エンペドクレス〈前492頃〜前432頃〉は、地・水・火・風（空気）の四つの要素が、愛によって結合したり、憎しみによって分離したりすることによって、万物が生成・消滅すると説いた。デモクリトス〈前460頃〜前370頃〉は、万物の根源を、これ以上分割不可能なものという意味の原子（アトム）と呼び、原子の離合集散によって万物の生成を説明した。

このように自然哲学は神話に頼らず、ロゴスに基づいて、世界の成り立ちを水や火という根源的な物質や原理によって、筋道を立てて合理的・統一的に説明しようとした。哲学は、このような自然について問いかけた哲学者たちの精神の目覚めから始まったのである。

> **万物は流転する**　「河は同じだが、その中に入る者には、後から後から違った水が流れよってくる。（われわれは）同じ河に二度と入ることは出来ない……万物は流転する……太陽は日々に新しい……」（山本光雄訳『初期ギリシャ哲学者断片集』岩波書店）

ソフィストと相対主義

哲学の関心は、やがて自然から人間や社会のあり方へと移った。民主政治が発達したアテネなどのポリス（都市国家）では、市民が民会や法廷で人びとを説得するために、弁論術を身につけることが必要とされた。紀元前5世紀頃になると、報酬をも

らって弁論術を教えるソフィスト（sophist）と呼ばれる職業教師たちがあらわれた。ソフィストの教える弁論は，処世術や立身出世の道具として，人びとにもてはやされた。

　ギリシア各地を遍歴したソフィストは，法律や道徳というものは，国や民族によってさまざまであり，絶対的な真理は存在しないという相対主義の立場をとった。その代表であるプロタゴラス〈前480頃〜前410頃〉は，「人間は万物の尺度である」と述べ，ものごとの善悪を判断する基準は，一人ひとりの人間の考え方や感じ方にあると主張した（人間中心主義）。

　ソフィストの思想は，人びとを過去の因習や権威から解放する一方で，個人の判断を絶対視するあまり，すべての人に共通な普遍的真理を否定した。その結果，人びとを結びつけるポリスの法や倫理を軽んじ，個人が自己中心的な行動に走る風潮を生んだ。

ソクラテス：善く生きること

　人びとがポリスの法や規範を軽視し，普遍的な倫理への関心を失って，個人の欲望を満たすことに走るという危機的な風潮の中で，ソクラテス〈前469頃〜前399〉が登場した。ソクラテスは，人間にとって大切なことは「どれだけ生きるか」ではなく，「いかに生きるか」であり，「私たちはただ生きることではなく，善く生きることこそもっとも大切にしなければならない」と述べている。

　ソクラテスは，人びとに「勇気とは何か」「友情とは何か」「正義とは何か」とたずね，人びとに共通する普遍的な倫理について思索した。人びととの対話を通して，すべての人に普遍的な善い生き方を探究したソクラテスは，「倫理学の創始者」と呼ばれている。

　あるとき，ソクラテスの友人がデルフォイのアポロン神殿にいって，「ソクラテスよりも知恵のある人間はいるか」とたずね，「いない」という神のお告げを得た。自分をそれほど知恵のある人間とは思わなかったソクラテスは，神託の本当の意味をは

人物 ソクラテス

ソクラテスは，古代ギリシアのアテネに生まれた。父は石工，母は助産婦だった。当時のアテネは，ペリクレスの指導のもとに民主政治の黄金期を迎えていたが，ペロポネソス戦争の後は，衆愚政治へと転落していった。ソクラテスは街かどで市民と問答し，正しい魂をもつポリスのよき市民としての生き方を説いた。しかし，反対派から青年を堕落させ国家の神を信じないという理由で裁判にかけられ，死刑の評決を受けて70歳でみずから毒杯をあおいで死んだ。

かりかね，自分よりも知恵がある人物をさがしにでかけた。そして，世間でもの知りといわれていた政治家や作家ら，さまざまな人びとをたずね，何が人間にとって一番大切かを問いかけた。

その結果，わかったことは，彼らは自分に知恵があると思い，他人からもそう思われているけれども，実は人間にとって一番大切なことを知らない。そればかりか，知らないのに知っていると思い込んでいる，ということであった。

こうしてソクラテスは，知っているふりをしている人間よりは，自分の無知を自覚し（無知の知），人間にとって何が大切であるかを謙虚に問い続ける者こそが，本当に知恵のある人間であると考えた。神の知恵に比べれば，人間の知恵は無にも等しいものであろう。その人間に賢者がいるとすれば，それはおのれの無知を自覚し，つねに知恵を愛し求め続ける者である。無知の知は，真実の知の探究の出発点になる。

ソクラテスは，問答を通して人びととともに真理を探究した（問答法）。ソクラテスは無知をよそおいながら問答を始め，しだいに相手の考え方の矛盾を明らかにして，相手の無知をあばいていく。つまり，ソクラテスは相手を肯定するようにみせて，問答の中で相手の考えの矛盾をあばき，相手が自己否定せざるをえないように追い込むのである。

この逆転が，エイロネイア（皮肉）と呼ばれる。それは相手

をからかうことを目的とするのではなく，知っているという相手の思いこみを逆転させ，無知を暴露することである。

　そして，そのような無知の自覚を出発点として，相手に自分の考えを吟味させ，人生についての真の知恵を求めさせるのである。ソクラテスは，知恵は外から教え込むことはできず，自分にできることは，問答を通して相手にみずからの考えを吟味・批判させ，真理についての知恵を生み出すことを手助けすることだと考え，みずからの問答を助産術・産婆術と呼んだ。

　ソクラテスが活動した当時のアテネでは，財産や権力を手に入れることが，善い生き方だと考える風潮があった。ここで，「善い生き方とは何か」をめぐる，ソクラテスとカリクレスという野心的な人物との問答のようすをみてみよう。

カリクレス：ソクラテスよ，あなたは正しく生きることが大切であるといっているが，世間には不正を行っていながら，地位と財産を手に入れて，幸福な人がたくさんいるではないか。
ソクラテス：私の主張は，あくまで正しく生きている人が幸福であり，不正を行う人は不幸であるということだ。
カリクレス：では，私の考えをつつみ隠さずはっきりいおう。人を殺したり，傷つけることや，人の財産を奪うことが悪いことだという道徳や法律をつくったのは，世間の大多数を占める弱者たちなのだ。彼らは，自分たちより力の強い者や能力のある者が，自分たちを支配したり，多くの財産を獲得することを恐れて，人を殺すことは不正なことだ，ものを奪うことは悪いことだといいふらし，人びとにそう信じ込ませたのだ。しかし，自然界では強者が弱者を支配し，有能な者が無能な者より多くのものを獲得することが正義なのだ。つまり，真の正義とは強者が弱者を支配し，より多くの財産や名誉を獲得することなのだ。
ソクラテス：それでは，力の強いレスラーがたくさんの財産をもつことが正しいのかね。
カリクレス：からかうのかね，ソクラテス。私がいう強者とは，

　　　　人びとを支配する政治的な権力をもっている人間のことだ。
ソクラテス：では、その支配する人は、いったい誰を支配しているのかね。
カリクレス：というと、それはどういう意味なのかね。
ソクラテス：本当に強い者とは、自分で自分にあるいろいろな欲望や快楽を支配する者のことなのだ。つまり、自分で自分を支配できる者こそ、本当の強者なのだ。
カリクレス：なんてあなたは甘い人なんだろうね。そんな連中は、お人好しのいくじなしなのだ。強者は、自分の欲望をできるだけ大きくなるがままに放置して、みずからの欲望が求めるものを、たとえ不正を行っても、あらゆる手段をとって満たす権利をもつのだ。
ソクラテス：そんな生き方はけっして人間として幸福なものとはいえないのだ。地位も財産も、善い魂をもった人間に生かされてこそ、はじめてよいものになるのだ。健康な身体が大切であるように、正しく健やかな魂をもって生きることが大切なのだ。不正を行って魂を傷つけ、くだらないものにしては、いくら地位や財産を手に入れても、けっして本当に幸福とはいえないのだよ……不正を行って自分の魂を傷つけるものは、病気やけがで傷ついた身体を医者にもいかず、放っておくようなものだ。いかなる不正をも行わず、正しい健やかな魂をもって生きることこそ、本当の善い生き方なのだ。

　このようにソクラテスは、善く生きるとは「正しく生きる」ことであり、他人の生命やものを奪うような不正をけっして行わないことだと主張した。たしかに、世の中には、自分の利益や欲望のために不正を行って自分の魂を傷つけていながら、幸福になったと思い込んでいる人が少なくない。しかし、不正を行って自己の魂を傷つけ、魂の健康を失ってしまえば、本当の幸福は得られない。ソクラテスは、真の幸福はただ欲望を満たすことではなく、人間らしい正しく健やかな魂をもって生きることそのものにあると考えた。

古代ギリシアでは，さまざまなものの中に宿って，それらの働きをよくするものはアレテー（徳・優秀性 arete）と呼ばれた。馬のアレテーは早く走ること，目のアレテーはよくものをみることである。ソクラテスは，人間の魂にも魂の優れた働きを生み出すアレテーがあると考えた。そして，各人がみずからの魂に知恵・勇気・節制・正義・敬虔などのアレテーをそなえることが大切であると説いた。人間はみずからの魂に徳がそなわり，魂が優れたものになるよう，つねに心配りをすること（魂の配慮・魂の世話）を忘れてはならない。

　人間は誰でも善く生きようと願う。しかし，何が善い生き方かを知らないから，欲望にまき込まれ，不正を行ってしまう。悪をみずからにとっては善であると思い込み，悪を善と取り違える無知こそが，人びとを悪事へと向かわせる原因である。ソクラテスは，魂がそなえるべき徳についての正しい知恵をもてば，誰でも正しく善い生き方ができると考えた（知徳合一）。

　この知恵とは理論的な知識にとどまらず，大工のことを学んだ者が大工になり，正義とは何かを学んだ者が正しい人になるように，みずからの生き方と一体となった知恵であり，行為を可能にする知恵，人を行為へとかりたてるような知恵である。そのような知恵は，人間を徳に従った行為へと導く力をもって

毒杯をあおぐソクラテス（ダヴィド作）　親友クリトンが，死刑のせまったソクラテスをたずね，「逃げ出してくれ」とたのんだ。ソクラテスは「一番大切なことは，善く生きることである」と悟りながら，毒杯をあおいだ。（メトロポリタン美術館蔵）

いる(知行合一)。

　このような徳についての知恵が，人間を正しい行動へと導く指針となり，その意欲をかりたてるというソクラテスの信念は，「徳は知なり」と呼ばれる。一人ひとりが善い生き方とは何かについて哲学し，徳についての知恵をもつことこそが，倫理にかなった人生の基本になるのである。

　社会の堕落した風潮や，腐敗した政治を厳しく批判するソクラテスに対して，ソフィストや政治家など，彼を快く思わない人びともいた。やがてソクラテスは，国家の神がみや社会の常識を認めず，青年に悪い影響をあたえるという理由で訴えられ，市民による裁判にかけられて，死刑の評決を受けた。友人たちは，ソクラテスに評決は公平なものではないからといい，脱獄を勧めた。しかし，ソクラテスはたとえどのような評決であっても，それに従うのがポリスの市民の義務であり，自分が不満だからといって国の掟を破るような不正はおかすべきではないといい，みずから毒杯をあおいで死んだ。

　このような「善く生きる」というみずからの信念を最後まで貫いたソクラテスの態度は，真理を探究することの真剣さを私たちに問いかけている。

　　魂の配慮　「世にもすぐれた人よ，君は，アテナイという知力においても武力においても最も評判の高い偉大な国都(こくと)の人でありながら，ただ金銭をできるだけ多く自分のものにしたいというようなことにばかり気をつかっていて，恥ずかしくないのか。評判や地位のことは気にしても，思慮や真実のことは気にかけず，魂〈いのち〉をできるだけすぐれたものにするということに気をつかわず心配もしていないとは……わたしが歩きまわっておこなっていることはといえば，ただ，次のことだけなのです。諸君のうちの若い人にも，年寄りの人にも，だれにでも，魂ができるだけすぐれたものになるように，ずいぶん気をつかうべきであって，それよりもさきに，もしくは同程度にでも，身体や金銭のことを気にしてはならない，と説くわけなのです。そしてそれは，いくら金銭をつんでも，そこから，すぐれた魂が生まれてくるわけではなく，金銭その他のものが人間のために善いものとなるのは，公私のいずれにおいても，すべては，魂のすぐれていることによるのだから，というわけなのです。」
　　　　　　　　(田中美知太郎訳「ソクラテスの弁明」『世界の名著6』所収，中央公論社)

プラトン：理想を求めて

　プラトン〈前427～前347〉は，初めは政治家を志していたが，青年時代に出会った師のソクラテスの刑死が，人生の転機になった。誰よりも正しい生き方を貫こうとしたソクラテスを刑死に追いやり，権力争いにあけくれる当時のアテネの政治の堕落に，プラトンは失望した。そして，理想的な正しい国家や人生のあり方を考えるために，哲学の道に進む決意をし，やがてアカデメイアと呼ばれる学院を開いた。

　プラトンは哲学とは永遠の，普遍的な真理を求めるものであると考えた。人間が感覚によってとらえるものごとは，つねに変化し，やがて消滅する不完全なものである。

　たとえば，私たちが紙や黒板に描く三角形は，不完全でゆがんでおり，やがて消されてしまう。しかし，そのような三角形を描くとき，私たちの理性は，完全で理想的な三角形を思い描いている。「精神の目」によって完全な三角形の理想をとらえているからこそ，「感覚の目」で個々の具体的な三角形を見分け，それを描けるのである。

　プラトンは理性によって思い描く，ものごとの完全な姿を真に実在するものと考え，それをイデア（idea）と呼んだ。イデアはさまざまなものごとの原型・模範となるものであり，私たちが追い求めるべきものごとの理想的な姿である。

　プラトンによれば，世界は感覚がとらえる，たえず変化し，やがて消滅していく不完全な現象界と，それらの現象の原型となる完全で永遠のイデア界という二つの世界から成り立っている（二元論的世界観）。しかし，肉体をもつ人間は，ふだんは現象界に閉じ込められ，感覚がとらえる不完全な現象のみが現実だと思っている。

　プラトンはそのような人間を，洞窟に閉じ込められた人にたとえている（洞窟の喩え）。外には太陽の光が輝き，洞窟の入口には松明が燃え，その前をさまざまなものが横切る。洞窟の中の人びとは入口に背を向けて洞窟の壁をみつめており，松明の光によって洞窟の壁に映し出されるものごとの影絵をみて，そ

人物 プラトン

プラトンは，古代ギリシアのアテネに生まれた。若い頃は政治家を志したが，哲学の師であったソクラテスの刑死にあい，権力闘争を繰り返すアテネの政治の堕落に絶望して哲学者になる決意をした。そして真理の探究の道を進み，40歳の頃アテネの郊外に学院アカデメイアを開いた。晩年はシチリア島のシラクサから政治顧問としてまねかれたが，その哲人政治の理想の実現には失敗した。主著に『饗宴(きょうえん)』『ソクラテスの弁明』『クリトン』『パイドン』『国家』がある。

れを現実だと思い込んでいる。プラトンは，その影にとらわれず，振り返って洞窟の外に光り輝く真に実在するイデアの世界をみよと呼びかける。

プラトンの哲学には，ものごとが「ある」という認識は，生成消滅する流動的な感覚的なものについてはあり得ず，理性がとらえる恒常的な不変のものについて成り立つという考え方がある。理性の認識の確固とした対象となるものが，ものごとの本質としてのイデアなのである。

のちに20世紀のフランスの哲学者ベルクソン〈1859～1941〉は，このような古代ギリシアから始まる固定したものについての認識を批判し，たえず流動する生命の流れこそ本来の実在であり，固定した物体についての認識は，映画のフィルムのひとこまをとり出して眺めるように，派生的，二次的なものであると説いた。固定したものごとの本質についての認識と，流動する生命の流れの直観とは，哲学で扱われる問題の一つである。

プラトンによれば，個々のものには，そのあるべき姿をあらわす理想的なイデアが存在する。プラトンは，人間の魂はかつてイデア界に住んでいたため，この世でイデアを模倣したものごとをみるたびに，イデア界を思い出す（想起・アナムネーシス）と説いた。イデアに憧(あこが)れ，永遠のイデアを求めようとする欲求はエロース（eros）と呼ばれる。

エロースとは，本来はギリシア神話に登場する恋を司(つかさど)る神

であるが，プラトンはイデアを求める魂の欲求をそのように呼んだ。理想の恋人の姿を追い求める恋のように，哲学はエロースの欲求にうながされて，より善いものやより美しいものを探し，永遠の善や美のイデアを求めていく。エロースが求める永遠不滅のイデアが，すべてのものごとの尺度であり，人間の生き方の倫理的な模範である。

　このようにプラトンの哲学は，ものごとのあるべき姿であるイデアを求める理想主義の立場をとった。そこには，イデアを基準にして現実の人間や国家を批判し，より完全なものへと近づけようとする，プラトンの実践的な意欲もうかがえる。

　プラトンは人間の魂を理性・意志・欲望という三つの部分に分け，魂の理想的なあり方を考えた（魂の三分割説）。プラトンはこのような魂を二頭立ての戦車にたとえている。御者（ぎょしゃ）は理性を，白い馬は意志を，黒い馬は欲望をあらわす。理性は名誉心をもった白い馬を励まし，貪欲な黒い馬にむちをあてて，たくみに戦車をあやつる。そのように，知恵をそなえた理性が身体に正しい命令をくだし，意志を励まして勇気を吹き込み，欲望をおさえて節制させる。魂の三つの部分が，知恵・勇気・節制という徳をそなえ，それぞれの仕事を果たして，魂が全体として調和のとれた正しい秩序を保つとき，正義の徳が生まれる。

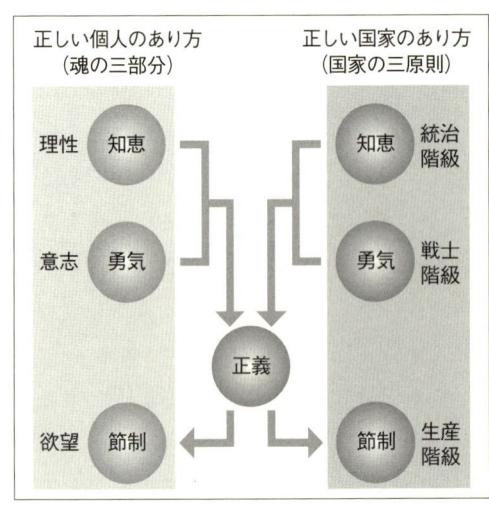

プラトンの正義

理性を中心にした秩序正しい魂からは，正しい行為が生まれる。

これに対して，魂の三つの部分の関係が逆転して，理性が統率力を失い，意志が弱体化して，欲望がわがもの顔にふるまって，魂を支配する無秩序な状態が不正である。

このように，魂の主体を理性におくところには，人間は理性的動物であるという古代ギリシアの人間観がうかがえる。プラトンが説いた，知恵・勇気・節制・正義の四つの徳は，古代ギリシアの四元徳（しげんとく）と呼ばれる。

プラトンは，若い頃にアテネの政治の堕落に失望して以来，国家の理想的なあり方について考え続けた。彼は魂と同じように，国家を理性・意志・欲望にあたる三つの階級に分けて，理想国家の構想を立てた。それによれば，知恵をそなえた統治階級が国家を正しくおさめ，戦士階級が勇気をもって国家を守り，農夫や職人などの生産階級が，節制を保ちながら勤勉に働く。このように国家の三つの階級が，それぞれ自分の役目を忠実に果たすとき，国家は全体として秩序ある正しい姿になり，国家の正義が実現する。

プラトンは統治者にふさわしい人間は哲学を学び，善のイデアを知る知恵を身につけなければならないと考えた。善のイデアは，さまざまなイデアに善きものという価値をあたえ，イデアをイデアたらしめる究極のイデアであり，善の理想である。

プラトンの哲学は師のソクラテスとともに，人間はつねに善いものを求めるという基本的な立場をとっている。それは，人間はどのようなものごとにおいても，その理想的な善い状態を求めようとする欲求（エロース）をもつという思想にあらわれている。

善のイデアを知ることは，あらゆるものごとに善いという性質をあたえる，普遍的な善の理想を求めることである。哲学者は善のイデアに従って，たえず国家や人生の善きあり方を追求し，そのような哲学者だけが，善のイデアを基準にして国家を正しくおさめ，国家の正義を実現できるのである（哲人政治）。

哲人政治　「私は国事も、個人生活も、およその正しいありようというものは、(真理を探究する) 哲学からでなくしては見定められるものでないと言明せざるをえなくなったのでした。要するに、正しい意味において真に哲学しているような部類の人たちが、政治的支配の地位につくか、それとも現に国々において政治的権力をもっているような部類の人たちが、真に哲学するようになるかの、いずれかが実現されないかぎりは、人間のもろもろの種族が、禍いから免れることはあるまいと。」(長坂公一訳「第七書簡」『世界の名著7』所収、中央公論社)

　このような優れた知恵をもった哲学者が統治するという、プラトンの哲人政治の考えは、現代の民主社会にはそぐわないものである。また、理想の国家がこの世に実在するかということにも疑問が出されるだろう。しかし、プラトンはつぎのように語っている。「大切なことは、理想国家が現在、また将来、どこに存在しているかということではない。それがどこに存在するにせよ、私はいつも真の国家の精神に即して行動するよりほかないのである」。政治に携わる人間が、個人の利益や欲望に左右されることなく、つねに理想の国家像を思い描き、政治倫理に基づく正しい政治を行うよう心がけることは、現代においても必要なことである。

アリストテレス：幸福と習慣

　現実の人生を善い方向へ変えていくためには、毎日の生活で何を心がければよいだろうか。プラトンが現実を超えて理想を追い求めたのに対して、その弟子のアリストテレス〈前384〜前322〉は、個々の具体的なものを考察し、経験と観察を重んじる現実主義の哲学を説いた。彼は図書館や博物館をそなえたリュケイオン学園を開き、哲学・政治・芸術・天文・生物学などの広い分野で研究を行い、万学の祖と呼ばれている。

　アリストテレスは、師のプラトンが現実の個物を超越したところに、ものの本質であるイデアが存在すると説いたことを批判し、「このもの」として示される個物だけが、現実に存在するものであると説いた。そのような個物は、それが何かを決める

人物　アリストテレス

　アリストテレスは，マケドニアのスタゲイロスで，国王の侍医の子として生まれた。アテネにいってプラトンのアカデメイア学院にはいり，そこで20年間研究を続けた。プラトンの死後，各地を遍歴してマケドニアの王子であったアレクサンドロスの家庭教師もしたが，やがてアテネに戻ってアレクサンドロスの援助のもとで図書館や博物館をそなえた学園リュケイオンを開いた。その学問は，哲学，政治，芸術，天体，生物学の幅広い分野にわたり，万学の祖と呼ばれた。主著に『形而上学』『ニコマコス倫理学』『詩学』『政治学』がある。

本質である形相(エイドス eidos)と，それを生み出す材料である質料(ヒュレー hyle)があわさって成り立つ。エイドスはものごとに内在する本質である。

　たとえば，種子の中に宿った木の形相は，水や養分などの質料と結びついて実際の木となる。形相は個物が生成し，発展して実現するべき目的である。すべてのものはみずからの形相をめざし，それを実現するために成長し，発展する。このようなアリストテレスの世界観は，目的論的自然観と呼ばれる。

　アリストテレスは人間のあらゆる活動の最終目標は幸福(エウダイモニア eudaimonia)にあると考えた。人間の行動の手段と目的の系列をのぼっていくと，究極の目的である最高に善いもの(最高善)にたどりつく。この最高善こそ，幸福にほかならない。なぜなら，人は何のために幸福になりたいのかは，もはや答えられないからである。幸福こそ人生の究極の目的であり，最高の善である。

　しかし，何が幸福であるかは，人によってさまざまである。アリストテレスは，幸福とはそのものがもっている本来の能力を発揮することにあると考えた。善い彫刻家は，みずからの能力を彫刻をつくる活動に発揮し，善い笛吹きは，その能力を笛を演奏する活動に発揮する。

　では，人間の固有の能力とは何だろうか。食べたり飲んだり

することは，動物にも共通する能力である。アリストテレスによれば，人間だけがもつ固有の能力は，徳をそなえた魂の活動である。人間は魂（心・精神）をもっているからこそ，真理を探究し，友人を愛し，勇敢に行動し，正義を貫き，寛大にゆるし，穏和にふるまい，人間らしく生きることができる。

人間にふさわしい能力は，徳をそなえた優れた魂を活動させることにある。そして，そのような生き方にこそ人間としての最高に善いあり方，すなわち最高善があり，それが幸福にほかならない。幸福の瞬間は，人としての日々の生活の中で，人間らしい心の能力を十分に発揮して生きることにある。

アリストテレスは，人間の魂がそなえるべき徳を，真理を探究する知性の働きにかかわる知性的徳と，人間性や性格の善さとしての倫理的徳とに分けた。

知性的徳の中で，もっとも重んじられるのが観想（テオリア theoria）である。テオリアは，もともとは「観る」という意味で，利益や関心を離れて，理性によってものごとを客観的に観察し，真理を考察することである。

アリストテレスは，人間の生活を，知恵に基づく観想の生活，名誉を求める政治の生活，快楽を求める享楽の生活の三つに分けた。古代ギリシアでは，それをオリンピア競技に集まる三種類の人にたとえる教えがあった。観客は競技を観戦し，競技者は勝利の名誉を求めて競い，商人は利益を求めて観客にものを売る。アリストテレスは，観想を競技を観戦する観客にたとえ，観想の生活をそれ自体で満足をもたらす最高のものと位置づけた。ここには人間の本質を理性にみい出し，理性の活動に人間にふさわしいあり方を求める，古代ギリシアの主知主義的な考え方があらわれている。

他の知性的徳には，実際の生活の中で，善いことを実現するための適切な手段を選ぶ思慮（フロネーシス phronesis）がある。人間の行為の目的は，正義・勇気・友愛などの徳によってあたえられるが，思慮はその目的を達成するための適切な手段を選ぶ能力である。

一方，倫理的徳には，勇気・節制・寛大さ・穏和・矜持(誇り)・機知・友愛・正義などがある。それらは一定の行動を毎日繰り返して習慣化することによって，みずからの性格となって身につく(習性的徳)。勇敢に行動する人は勇気のある性格になり，穏和にふるまう人はおだやかな性格になる。

　性格(character)とは，古代ギリシア語では「刻みこまれたもの」という意味をもっている。善い行為を生活の中で繰り返して習慣化することによって，それが心に刻みこまれて性格となり，倫理的徳が身につくのである。

　倫理的徳は日常の生活で，なにごとにおいても超過することと不足することの中間，つまり中庸(メソテース mesotes)を保つことによって生まれる。中庸とは，まわりの状況にあった「ほどよさ」を意味する。たとえば，「勇気」は危険をかえりみない無鉄砲な「無謀」と，「臆病」との中庸である。人間はさまざまな感情や欲求をもつが，そのこと自体は自然な本性によるものであって，悪いことではない。

　大切なことは，その心の自然な動きを周囲の状況に即して適切にコントロールし，ほどよく発揮することである。倫理的徳は，さまざまな感情や欲求を適切にコントロールする習慣を身につけることから生まれる。毎日の生活の中で，中庸の徳を身につけ，習慣化することで，感情や欲求がほどよく調整され，さまざまな倫理的徳が身につくのである。

　アリストテレスは，また，「人間は社会的動物である」と定義した。人間は社会を形成してさまざまな仕事を分業し，協力して生活している。アリストテレスは，社会から孤立して存在できるものは神か森の獣だけであるといっている。神は全能であるから他の助けを必要とせず，獣もまた本能に従って森で一匹で生きていける。しかし，人間はつねに他者と助けあいながら生きていく存在である。そのような社会的存在としての人間にふさわしい徳として，正義と友愛が大切である。

　アリストテレスは，魂に徳の全体がそなわって正しい状態になることを全体的正義と呼び，多くの徳の中の一つとしての部

分的正義と区別した。さらに，部分的正義は，その人の功績や能力に応じて報酬を正しく配分する配分的正義（比例的正義）と，罪をおかした人を罰し，被害者を補償して，各人の利害が平等になるように調整する調整的正義（矯正的正義）に分かれる。

　アリストテレスは，「人間は完成されれば動物のうちで最善のものであるが，法律や法の秩序からはずれてしまうと最悪のものになる。なぜなら，不正が武器をもつことほど，ひどいことはないからである」と述べている。人びとに地位や財産を公平に分配し，社会の公正な秩序を守るという正義の考えは，現代社会でも大切なものである。

　アリストテレスは友情を，若者にみられる快楽によって結ばれた友情，年長者にみられる利益によって結ばれた友情，さらに人柄に優れ，よく似た徳をそなえた者どうしの友情に分けた。そして，快楽や利益のためではなく，たがいの人間性の善さによって結ばれた友愛（フィリア philia）こそ，生涯にわたって続く真の友情であると説いた。

快楽（愉しみ）について　「すべてのひとが快楽を欲するのは，すべてのひとが生きることを求めているからだと考えてもよいだろう。生は一つの活動である。そして，それぞれのひとが活動するのは，自分のもっとも愛好することにかかわり，自分のもっとも愛好する能力を用いる時である。たとえば，音楽的なひとは聴覚を用いて歌曲にかかわって活動し，学問好きのひとは思考を用いて観想の対象にかかわって活動する。他の種類のひとのそれぞれもまた同じである。そして，快楽はそれぞれの活動を完成し，それによってひとびとの欲する生を完成する。したがって，ひとびとが快楽を求めるのも当然である。なぜなら，快楽はそれぞれのひとにとって望ましいものである生を完成するからである。快楽のために生を選ぶのか，それとも，生のために快楽を選ぶのかという問題は差しあたり論じないことにしよう。これらが組合わされていて，切り離しえないのは明らかである。なぜなら，活動なしには快楽は生れず，快楽はすべての活動を完成するからである。」(加藤信明訳『アリストテレス全集13』所収，岩波書店))

　アリストテレスは正義によって公平さがいきわたり，友愛に

よって人びとが結ばれた共同体を，社会的動物としての人間にふさわしい理想の社会と考えた。これは，個人の利益優先や競争に走りがちな現代社会に，人間にとっての共同体（コミュニティ）の本来の意味を考えさせるものといえよう。

アリストテレスは，ある程度の財産と教養をそなえた市民が中心となる政治（共和制）を，もっとも安定した政治制度と考えた。彼はひとりの大金持ちが開く宴会よりも，貧しくても，多くの人びとが食べものを持ち寄る食事のほうが豊かであるといい，少数の優秀な人間による政治よりも，多数の市民が参加する民主的な政治のほうが安定度が高く，優れていると主張した。

市民は一人ひとりをとれば，もっとも優秀とはいえないにしても，全体としては少数の優秀者より優れているのである。しかし，多数者による政治は，自己の利益しか考えない民衆が数を頼んで政治を動かそうとすると，衆愚政治に陥る危険性がある。私的な利益のみにとらわれず，ポリス（都市国家）の一員としての公共の精神をそなえた知性と教養をもった市民が，自由に議論して政治を進めることが大切なのである。

民主主義（デモクラシー democracy）とは，もともとギリシア語で民衆（デーモス demos）が政治的な権力（クラトス kratos）を握るという意味である。古代ギリシアには奴隷制があり，また女性が政治に参加できないなど，現代のような民主主義が十分に発達していたわけではない。また，公共性に欠けた民衆が集まると，衆愚政治に陥る危険性も指摘されていた。

しかし，多くの人が市民としての知性と教養をそなえ，公共社会に生きる自覚をもって協力すれば，安定したよい社会をつくりだせるというアリストテレスの主張は，注目に値する。

❸──ヘレニズムの思想

心の安らぎを求めて

紀元前4世紀に，アレクサンドロスがギリシアからイラン・

インド北部にまたがる大帝国を建て，ヘレニズム時代が訪れた。この時代には，ポリスの独立が失われ，人びとはポリスの市民としての心の支えを失って政治などの公共の場から離れ，個人の静かな生活の中に心の安らぎを求めようとした。運命や境遇に翻弄（ほんろう）されず，個人の生活の中に心の安らぎを求める生き方について考えてみよう。

ゼノンとストア派

　ゼノン〈前335～前263〉を祖とするストア派は，「自然と一致して生きよ」と説き，自然の理法と調和して生きることを理想とした。自然や人間を包み込む宇宙には大いなる理性（ロゴス）の法則が支配しており，人間も宇宙の一部としてその理法を分有している。したがって，人間は欲望や快楽をおさえて，宇宙の秩序と調和をもたらす理法に従えば，自然の全体と一致して生きることができ，心の安らぎが得られる（禁欲主義）。

　宇宙の理法に従って生きる賢者にとっては，世の中で求められる富・名声・権力・健康・生命も，また避けるべき貧困・恥辱（ちじょく）・病気・死も，自分にとっては無関心なものになる。そのような自己の権限に属さない，不安定な運命に委ねられたものに翻弄（ほんろう）されれば，心の動揺をまねく。外部の運命によって乱された心の動揺が，情念（パトス pathos）である。

　ストア派は，外部から影響されて生じる感情や情欲に，けっして心を動揺させることのない不動心（アパテイア apatheia）を理想の境地とした。ここには，ヘレニズム時代の不安定な社会情勢の中で，運命の翻弄（ほんろう）から身を守ろうとした人びとの心情があらわれている。

　また，人間はみな宇宙を支配する理法のもとに生き，理性を分けもっているから，すべて一つの世界に住む平等な同胞（どうほう），すなわち世界市民（コスモポリテース）である（世界市民主義，コスモポリタニズム）。このような考えは，樽をころがして住み家としたことで有名なシノペのディオゲネスが，「おまえはどこの国の人か？」と聞かれて，「おれは世界国家の市民だ」と答

人物 ゼノン

　ゼノンは，キプロス島で生まれたヘレニズム時代の哲学者である。アテネに出て壁画で飾られた柱廊（ストア）を歩きながら議論したので，ストア派と呼ばれた。宇宙の理法は万人に共通であるという世界市民主義や禁欲主義を説いた。アキレスと亀のパラドックスで有名なエレア派のゼノンと区別して，キプロスのゼノンと呼ばれる。

えたのが始まりとされる。

　ストア派の思想はローマ時代にも引き継がれ，キケロ〈前106〜前43〉・セネカ〈前4頃〜後65〉・エピクテトス〈55頃〜135頃〉・ローマ皇帝マルクス＝アウレリウス〈121〜180〉らの思想家があらわれた。

　マルクス＝アウレリウスは，皇帝としての務めのあいまに，『自省録』を書き残した。彼は万物が流転する無常な世界を見つめつつ，その世界に神の定めた理法が支配していることへの信頼をいだいていた。そして，「朝，自分は人間としての仕事をなすために目覚めたのだ。されば，自分が生まれてきたいわれをなす仕事，この宇宙に自分が導き入れられた目的となっている仕事を遂行するべく，それに向かって進むならば，どうして私は気難しくなることがあろうか。」と述べている。

　日々の生活の中で仕事に打ち込み，おのれの責務を果たすことが，宇宙の理法によって定められた自己の生き方であり，そこに，マルクス＝アウレリウスは安心立命の境地を求めた。

人間としての仕事　「早暁，大儀な気分のなかで目を覚ますときには，つねにつぎのことを念頭におく。すなわち，自分は人間としての仕事をなすために目覚めたのだ，と。されば，自分が生まれてきたいわれをなす仕事，この宇宙に自分が導き入れられた目的となっている仕事を遂行すべく，それに向かって進むならば，どうして私は気むずかしくすることがあろうか。それとも，寝床のなかに横たわり，ぬくと暖まるために，私はつくられたというのか……植物，雀，蟻，蜘蛛，蜜蜂がそれぞれ……彼ら自身に即した仕事を果たしているさまを，おまえは目にしないのか。そのとき，おまえは人間の仕事を果たそうと

思わないのか。自分の本性に由来する仕事におまえは赴（おもむ）かないのか。」(鈴木照雄訳「自省録」『世界の名著13』所収, 中央公論社)

エピクロス派

　エピクロス〈前341～前270〉は，郊外のエピクロスの園と呼ばれる庭園で，友人とともに平等な友愛で結ばれた静かな共同生活を送った。彼らはエピクロスの「隠れて生きよ」の教えに従って，政治や公共の生活から身を引いて静かに暮らした。

　エピクロスは，人生の目的は快楽であるという快楽主義を説いた。しかし，それは感覚的で瞬間的な肉体の快楽ではなく，不必要なぜいたくや虚栄を追うことをやめ，肉体の苦痛や死の恐怖から解放された，魂の平安（アタラクシア ataraxia）を味わうことであった。その魂の平安は，海の上で風がまったくやんだ凪（なぎ）の状態にたとえられる。

　そのような心の静かさを実現するためには，飢えや渇（かわ）きなどの自然な欲求を適度に満たし，また，心をかき乱す政治的な生活から離れ，死や神がみについての恐れを取り除くことが必要である。エピクロスは，静かで質素な生活に満足し，飢えや渇きなどの自然な欲求が満たされれば，神がみとさえ幸福を競うことができると語っている。

　エピクロスは，魂の平安を乱す死の恐怖を取り除くために，つぎのように説いた。「死はわれわれにとって何ものでもない。なぜなら，死によって分解されたものには感覚がないが，感覚のないものは，われわれにとって何ものでもないからである……さらに，われわれが存在しているときには，死はわれわれのもとにはないし，死がかたわらに来ているときには，われわれがもう存在していないからだ」。死を恐れず，魂の平静さを楽しみつつ，人生を安らかにすごすことが，エピクロスのめざした賢者の生き方である。

　　自らに満足する　飢えないこと，渇かないこと，寒くないこと，これが肉体の要求である。これらを所有したいと望んで所有するに至れば，その人は，幸福にかけては，(神々の王者)ゼウスとさえ競いうるであろう。
　　……死は，もろもろの悪いもののうちで最も恐ろしいものとさ

人物 エピクロス

エピクロスは，地中海のサモス島で生まれたヘレニズム時代の哲学者である。魂の平静さに快楽を求める精神的な快楽主義を説いた。郊外のエピクロスの庭園と呼ばれるところで，世間から隠遁(いんとん)して友人と質素で静かな共同生活を送った。

れているが，じつはわれわれにとって何ものでもないのである。なぜかといえば，われわれが存在するかぎり，死は現に存せず，死が現に存するときには，もはやわれわれは存しないからである。(岩崎允胤訳『エピクロース教説と手紙』，岩波書店)

❹—古代中国の思想

諸子百家の登場

古代の中国では，紀元前11世紀に殷(いん)が滅び〈前16世紀頃〜前11世紀〉，周(しゅう)王朝〈？〜前256〉が成立した。しかし，周の衰えとともに多くの小国家に分裂し，諸侯がたがいに争う春秋・戦国時代になった。

この混乱の時代に，人びとは人生の支えを求め，また，諸侯はみずからの国を富ませ，強くする富国強兵や民衆統治の方法を求めたため，諸子百家といわれる多くの思想家があらわれた。そのおもな流派は，儒家(じゅか)・道家(どうか)・陰陽家(いんようか)・法家(ほうか)・名家(めいか)・墨家(ぼっか)・縦横家(じゅうおうか)・雑家(ざっか)・農家(のうか)などである。彼らは諸国を遊説し，諸侯の客となり，また，政治の顧問として採用される者もいた。

諸子百家		
学派	思想家	内容
儒家	孔子・孟子・荀子	仁や礼などの道徳
道家	老子・荘子	ありのままの自然の道
法家	韓非子	法律や刑罰による法治主義
名家	公孫竜(こうそんりゅう)・恵施(けいし)	論理的な思考
兵家	孫子	戦略・戦術
墨家	墨子	戦争を否定する非攻(ひこう)論
縦横家	蘇秦(そしん)・張儀(ちょうぎ)	外交策
農家	許行(きょこう)	自給自足の農業
陰陽家	鄒衍(すうえん)	陰陽五行説

孔子：思いやりの心

　孔子〈前551頃〜前479〉は、魯の国（現在の山東省）で生まれた。魯の司法大臣となって政治改革を試みたが失敗し、その後、諸国をまわってみずからの教えを説き、晩年は故郷に帰って弟子の教育にあたった。孔子の教えとその伝統は、儒教（儒学）と呼ばれる。

　儒教とは人の生きる道についての教え、道徳のことである。人はつねに他者とともに生きている。人びとがともに生きるところに、人として歩むべき道である道徳が生まれる。孔子は道徳を学び、徳を身につけた高い人格を君子と呼び、君子として自己を完成することが、人生の目的であると説いた。

　孔子は、人が身につけるべきもっとも基本的な徳を仁と呼んだ。仁という文字は、人が二人いることをあらわし、人と人がたがいに相手を思いやり、親しみあっていることを意味している。孔子は、仁とは「人を愛することである」といっている。また「親への愛情（孝）と年長者や兄への愛情（悌）は、仁のもとである」ともいっている。

　仁は家族に生まれる自然な親愛の情を、社会一般の人びとにまで広めた、普遍的な人間愛の理想である。このように家族愛を重んじることには、当時の封建社会の風習が影響しているが、家族の絆が見失われがちな現代においても、人が育つ基盤となる家族の絆をみつめ直すことは大切である。

　私たちはたがいに親しみあって生きるために、何を心がければよいのだろうか。弟子から「一生を通じて実行すべきことを一言でいえるでしょうか」と聞かれて、孔子は「それは思いやり（恕）だね。自分にしてほしくないことは、人にもしないことだ（己の欲せざるところを人に施すことなかれ）」と語っている。恕の字は汝と心の二つの意味からなり、相手を自分のごとく思いやる心を意味する。相手の心は直接には読み取れないから、自分の心から推して人の心を知り、自分に引き比べて人の気持ちを推量することが大切である。

　人間はつねに相手の立場に立ち、相手の気持ちを思いやる恕

人物 孔子

孔子は，中国の春秋時代末期の思想家である。魯の国に生まれ，幼い頃に両親を亡くして苦学しながら役人となり，しだいに実力を認められて，40歳の頃には魯の司法大臣になった。貴族の専制を阻む政治改革を試みるが失敗し，魯を去って諸国を遊説した。しかし，その徳治政治の考えを採用する君主はなく，晩年は故郷に帰り，弟子の教育と著述に専念した。『論語』にまとめられた孔子の教えは儒教と呼ばれる。

の心をもつことで，たがいに親しみ，仁の徳を身につけることができる。これは自分の気持ちの発散だけを求め，それが相手にどのように受け取られるかを考えない，自己愛に傾きがちな現代人にとって大事な教えといえよう。

　また，「先生の道は真心（忠）と思いやり（恕）のみである（夫子の道は忠恕のみ）」ともいわれている。忠とは，心の真ん中という意味で，うわべのみせかけや偽りではなく，心の中からの誠実さ，真心をあらわす。孔子は「世の中には，相手に取り入る巧みな言葉や顔色（巧言令色）は多いが，心からの愛は少ないものだ」と歎いている。みずからの誠実な真心と，他人への思いやりがあって，はじめて仁が成り立つ。

　古代中国では，礼はもともと祖先をまつる宗教的な儀礼を意味したが，やがて礼儀作法という一般的な社会習慣になった。孔子はその礼に道徳的な意味をあたえ，相手を思いやる内面の心が，態度や行動となって外面にあらわれたものと説いた。礼は，相手を尊重するていねいな言葉遣いや振舞いの基準，つまり仁を表現する道徳的な規範である。孔子は「己れのわがままを克服して，相手への礼に復ることが仁である（克己復礼）」と述べている。

　礼に従って相手を尊重するていねいな態度が，仁のあらわれである。作法は違っていても，世界のどの文化にも礼儀があるということは，たがいを人として尊重しあう心を言葉や態度で表現することが，道徳の基本であることをあらわしている。

孔子は，目先の利益だけにとらわれた人間を小人と呼んで批判し，仁と礼の徳を兼ねそなえた理想的な人物を君子と呼び，君子になることを人生の目標とした。孔子は道徳はもとより，詩や書や礼儀作法などを学び，人間としての教養を身につけ，人格を陶冶することをとおして，仁をそなえた高い人格を形成することをめざした。

　古代中国では，法律と権力によって人民をおさめようという法治主義を説く，韓非子らの法家がいた。しかし孔子は，法律や刑罰によって人民を厳しく取り締まるだけでは，人民はうまく刑罰を逃れて，恥知らずになるだけだと批判し，道徳によって人民を治める徳治主義を唱えた。孔子は，徳をそなえた君子が為政者となり，仁の徳によって民衆を感化しておさめる修己治人を政治の理想とした。

　君主がみずからを修めて正しくふるまえば，民衆はその徳を慕い，それに感化されてみずからも正しく振舞うようになる。道徳や教育によって人民を導き，礼儀によっておさめれば，人民は道徳的な羞恥心をもち，みずからの不正を恥じて，社会はおのずと正しくなるのである。

　当時，このような孔子の徳治主義を採用した諸侯はいなかった。しかし，社会の法の秩序を支えるものが，公共性を尊重する市民の精神であると考えるならば，私たちがたがいを人として尊重する心と態度を養うことは，現代社会においても根幹をなすことである。

　孔子は，「不思議な力や神秘的な現象については語らなかった（子，怪力乱神を語らず。）」と伝えられている。また，「霊魂のような不思議なものには敬意はあらわすが，遠ざけておくことが知恵である（鬼神を敬して，これを遠ざくるを知というべし）」とも述べている。死について，「まだ十分に生きることについて知っていないのに，どうして死について知ることができようか（我未だ生を知らず，いずくんぞ死を知らん）」と答えている。

　孔子は神秘的な力や死後の世界など，人間の理性的な理解を

人物 孟子

　孟子は，古代中国の戦国時代の思想家である。孔子の死後100年ほどして，魯の隣の鄒という小国に生まれた。母親から熱心に道徳的な教育を受け，20歳の頃，魯にいって孔子の孫の子思の門人となり，儒教を学んだ。戦乱で民衆が苦しむ中で，諸国をめぐって仁義の徳の政治（王道）を説いたが，受け入れられなかった。晩年は，故郷で弟子の教育と著述につとめた。主著に『孟子』がある。

こえたものについては，あえて問わなかった。孔子は，理性の判断をこえたものについては，判断をさしひかえて近寄らないことが，理性にかなった態度であるという合理主義の立場をとった。そして，非合理なものに傾倒することや逃避することを戒め，不思議なものに安易にたよろうとする気持ちを抑えて，日々の現実の生活の中で，みずからの人間性を磨き，人として道徳的に向上する努力を求めた。

　　仁：思いやりの心　「子貢がおたずねした，『一言だけで一生おこなっていけるものがあるでしょうか』。先生はいわれた，『それは思いやり（恕）だね。自分のして欲しくないことは，人にもしないことだ』《己れの欲せざる所を，人に施すことなかれ》」（『論語』衛霊公篇）「先生がいわれた，『参よ，わたしの道は一つで貫かれている』。曽子は答えた，『はい』。先生が出ていかれると門人がたずねた，『どういう意味でしょうか』。曽先生がいわれた，『先生の道はまごころ（忠）と思いやり（恕）にほかならない』《夫子の道は忠恕のみ》」（『論語』里仁篇）

孟子：性善説

　人間の善い心の可能性を伸ばすためには，どのようにすればよいのだろう。孔子の教えを受け継いだ孟子〈前372頃〜前289頃〉は，人は誰でも生まれつき，善へと向かう心をもっていると考えた（性善説）。

　たとえば，幼児が井戸に落ちそうになっているのを見れば，誰でも思わず助けようと走り出すだろう。それは親にとりいる

ためでも，近所の評判を気にするからでもなく，心のうちから自然にほとばしり出る行為である。孟子はその心を，他者の不幸や悲しみを見過ごすことのできない，忍びざるの心であると考えた。

　このように，人間には生まれつき善い心の芽生えがそなわっており，孟子はこれを四端と呼んだ。それは他人の不幸を見過ごすことのできない惻隠の心（忍びざるの心），自分の悪い行いを恥じる羞悪の心，たがいに譲りあう辞譲の心，善悪を見分ける是非の心の四つである。

　端という字のつくりは，大地に根を張った根生植物が芽を出している姿をあらわしたものとされ，ものごとの始まり，芽生えを意味する。四端の心を育てることによって，仁（思いやり）・義（正義）・礼（礼儀）・智（道徳的な判断力）の四徳を実現し，道徳的な善い人格を完成させることができる。

　孟子はとくに仁義の徳を重んじ，「仁は人の心なり，義は人の路なり」と語っている。仁は人を愛する心情であり，義はそれを正しい行為としてあらわしたもの，つまり正しい行動の筋道，道理である。人は心に仁をいだきながら，社会の具体的な場面において，その時どきの状況に応じて，正しい道理である義に従い，仁を実現していかなくてはならない。

　しかし，人は義の道をはずれ，仁の心を失ってもさがそうともしない。孟子は，「自分の心が迷子になっているのに，さがそうとはしない（放心あるも，求むることを知らず）」と歎いている。おのれの心にそなわる善の芽生えを育て，伸ばし，心を養うこと（養心）が必要なのである。

　　放心を求める　「人を思いやりいたわる心（仁）こそ人のもつべき心であり，人として実践すべき倫理的な義務（義）こそ人のふむべき道である《仁は人の心なり，義は人の路なり》しかるに，人はその道を捨ててしたがわず，その心を放って求めることを知らない。まことに哀れなことである。だれでも自分の鶏や犬がみあたらなくなれば探す。しかし自分の人間らしい良い心が放たれて迷子になっても，求めることを知らない《放心あるも，求むることを知らず》学問の道はほかでもない，その見失われた良心を求めることである。」（『孟子』告子篇上）

人物　荀子

荀子は，古代中国の戦国時代末期の思想家である。趙の国で生まれ，儒教を学んだ。50歳のとき，はじめて文化と学問の盛んな斉に遊学し，老師と尊敬されて祭酒と呼ばれる教育長を3度つとめた。晩年は南の楚にいき，学問と弟子の教育につとめた。主著に『荀子』がある。

　孟子は，おのれの心を養って，徳を身につけ，人間として心身ともに充実した，力強い気分を浩然の気と呼んだ。それは，「自己をかえりみて正義にかなっているならば，千万人が立ちはだかっても私は前進する（みずからを反りみて縮ければ，千万人といえども我往かん）」という，道徳的な勇気である。そして，どのような困難な場面にも屈せず，仁義を貫こうとする道徳的意志をもった理想的な人物を大丈夫と呼び，人生の目標とした。

　孟子は，社会をつくる基本的な人間関係を五倫と呼んだ。親子の親（親愛の情），君臣の義（正しい道理），夫婦の別（男女のけじめ），兄弟の序（年齢の順序），友人の信（信頼）である。孟子は「五倫を守らなければ，鳥や獣と同じだ」と述べ，人間関係を尊重して生きることが，人の道であると説いている。

　五倫の分け方には，当時の身分を重んじる封建社会の影響はあるが，人間関係の尊重に道徳の基本を求める孟子の考えは儒教の根本であり，現代にも通じるものがある。

　さらに，孟子は権力によって民衆を支配する政治を覇道と呼んで否定し，仁義の徳によって民衆の幸福をはかる王道を，政治の理想とした。そして，横暴な王が民衆を苦しめれば，天の命が革まり（革命），民衆の支持を得た者が新しい王となって暴君を追放・征伐し（放伐），新しい国家をつくって王朝の名がかわる（易姓）という，易姓革命の思想を説いた。民衆の支持を得た新しい指導者が横暴な王を討ち，新しい王朝を打ち立てることは，天意にかなうことであると正当化する易姓革命の思想は，孟子の独特の政治思想である。

荀子：性悪説

　悪へと傾く人間の心の本性を矯正(きょうせい)するためには、どのようにすればよいのだろうか。
　荀子(じゅんし)〈前298頃～前235頃〉は、人は生まれつきみずからの欲を満たすために、利益をめぐって他人と争う悪い性質をもっていると考えた（性悪説）。人の欲には限りがないが、それを満たすものには限りがある。そこで、人はおのれの欲を満たすために、限られた富や地位を奪いあい、たがいに争って憎しみあわざるをえない。荀子は「人の本性は悪であり、その善なる部分は偽である（人の性は悪にして、その善なるものは偽なり）」と語っている。
　ここでいう偽とは人為、つまり人間の行為によってつくられたもの、人為的な学習や教育という意味である。曲がった枝に添え木をあててまっすぐにするように、人間も自己中心的な悪い本性を、礼儀や習慣などの人為的な努力によって矯正しなければならない。
　荀子は、人間はつねに社会集団の中に生きる存在であると考える。その社会を維持するためには、人為的な社会規範（礼）が必要になる。人は生まれながらに欲をもっているが、その欲をそのまま放置すれば、人は争いを起こして社会は混乱し、壊滅する。そこで、人為的な社会規範である礼を定めて、人びとの欲に限度や制限を設けなければならない。欲を適度に満たし、ものの不足のために欲が満たされなかったり、また、欲の放任のためにものが取り尽されないように、礼によって人間の欲を調整する必要がある。
　人間は、この社会規範たる礼を学んで、悪へと傾く性質を矯正する人為的な努力を行い、たがいに譲りあい、相手を尊重するよい人間性を身につけなければならない（礼治主義）。
　荀子の性悪説は、人間を悪だと決めつける人間不信を説いたものではない。荀子は、「人の本性は始まりとなる素朴な材質である（性とは本始材朴(ほんしざいぼく)なり）」と述べている。人間の本性は素朴な素材であり、放任すれば欲に走って他者と争い、悪へと転

落していく。そこで，偽，すなわち礼儀・習慣・教育など人為的な人間形成の努力が必要になるのである。

　荀子は，「足の速い駿馬(しゅんめ)は一日に千里を走るが，足の遅い馬でも十日かかれば追いつく」と述べている。平凡な人間であっても，人としての生き方を学んで礼を身につけ，日々，おのれを反省していけば進歩する。

　さらに「藍は藍より出でて，藍より青し」，すなわち，青い染料の藍が原料となる植物の藍より出て藍よりも青くなるように，人も努力すれば師さえもこえて，より高い人間性の持ち主になることができる。人間性に生まれつきの天才はいない。荀子は，「聖人も善を積む努力によって到達したのである」と述べている。悪へと傾く弱い人間だからこそ，人間形成の努力をおこたらない，そこに荀子の性悪説の本意がある。

　このように，人の善い可能性をうちから伸ばそうとする内発的な教育の立場に立つ孟子に対して，荀子は人の悪い性質を外から礼儀や習慣を加えて正(ただ)そうとする矯正的な教育の立場に立つ。方法は違っていても，道徳による人間形成を重んじる点で，二人はともに孔子の儒教の伝統を引き継いでいるのである。

儒教の発展

　儒教は漢の時代〈前202〜後8，25〜220〉から中国の中心的な思想になり，易経(えききょう)・詩経・書経・礼記(らいき)・春秋(しゅんじゅう)の五経(ごきょう)が重んじられ，唐や隋の時代には，科挙(かきょ)の試験の科目ともなった。宋の時代〈960〜1276〉には，論語・孟子・大学・中庸(ちゅうよう)の四書(ししょ)が必須の教養の書とされ，宋学(そうがく)と呼ばれる新しい儒教（儒学）が形成された。

　宋学は，六朝(りくちょう)時代に流行した仏教の出家主義や，老荘思想の無為自然(むいしぜん)などの脱社会的な傾向を批判し，学問を積んで国家を支える有能な人材になるという政治的な理想を掲げた。やがて，儒教は朝鮮や日本などの東アジアに伝わって人びとの道徳の基礎となった。

朱子：天下をおさめる

　朱子（朱熹）〈1130～1200〉は，宋学を大成し，その教えは朱子学と呼ばれた。それによれば，すべてのものは生命力をもった物質的要素である気と，秩序や法則である理から成り立っている（理気二元論）。

　理は，すべてのものをあるべきようにあらしめている根拠，法則であり，人の世においては社会を秩序づけるための客観的な制度や法となってあらわれる。人間の心は，性（本性）と情（情欲・感情）に分かれるが，情欲や感情に乱されない本来の性の部分のみが世界を秩序づける理にかなっている（性即理）。

　しかし，その性はふだんは気の要素である情欲や感情に覆われている。そこで，立振舞いをおごそかにし，感情や欲などの気の要素をつつしむ居敬・持敬の実践が必要になる。敬は「つつしみ」という意味で，気ままな情欲や感情の動きをおさえて，ものごとのあるべき道理である理と自己が一体になることである。情欲や感情を捨てて心を理に集中させ（存心），ものごとの理を明らかにすること（窮理居敬）が，朱子学の説く生き方の基本である。

　朱子学は，つねに感情や欲をつつしんで理に従う厳しい態度を身につけ，人欲をおさえて天の理に従おうとする厳格主義の立場に立つ。理は人間社会では国家の秩序や制度となってあらわれるから，身を修め，家庭を整え，国家をおさめ，天下を安泰にするという，修身・斉家・治国・平天下が人生の目標とされる。

　このような，道徳的な社会の秩序を重んじる朱子学の考えは，中国から朝鮮・日本・ベトナムなどに伝わり，日本では江戸幕府が封建社会の秩序を支える武士の道徳として採用した。

王陽明：実践から学ぶ

　明の時代〈1368～1644〉には，王陽明〈1472～1528〉が陽明学と呼ばれる実践的な儒教を説いた。彼は理論に片寄り，社会の既成秩序を重んじる朱子学を批判し，「おのれの心がすなわ

ち理である」と説き，すべての人間の心の中から，ものごとの正しい道理である理が生まれるとした（心即理）。

理は朱子学が説くように宇宙に客観的に存在する法則ではなく，感情や意欲をもつ，生き生きとした人の心の働きの中にあらわれる。心の中には，主体的な道徳の能力である良知良能が働いており，この能力を十分に活動させれば，誰でも善を実現することができる（致良知）。

王陽明は，日常生活で忙しくなると心が落ち着かないと訴える弟子に，「人は須らく事上にあって磨錬すべし」と説いている。毎日の生活の中で自己の仕事や使命に最善を尽すことによって，みずからの人格を錬り磨くこと（事上磨錬）が大切である。王陽明はそうすれば足元はしっかりし，心は平静なときにも，忙しく動くときにも安定すると教えている。

弓術について知ることが，弓を実際に習うことであるように，道徳について学ぶことは，それを毎日の行為の中で実践することと一体となっている（知行合一）。王陽明は「世の中のすべての学問のなかで，行わないのに学んだといえるものは一つもない。学問をすることは，はじめから実践なのである」と説いている。

知行合一とは，知識と行為をあとから一致させるのではなく，知りつつ行い，行いつつ知るというように，知と行いが一体となった良知の活動のあらわれ方である。心の良知が活発に活動し，それが知識や行いの両面で発揮されるのである。

墨子：戦争否定論

戦争を否定する論理とは何か，そして，世の中から戦争をなくすためには，どのようにすればよいのだろうか。

戦乱の時代に生きた墨子〈前480頃～前390頃〉は，戦争は民衆を苦しめ，富を浪費する行為であると批判し，侵略のための戦争を否定する非攻論を説いた。

人間が自分の家族や国家だけを大切にして，他人の家族や国家を無視するところから，盗みや殺人や戦争が起こる。墨子は

人を一人殺せば殺人として非難されるのに，戦争で多くの人を殺せば英雄としてほめられるということは，たいへんな矛盾であるという。一人の人を殺すことが正義に反することであるならば，戦争で大量の殺人を行うことは大きな不正義である。

また，国家の枠をこえた視点から戦争をみたとき，戦争は人命が失われ，生産が妨害され，財貨が空費され，町や村々が破壊される，人類にとって大きな損失にほかならない。いかなる理由があっても，他国への侵略戦争は認められないのである。

墨子は，儒教の説く愛は家族などの親しいものどうしの愛にかたよっている差別的な愛（別愛）であると批判した。これに対して，すべての人間が隔てなく愛しあう普遍的な愛（兼愛）の実践を説いた。

兼愛は心情的なものではなく，むしろ，たがいに利益を交換しあう実利的なものである。墨子はすべての人間が国や身分の違いにかかわりなく，同じ天の民として平和に交易し，平等に利益を交える兼愛交利の社会を理想とした。

また，墨子は兼愛を実現するために，みずからの欲を抑えて世の中のために献身すること（強本）や，ぜいたくをやめて節約すること（節用）を説いた。また，身分にかかわらず，有能な者に高い地位をあたえること（尚賢）や，大げさな儀式は無駄遣いであるからやめること（節葬）なども説いている。

墨子は，戦争のない平和な世界を実現するために，戦争を企てる支配者のもとにいき，戦争が無益なことを訴えた。

あるとき，楚の王が新兵器を使って他国を攻撃しようとした。それを聞いた墨子は，十日間昼夜を歩き通して楚にいき，王に面会を求めた。そして，大国の楚が何の罪もない小国を攻めることを戒しめ，帯を解いて机の上に城壁をつくり，木片を建物や塔にみたて，王の前で新兵器の開発者に九回も攻めさせて，すべてを防いでみせた。王はやむなく攻撃をあきらめたという。

また，防御専門の部隊を組織し，戦争が起こったときは攻められている国の防御にあたった。墨子の率いる部隊は，優れた防御専門の道具と技術をそなえ，火や水をも恐れずに勇敢に戦

人物 老子

老子は，古代中国の春秋時代末期の思想家で，道家の祖である。司馬遷の『史記』の老子伝によれば，楚の人で周の図書館の役人をしていたが，周が衰えると身を隠すために牛にのって西方の関所を通り，そのとき『老子』を書き残したと伝えられている。

い，中国各地で活躍したと伝えられている。

老子：自然のままに生きる

　万物を生み出す自然に従って，ありのままに生きるとは，どのようなことだろう。
　老子〈生没年不詳〉や荘子〈生没年不詳〉らの道家の思想家は，人為的な文明や道徳を批判し，自然と一体になって生きることを説いた（老荘思想）。その教えは，やがて中国に古くから伝わる不老不死の神仙術などの民間信仰や呪術とあわさって，道教へとつながっていった。
　自然とは自ずから然ると読み，あるがままという意味である。自然は万物をあるがままに生み出し，育てあげるが，それを自分の手がらにはしない。老子はこのような自然の神秘的な働きを，道（タオ）と呼んだ。
　道は万物を生み育てながらも，それ自身は変わることなく悠久にわたって働き続ける。道はそれ自身としておのずから働くものであるから，自ずから然るもの，自然である。「道はこれを視れどもみえず，聴けどもきこえず，とらうれども得ず」といわれるように，自然の道は万物を生み出す根源であり，それ自体はいかなる形ももたず，みたり，聞いたり，ふれたりできない無のようなものである。老子はそのような道を神秘，恍惚（ぼんやりとして定かでない），窈冥（奥深い）と形容している。
　しかし，その無は万物を生み出す，豊かな無限の創造力を秘

めている。老子は「天地のあいだは『ふいご』のようだ，虚しいようだが尽きず，動かせばいよいよ出てくる」と語り，自然の道は限りない創造力を秘めていると説いている。

人間はそのような自然の道からはずれ，ぜいたくや虚栄(きょえい)を求めて文明を築き，そのあげくに自然を破壊し，人と人とが殺しあう戦争を繰り返してきた。老子は自然と調和して生きることを，無為自然(むいしぜん)と呼んだ。無為とはただ何もしないことではなく，人間の意図的な作為を加えないという意味である。つまり，無為自然は人間の考えを尺度として万物を取捨選択したり，作り変えたり，作為を加えたりせず，自然のあるがままの働きと一体となって生きることである。

老子はぜいたくや虚飾(きょしょく)を捨て，素朴な生活の中で自分に満足すること(知足(ちそく))こそが，幸福の境地であると説いた。そして，農業を中心とした小さな自給自足の共同体を，平和な争いのない社会の理想とした(小国寡民(しょうこくかみん))。

老子は「上善(じょうぜん)は水の若(ごと)し，水は善く万物を利して，しかも争わず，衆人の悪(にく)むところにいる」と述べ，最善の生き方を水にたとえた。水は万物に恵みをあたえるが，形を変えてあらゆるものに柔軟に応じ，他人と争うことはなく，目立たない低いところで満足して謙虚である(柔弱謙下(じゅうじゃくけんげ))。

しかし，老子は「天下に水よりも柔弱なるものはないが，堅強なるものを攻めるに，これに勝るものはない」とも述べ，水のようにやわらかく，いざとなれば岩をも割るしなやかな強さを秘めた生き方を理想とした。「柔を守るを強という」というのが，戦乱の世の中で人生を生き抜くための老子の知恵であった。

上善は水の若し 「最上の善は水のようなものだ，水は万物に恵みを与えるが，争うことがなく，すべての人々が嫌がる低く目だたない場所にいる。だから水は「道」に似ている。水のように安定した大地にいるのがよく，心は淵(ふち)のように深いのがよく，友には思いやりがあるのがよく，言葉は真実であるのがよく，政治は穏やかに治まるのがよく，事の処理は適確であるのがよく，行動するには時を得ているのがよい。水のように争わ

人物　荘子

荘子は，古代中国の戦国時代の思想家で，老子の思想を受け継ぎ，発展させた。戦乱の世の中から身を退き, 貧しいながらも悠々自適の思索の生活を送ったとされている。主著に『荘子』がある。右図は，荘子が蝶になった夢をみたが, 夢からさめると, 自分が蝶になったのか, 蝶が自分になっているのかわからないという『胡蝶の夢』である。

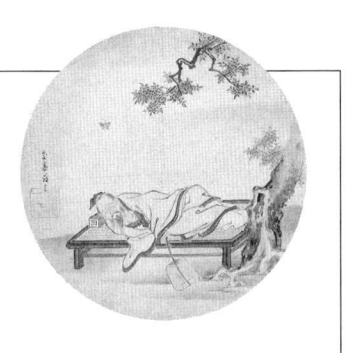

ぬからこそ，けっして過つことがないのである。」（『老子』）

荘子：とらわれない自由な精神

　荘子は老子の思想を受け継いで，独自の哲学を深めた。荘子は，私たちが世間の常識や価値観に，あまりにもとらわれすぎていないだろうかと問いかける。私たちは，世間でよいといわれることをよいと思い込み，だめとされることをだめと思い込んで，社会の常識や固定的な価値観に縛られ, 息苦しい思いをしながら，不自由な生き方をしているのではないだろうか。

　荘子は，鵬という空想上の巨大な鳥をもち出して，常識にとらわれることの愚かさを説いている。北の海に混という，背の長さが数千里の巨大な魚がいる。やがてその魚は鳥に変身して鵬となり，つむじ風にのって九万里の上空に飛び立ち, 青い空を悠々と南に飛んでいく。一方，地上を飛びまわる蟬や鳩は，木から木へとせわしく飛び移り，いつもあくせくしている。地上に生きるものが空を見上げれば青いように, 鵬から見下ろせば, さまざまな生物が息をはく地上の世界も, また青一色にみえる。私たちは，蟬や鳩のように目先のことにとらわれ，小さな常識やこざかしい分別に縛られた, 不自由な生き方をしてはいないだろうか。荘子は鵬のようにおおらかに, ものごとにとらわれず，悠々と生きる自由な精神を説いた。

　荘子は，善と悪・美と醜・名誉と恥・富と貧しさなどは，人間の作為した価値の対立や差別にすぎず，自然のままの世界は

そのような差別のない，斉しい世界であると考えた（万物斉同・斉物論）。自然の世界は，人間がこざかしく分別した対立や差別をこえて，あるがままに存在している。その斉しい世界に，人間が分別を加えてさまざまな差別や対立をもち込み，そのあげく，みずからがつくった差別の世界に自縄自縛になり，争い，消耗し，疲れ果て，苦悩している。

　荘子はありのままの世界をそのまま肯定する，とらわれのない自由な精神の持ち主を真人と呼んだ。世間は利益をもたらすものを有用とするが，自然は何かに役立つ有用性をこえて，ありのままに存在すること自体によさをもつ（無用の用）。

　人間のこざかしい価値観を捨て，無心で自然にみずからを委ねるとき，はじめて自然のありのままのよさ，真の用が発見できる。真人は，あるがままの自然の世界に身を委ね，のびやかに自然のままの世界を楽しんで生きる（逍遙遊）。「真人は万物を肯定する境地に遊び，若さをよしとし，老いをよしとし，生をよしとし，死をよしとする」と説かれる。

　真人は人生をありのままに受け入れ，四季のめぐりのように，生があたえられれば精一杯に生き，老いがくれば静かに休み，死がやってくれば安らかに去っていく。真人は「万物をことごとく然りとして，是（肯定）をもってつつむ」。みずからの運命を大いなる肯定の精神によって受けとめ，自然と一体となって伸びやかに生きる真人こそ，荘子がめざした理想の生き方であった。

> **大いなる肯定**　「大いなる自然は自分に身体を与えて大地のうえに乗せ，自分を働かせるために生命を与え，自分を楽しませるために老年を与え，自分を休息させるために死を与えた。だから生きることをよしとして喜ぶならば，死ぬこともよしとすることが道理である……聖人はすべてのものをつつみこむ境地に遊び，一切を肯定する。若きをよしとし，老いをよしとし，生のはじめをよしとし，生の終わりをよしとする。」（『荘子』大宗師篇）

2 宗教と祈り

❶—宗教とは何か

祈りの風景

　人は何に向かって，何を祈るのだろうか。祈る心から宗教とは何かを考えてみよう。

　農民の生活を描いたミレー〈1814〜75〉の作品に『晩鐘(ばんしょう)』がある。夕暮れの大地に，遠くにみえる教会の塔から一日の終わりを告げる鐘が鳴りわたり，畑仕事を終えた若い夫婦が静かに祈っている。二人は何を祈っているのだろうか。この世に生を受け，今日という一日が無事に終わったことを感謝し，明日もまたよい一日に恵まれるようにと祈っているのだろうか。静かに祈り続ける二人の姿からは，現代の私たちが見失った祈りの崇高さが伝わってくる。宗教は，このような人間の祈りの上に成り立っているといえよう。

　現代は科学技術が発達し，私たちは物質的に豊かで便利な生

『晩鐘』(ミレー作)　農民の出身であったミレーは，それまで画題とされることのなかった農民の素朴で純真(じゅんしん)な生活ぶりを描いた。(ルーヴル美術館蔵)

活を送っている。さまざまな商品や快楽が金銭で手に入る今，私たちは自分の欲望さえ満たせば，幸せであると思いがちである。しかし，このような功利的なものの見方に走り，まわりの人や世界を自分の欲望を満たす手段や道具としか見ることのできない生き方は，何か大切なものを見失った貧しいものにすぎないのではないだろうか。

　私の命はどこから始まるのだろう。私は自分で自分の命を作ったわけではない。それは，およそ46億年前の地球の誕生にさかのぼり，40億年前に地球に誕生した生命の営みにつながる。私たちの命は，遠い過去に生きた無数の命とつながり，そして地球の豊かな自然の中で育まれて，今，ここにみずからの生を恵まれたのである。

　私たちはいわば宇宙の根源から命をあたえられ，宇宙の大きな命のあらわれを，今，ここに生きているといえよう。そのように考えるとき，私たちは日常の小さな自分へのとらわれから解放されて，大きな宇宙の命がみずからの命の根源であることに目覚める。

　宗教では，このようにすべてのものに生をあたえる命の根源を神や仏と呼ぶ。神や仏はさまざまに説かれるが，人間をつつみ込み，あるいは人間をこえた彼方(かなた)から，私たちに命を恵む永遠の命の源といえよう。私たちはこのような命の根源に，祈りを通して応える。

　人間は祈りを通して，自己の，そしてすべての人びとの命の根源へとまなざしを向け，あたえられた命に感謝と畏敬(いけい)の心をいだく。信仰とは，このような祈りを通して，自己中心主義の小さな殻を脱ぎ捨て，宇宙に働く大きな永遠の生命に目覚めながら生きることといえるかもしれない。

　世界の宗教は，さまざまな教えとして説かれている。インドの聖者ラーマクリシュナ〈1836〜86〉は，「道はさまざまであっても，真理は一つである」と語っている。私たちが寛容の精神を忘れ，特定の宗教だけを絶対視して，ほかの宗教を排除したり，また精神の健全さを失って，世の中の常識や科学の真理を

人物　モーセ

　モーセは紀元前13世紀頃の古代イスラエルの宗教的指導者。旧約聖書の『出エジプト記』によれば，神ヤハウェから当時エジプトで奴隷として使役されていたイスラエルの民を救うよう命じられ，彼らを率いて約束の地カナン（現在のパレスチナ）に向かい，途中のシナイ山で神から十戒を授かった。

無視すれば，偏狭で独善的な生き方に落ち込んでしまう。

　宗教はそれぞれの道を通して命の根源に目を向け，すべての人の命の重さと尊さを実感しながら，ともに人類の平和と幸福をめざすものでなければならない。

❷―キリスト教

旧約聖書の世界

　キリスト教は，イスラエル人の民族宗教であるユダヤ教を母胎として生まれた。ユダヤ教の聖書をキリスト教では『旧約聖書』と呼ぶ。イスラエル人はパレスチナ地方で遊牧生活を送っていたが，まわりの強国に支配されて，苦難の道を歩んだ。

　紀元前13世紀頃，宗教的指導者モーセは，エジプトで奴隷

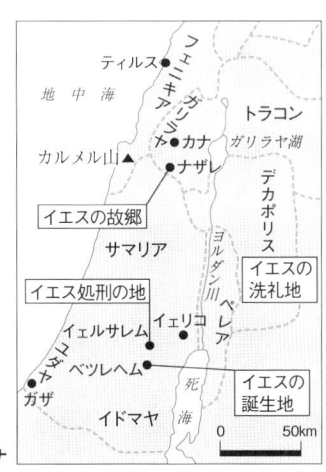

イエスの時代のパレスチナ

状態におかれていたイスラエルの人びとを率いてエジプトを脱出し（出エジプト），パレスチナへと向かった。モーセはその途中，シナイ山で神ヤハウェの言葉を聞き，神から十カ条の命令（十戒）を授かった。

　ヤハウェは宇宙の万物をつくった創造主であり，唯一絶対の神である（一神教）。ヤハウェはイスラエル人に語りかけて神の命令（律法）を授け，律法を守れば民族に恩恵をあたえ，律法に背けば厳しく裁くと約束した正義の神，裁きの神である。

　イスラエルの人びとは，エジプト脱出は神の救いであると信じ，律法を守ることで，神の恩恵に応えようとした。彼らは，自分たちは神によって選ばれて律法を授けられた民族であり（選民思想），律法を守って神の愛に応えれば，将来も苦難から救われると信じた。

　選民思想とは，みずからの民族が優秀だとするものではなく，神から選ばれた民族は，それだけ神の掟を守る高い義務を課され，神の命じたことに応えなければならないという考えである。

　ユダヤ教は，このように神とイスラエル人のあいだにかわされた契約に基づく信仰である。神の愛と正義に応えるために，人もみずから律法を守り，日々の生活の中で愛と正義を実践する責任をもつ。神の呼びかけに人びとが応答し，契約を仲立ちとして神と人が人格的に交わるところに，ユダヤ教の信仰の特色がある。

　そののち，パレスチナの地に建てられたイスラエルの王国は，紀元前10世紀頃のダヴィデ王，ソロモン王の時代に全盛期を迎えた。しかし，やがて北のイスラエル王国と南のユダ王国に分裂し，他の国に攻められて滅びた。紀元前6世紀には，老人と子どもを除くすべてのイスラエル人が，奴隷としてバビロニアに連れ去られた（バビロン捕囚）。

　このような民族の歴史的な苦難の中で，イザヤやエレミヤなどの神の言葉を伝える預言者があらわれた。彼らはイスラエルの人びとが神に背いて律法を守らなかったので，神が罰をくだして国家を滅亡させたと説いた。そして，人びとが律法を正し

人物 イエス

　イエスは、パレスチナ地方のベツレヘムで、大工ヨゼフの許嫁であったマリアの子として生まれた。30歳の頃、洗礼者ヨハネの洗礼を受け、神の福音（よきしらせ）を伝える宣教活動にはいった。律法の遵守と神の裁きを重んじるユダヤ教の律法主義を批判し、神の愛と許しの大切さを説いた。そのため、ユダヤ教の指導者から迫害を受け、十字架の刑に処せられた。その後、イエスの復活と、彼が救世主キリストであることを信じる人びとによって、キリスト教が形成された。

く守れば、神はわれわれを苦難から救い出す救い主（救世主・メシア Messiah）を、この世に送るであろうと預言した。イスラエルの人びとは、イスラエルの国家を再興し、民族を苦難から救うメシアの出現を待ち望んだ。

イエスと新約聖書

　イエス＝キリスト〈前7／前4頃～後30頃〉は、ローマ帝国の支配下におかれていたパレスチナに生まれた。彼は30歳の頃洗礼者ヨハネから洗礼を受け、人びとに神の教えを説いた。イエスは「神の国」の到来を告げ、みずからが人びとを救う救い主であるという自覚を高めていった。イエスが説いた言葉は、福音（神からのよろこばしい知らせ）と呼ばれ、『新約聖書』にまとめられている。

　イエスが活動した当時は、ユダヤ教の中でも、きわめて厳格に律法を守るパリサイ派と呼ばれる人びとがいた。彼らは律法を厳しく守ることが神の救いを得る唯一の道であると考え、みずからが律法を厳格に守るだけに、律法を十分に理解できない庶民や、律法を守らない人、徴税人・遊女などを厳しく非難した（律法主義）。

　イエスは、このようにただ形式的に律法を守ろうとする人びとの態度を批判した。パリサイ派の人びとが安息日に空腹のため麦の穂をつんだ人を、農作業をしたと非難したとき、イエス

は「安息日は人のためにあるもので，人が安息日のためにあるのではない」と答えている。イエスはただ外面的に律法に従うよりも，律法の中に込められた神の意思を実現し，神に心から従おうとする内面的な信仰が大切であると説いた。イエスはその律法に込められた神の愛を，人びとに伝えようとした。

イエスは外面の行為だけではなく，その行為を行う人間の心の内面をみつめた。そして，「人に対して怒る者は，人を殺すことと同じ罪をおかしたのであり，欲情をもって異性をみる者は，姦淫(かんいん)の罪をおかしたのである」といって，心の次元では，人間は誰でも生まれながらに罪人であると説いた。

イエスは，人はそのような罪人の自覚の上に立って，他人の罪を責める前に，まず，みずからの罪を悔い改めなくてはならないと説いた。そして，けっして他人を非難したり，裁いたりせず，たがいに許しあい，手をさしのべあうことが大切であると教えた。

イエスは，「天の父は，悪い者の上にもよい者の上にも，太陽をのぼらせ，正しい者の上にも正しくない者の上にも，雨をふらせてくださる」と述べ，神はすべての人間を分け隔てなく愛すると説いた。すべての人間に平等に注がれる神の愛をアガペー（agape 博愛・神の愛）という。また，アガペーは見返りや報いを求めず，ただあたえる無償の愛でもある。

人間はどのような孤独や悲しみの中にあっても，この神の大きな愛につつまれて生きていることに気づくとき，希望を得ることができる。人は，みずからの命をあたえられて生きている。そうであるならば，私たちが生きている限り，生きていることそのものが贈られた愛のあらわれといえよう。

一人ひとりの命には神の愛が注がれているのであり，自己に注がれる神の愛に応えようとするとき，みずからも神にならって人びとを愛そうとする愛の心が生まれる。人間は神の愛に応えて神を信じ，その神の愛をみずからの心として隣人を愛さねばならない。

イエスはまた，「私があなたがたを愛したように，あなたが

たもたがいに愛しあいなさい」と述べ，隣人愛を説いた。隣人とは，たとえ一度限りの出会いであっても，今，ここで，私を必要としている人のことである。隣人愛は苦しみや悲しみの中から，私たちに呼びかけてくる隣人の声に応え，その人たちに救いの手をさしのべることである。

相手が誰であろうと，助けを求める者に対して救いの手をさしのべた者が，その人の隣人になるのである。イエスは「自分を愛するように，あなたの隣人を愛しなさい」と教えている。イエスは世間から見捨てられた病人や貧しい人びとのもとにいき，慰めの言葉をかけ，彼らの苦しみや悲しみをわが身に背負おうとした。

イエスは「神の国が近づいた」と説いて，神の国の到来を告げた。その神の国とは，政治的な権力によって建てられた地上の国ではなく，神の愛が人びとを支配するという心の内面的な出来事をさす。神がすべての人を愛するように，人もたがいに救いの手をさしのべあえば，私たちは大きな愛につつまれる。そのようなとき，私たちは時の中で滅び去る小さな自己のエゴイズムをこえて，神の永遠の愛と生命の中に生きる自己を見い出すことができる。

イエスは神の国はいつ来るのかと問われて，「神の国は，あなたたちのあいだにあるのだ」と答えている。神の国は人と人が愛の絆で結ばれるところ，愛と信仰に生きる人びとの只中にあるものなのである。

このようなイエスの教えは，人びとの心をひきつけたが，伝統的なユダヤ教を守ろうとする人びとから反感をかい，ローマ帝国への反逆者としてとらえられ，ゴルゴタの丘で十字架にかけられた。イエスの宣教活動は，わずか3年ばかりであったが，その教えは使徒を中心に受け継がれ，広まっていった。

求めよ：黄金律　「求めよ，さらば与えられよう。たずねよ，さらば見いだそう。戸をたたけ，さらば開かれよう。すべて求めるものは受け，たずねるものは見いだし，戸をたたくものには開かれる。あなた方のうちにおのが子がパンを求めるのに石を与え，魚を求めるのに蛇を与える人があろうか。そのように，

あなた方が悪人であってもおのが子らによいものを与えることを知るならば，まして天にいますあなた方の父は求めるものによいものを与えられよう。それゆえすべて自分にしてもらいたいことは，あなた方もそのように人々にせよ。それが律法であり預言書である。」（前田護郎訳「マタイ福音書」『世界の名著12』所収，中央公論社）

空の鳥・野の花　「それゆえあなた方にいう。何を食べようかと命のことを，何を着ようかと体のことを心配するな。命は食べ物に，体は着物にまさるではないか。空の鳥を見よ。まかず，刈らず，倉にしまわないが，しかも天にいますあなた方の父が養いたもう。あなた方は彼らよりはるかにまさるではないか。心配によってあなた方のだれが寿命をちょっとでも延ばせるか。また，着物について何を心配するのか。野の花がどう育つかつぶさに見よ。苦労せず，紡ぎもしない。繁栄の極みでのソロモンさえその一つほどに着飾れなかった。きょうを盛りにあす炉に投げこまれる野の花をも神はこれほど装いたもう。ましてあなた方を，ではないか。信仰の小さい人たちよ。それゆえ，何を食べよう，何を飲もう，何を着ようかといって心配するな。これらすべては異邦人も求めている，天にいますあなた方の父はこれらすべてが要ることを知りたもう。まず彼の国と義（神の正しき掟）を求めよ。そうすればこれらすべてがあなた方につけたされよう。あすのために心配するな。あすのことはあす自体が心配しよう。一日にとってはその日の苦労で十分である。」（前田護郎訳「マタイ福音書」『世界の名著12』所収，中央公論社）

一粒の麦のたとえ　「一粒の麦は，地に落ちて死なねば，いつまでも一粒にすぎない。死ねば多くの実を結ぶ。おのが命を愛するものはそれを失い，この世で（おのが）命を憎むものは永遠の命へとそれを保とう。わたしに仕えるものはわたしに従え。そうすれば，わたしに仕えるものもわたしが居るところにいよう……いましばらく，光はあなた方のところにある。光のある間に歩いて，闇が追い越さぬようにせよ。闇の中を歩むものは自分がどこへ行くのか知らない。光のある間，光を信ぜよ。光の子らになるために。」（前田護郎訳「新約聖書」『世界の名著12』所収，中央公論社）

人物 パウロ

　パウロはパリサイ人で，始めは熱心なユダヤ教徒として，キリスト教を迫害した。しかし，ダマスクスの近くで，復活したイエスの声を聞いて回心したと伝えられている。使徒として地中海沿岸を布教し，キリスト教が世界宗教へと発展する礎(いしずえ)をつくった。ネロ皇帝の迫害にあって，ローマで殉死したと伝えられている。

❸—キリスト教の発展

原始キリスト教

　イエスの刑死の後，イエスの復活を信じる人びとのあいだで，イエスこそがイスラエル人の待ち望んでいた救世主（キリスト Christ）であるという信仰が生まれた。救い主のことを，ヘブライ語ではメシア，ギリシア語ではキリストという。イエスをキリストと信じる人びとによって，ペテロ〈？～64頃〉やパウロ〈？～60頃〉らの使徒を中心に信者の集団がつくられ，紀元2世紀の終わり頃までに，原始キリスト教が形成された。

パウロの回心

　人間は心の中に潜む罪や悪へと傾く自由な意思と，どのように向きあえばよいのだろうか。

　パウロははじめは熱心なユダヤ教徒であった。しかし，キリスト教徒を迫害するためにダマスクスへと向かう途中で，復活したイエスの声を聞くという宗教的な体験をした。パウロは善をなそうと思いながらも，肉体の情欲に引きずられて悪を行ってしまう，自身の罪深さに悩んでいた。「自分の欲する善は行わず，欲しない悪を行ってしまう」という罪の意識に，パウロは苦しんだ。

　イエスの声を聞いたとき，パウロはこのような罪をもつ古い自分が滅び，イエス＝キリストの愛によって新たな自分に生まれ変わるよりほかに救いはないと確信した。キリスト教徒を迫

害していた自分にさえ，イエスの愛が注がれているという体験は，パウロの心に神の愛の偉大さを忘れがたく印象づけたことであろう。それは「汝の敵を愛せ」という，憎しみの相手にさえ注がれるイエスの無条件の愛の体験であり，パウロはこの体験を通してキリスト教に回心した。

キリスト教では，すべての人間が生まれつきもっている，神の教えに背こうとする本性を原罪という。人は誰でも自分の欲望を中心に行動しようとする傾向をもっている。原罪はこのように神の呼びかけに背を向け，みずからのうちに閉じこもる，人間の自己中心主義（エゴイズム egoism）に由来する。原罪をもつ人間は，自身のエゴイズムに閉じこもって神に背反し，他者を傷つけ，妬（ねた）み，そしり，盗み，姦淫（かんいん），高慢，殺人など，さまざまな悪を行う。

パウロは，イエスはこのような人間の罪を背負って身代りとなって十字架で死ぬことによって，人間の罪を贖（あがな）い，人間を罪から解放した（贖罪（しょくざい））と考えた。イエスの十字架上の死は，すべての人類の罪を身代りとなって贖う行為であり，自己を犠牲にして人びとを救ったイエスの愛のあらわれなのである。十字架上の死において示された自己犠牲的な愛こそが，イエスがこの世に貧しき者の姿となってあらわれ，苦悩と恥辱の中で身をもって人びとに示した神の愛なのである。

パウロは，救いの条件は律法を守ることではなく，人びとの罪を贖うためにみずからを犠牲にしたイエスの愛を信じることのみであると説いた。

パウロは使徒として地中海沿岸をまわる大旅行を行い，ローマ世界にキリスト教を伝えた。すべての人に平等に注がれるキリストの愛への信仰を説くパウロの教えは，キリスト教をユダヤ教のような民族宗教の枠に閉じ込めず，すべての人に開かれた世界宗教へと発展させる大きな力となった。

キリスト教の教義の確立

キリスト教は，初期においてはローマ帝国によって迫害を受

人物 アウグスティヌス

アウグスティヌスは，北アフリカのタガステ（現在のアルジェリア）に生まれた。若い頃は，欲望に溺れた放縦な生活を送ったが，ローマで司教アンブロシウスから人格的な感化を受け，32歳のときにキリスト教に回心し，異教徒からキリスト教の教義を守る教父として活躍した。主著に『告白』『神の国』がある。

けたが，313年のミラノ勅令によってローマ帝国から公認され，その後にローマの国教となった。そして，ローマ＝カトリック教会を中心に，ローマ帝国にその教えを広めていった。

その頃，聖書の解釈をめぐって意見が分かれ，325年のニケーアの宗教会議では，父なる神・子なるイエス・聖霊の三つの位格（ペルソナ）は，その本性において一つであるという三位一体の教義が確立された。歴史的には預言者としてあらわれたイエスを，神の子として信じるところに，キリスト教の独自の信仰がある。

アウグスティヌス：神の愛

その頃，キリスト教の正統的な教義を確立し，教えが異教的になることから守ろうとした教会の指導者があらわれた。彼らを教会の父という意味で，教父という。

その代表者が，『告白』『神の国』などを著したアウグスティヌス〈354～430〉である。アウグスティヌスは，若い頃は演劇や恋愛に夢中になったが，やがて快楽におぼれた生活を反省し，32歳のときキリスト教に回心した。

アウグスティヌスによれば，神によって創造されたものは，自然の本性においては，本来すべて善である。しかし，万物を創造した神に比べれば，無から生まれ，無へと消滅していく被造物は不完全であり，より小さな善しかもたない。

人間の自由意志は，本来は最高善である神へと向かうべきだが，その惑いやすい弱い性質から神から離反し，情欲の対象と

なる被造物にひき寄せられる。最高善である神から離れ，情欲に誘惑されて，より低次の善にすぎない被造物にひかれる意志の顚倒が悪である。

このように惑いやすい人間の自由意志は，善をなす力に欠けており，神の恩寵によってはじめて善に向かう力をあたえられる。恩寵とは，罪を背負う人間に対してもあたえられる，神の無償の愛（カリタス caritas）である。

アウグスティヌスは，「私の重みは私の愛であり，それによって私はどこへでも運ばれていく」と述べている。物体が，その重みによって向かうべきところに向かうように，人間の意志も愛の重みによって動かされ，その向かうべきところ，すなわち最高善である神へと向かう。

神によって創造されたものはすべて愛の対象になるが，それらは完全で最高善である神から，無からつくられた不完全な被造物まで，完全さの度合いに応じて愛の秩序をなしている。愛の秩序は，より小さな愛をもって愛するべきものから，より大きな愛をもって愛するべきもの，さらに最大の愛をもって愛するべき最高善の神まで階層をなしている。

神の愛によって力をあたえられた人間の魂は，被造物への愛から人への愛へ，さらに神への愛へとのぼりつめ，最高善である神に到達するとき，はじめて真の心の安らぎを得られる。

アウグスティヌスは，「あなた（神）は私たちを，ご自身に向けておつくりになったので，私たちの心はあなたのうちに憩うまで，安らぎを得ることができないのです」と述べている。真の心の安らぎは，無へと滅び去る肉体の快楽にではなく，永遠の善である神にいだかれて魂が安らぐところにある。

このように人間の魂は愛によって導かれると考えたアウグスティヌスは，愛こそキリスト教徒が身につけるべき基本的な徳だと考え，パウロが説いた信仰・希望・愛というキリスト教の三元徳を強調した。

トマス＝アクィナス：信仰と理性

ヨーロッパの中世には，キリスト教の教義を論証し，学問的に体系化しようとするスコラ哲学がおこった。スコラ哲学とは，修道院の附属学校（スコラ）で教えられた学問という意味である。

そこでは，「哲学は神学の侍女(じじょ)である」とされ，哲学は否定的にみられ，信仰の優位が説かれることが多かった。また，普遍的な概念の実在をめぐって，言葉のあらわす概念は実在するとする実在論(レアリズム)と，それはものに共通する性質をあらわす音声にすぎないとする唯名論(ノミナリズム)に分かれ，議論がたたかわされる普遍論争が起こった。実在論は神の知性に宿る概念をもとに世界が創造されたとする信仰を重んじる立場をあらわし，唯名論は個物を実在と考える経験論の立場につながっていった。

13世紀には，アラビア世界を経由して，ヨーロッパに古代ギリシアのアリストテレス哲学の全体が伝わった。

アリストテレスの哲学は，個物の存在から，その第一の原因である神を推論するという経験主義的な立場に立ち，中世の神学者たちはその異教的な世界観にとまどった。『神学大全(しんがくたいぜん)』を著したトマス＝アクィナス〈1225頃〜74〉は，アリストテレスの哲学を積極的に取り入れ，哲学をもちいてスコラ哲学を体系化した。

自然の世界は神によって創造されたものだから，経験から得られた自然についての知識は，神の啓示(けいじ)によってあたえられる知識と矛盾するはずはない。しかし，同時に被造物である自然についての経験的な知識は，神の啓示に基づく知識のもとにおかれなければならない。

トマス＝アクィナスは，自然の光である理性に基づく哲学の真理と，神の啓示に基づく信仰の真理とを区別し，両者の独自性を認めつつ，理性によって自然を探究する哲学を，神への信仰のもとに従わせることによって，両者の調和をはかった。

カーバ神殿 中央の黒い布で覆われている建物が，カーバと呼ばれるイスラーム教の聖殿である。

❹─イスラーム教

イスラーム教の成立

　イスラーム教は，7世紀の初めにアラビア半島でムハンマド〈570頃～632〉によって開かれた宗教である。宇宙の万物を創造した，唯一絶対の神アッラーへの信仰を説く。イスラームとは神に絶対的に服従し，帰依するという意味である。その信者はムスリム（神に服従するもの）と呼ばれる。

　ムハンマドは，6世紀後半にメッカに生まれ，商人になって隊商を率いて砂漠を旅した。40歳の頃，ヒラー山の洞窟で瞑想していたとき，神アッラーの声を聞き，自分は神の教えを伝える預言者であるとの自覚をもった。アッラーはアラビア語で神を意味する。

　ムハンマドは，アッラーをユダヤ教やキリスト教で説かれる唯一全能の創造神と同一であると考えた。そして，神はモーセやイエスらの預言者に言葉を伝えたが，最後にもっとも決定的な教えを自分に授けたのだと説いた。

　しかし，伝統的な多神教を信じる人びとから迫害を受け，622年にメディナに逃れた。これをヒジュラ（聖遷 hijra）といい，のちにこの年がイスラーム暦の紀元になった。

　やがて，勢力を盛り返したムハンマドはメッカを征服し，唯

一絶対の神アッラーへの信仰を貫くため，さまざまな神の像（偶像）を破壊し，メッカをイスラーム教の聖地に定めた。

　その後，イスラーム教はカリフ（caliph）と呼ばれる指導者のもとにその教えを広げていった。やがて，ムハンマドの後継者となったカリフを重んじる多数派のスンニ派と，ムハンマドの血縁を重んじる少数派のシーア派に分かれた。イスラーム教は，仏教・キリスト教とならぶ，世界三大宗教の一つに発展した。

イスラーム教の教え

　神がムハンマドに語った言葉を書き記したものが，聖典『コーラン（クルアーン al-Qur'an）』である。『コーラン』によれば，この世の終わりが訪れるとき，神アッラーの最後の審判がくだされ，神の教えに従った者は楽園にいき，従わなかった者は地獄で罰を受ける。信者はこの世の快楽におぼれず，最後の審判にそなえて神の教えを守り，正しく生きなければならない。このような終末思想は，ユダヤ教やキリスト教など，西アジアで生まれた宗教に共通するものである。

　イスラーム教においては，ユダヤ教やキリスト教の聖典も学ぶべきものの一つとされている。しかし，モーセやイエスは神の教えを伝えた預言者であり，預言者の一人であるイエスを救世主と信じ，神の子とするキリスト教の教義は認めない。

　『コーラン』には信仰に関する教えだけでなく，結婚・相続・商取引・刑罰・家庭のしつけなど，さまざまな社会生活の規則が定められている。その中心が六信五行である。

　六信とは，神アッラー・天使・聖典『コーラン』・預言者ムハンマド・来世・天命の六つを信じること，五行とは，信仰告白，メッカの方向への毎日5回の礼拝，ラマダーン月の日中には一切飲食をしない断食，宗教上の救貧税としての喜捨，メッカへの巡礼の五つの実践である。

　『コーラン』には，「信者はみな兄弟」と説かれており，神の前ではすべての信者は平等であるとされる。イスラーム教徒は信仰の共同体（ウンマ umma）を形成し，民族や国籍をこえて

信者はすべて平等に扱われる。

　イスラームの社会では,『コーラン』はもとより,結婚・相続・刑罰などの社会規範を定めたイスラーム法（シャリーア）が,生活の規準となっている。異教徒との戦いはジハード（聖戦）と呼ばれ,戦死者は殉教者として,死後,神のもとで高い地位につくとされている。しかし,ジハードは戦いに限らず,神のために奮闘努力するという意味をもっている。

　また,一夫多妻制が定められているが,もともとは戦死した男性の妻と子どもを救済するために,仲間が複数の妻をめとることを認めたものである。また,ブタは汚れた動物として食べることは禁じられ,酒は理性を失わせるとされて禁止されている。

　このようにイスラーム社会では,聖と俗,宗教と政治は区別されず,両者は密接に結びついており,イスラーム教の教えは政治,経済,文化活動,日常生活など,人間のあらゆる営みを貫いている。

❺—仏教

古代インドの思想

　古代のインドでは,アーリヤ人が侵入して先住民を支配し,紀元前10世紀頃,ガンジス川流域に定住して,バラモン教とカースト制度に基づく社会を形成した。

　バラモン教は『ヴェーダ』を聖典とし,天・地・太陽・風・火などの自然神を崇拝し,司祭階級のバラモンが行う祭式を中心とする宗教である。そこでは人間がこの世で行った行為（業・カルマ）が原因となって,つぎの世の生まれ変わりの運命（輪廻）が決まると信じられていた。人びとは悲惨な状態に生まれ変わることに不安をいだき,無限に続く輪廻の運命から抜け出す解脱の道を求めた。

　紀元前7世紀から紀元前4世紀頃には,バラモン教の教えを理論的に深めたウパニシャッド哲学（Upanishad）が形成され

人物 ブッダ

ブッダは，ヒマラヤのふもとのシャカ（釈迦）族の国カピラヴァッツの王子として生まれた。本名は，ガウタマ゠シッダールタである。人生の苦悩を解決するために，29歳のときに出家し，35歳でブッダガヤの菩提樹の下で瞑想の末に悟りを開いた。人びとの心を救済するため，弟子とともにガンジス川流域をまわって説法をし，80歳でクシナガラで亡くなった。

た。それによれば，宇宙のあらゆるものの根源にはブラフマン（brahman 梵）と呼ばれる絶対的な原理があり，すべての生あるものはアートマン（atman 我）と呼ばれる不変の自己をもっている。この二つは，それ自体で永遠に存在する実体と考えられる。

個人の本質であるアートマンは，さまざまな動植物に宿ってこの世で輪廻を繰り返す。ウパニシャッド哲学は，みずからのうちにあるアートマンが，宇宙の原理ブラフマンから生まれ，ブラフマンと一体であることを悟ることによって，大きな宇宙の根源と一体となり（梵我一如），輪廻の苦しみから解脱して永遠を得ることができると説いた。

ブッダ：悟りへの道

紀元前5世紀頃，インドでは商工業が盛んになって都市が栄え，庶民の力が強まった。そこでバラモン教の伝統にとらわれず，自由に，合理的にものを考えようとする自由思想家たちがあらわれた。

ブッダ〈前563頃～前483頃，諸説あり〉はその代表者であり，彼の説いた教えが仏教である。そのほかにも，ジャイナ教を開いたヴァルダマーナ（マハーヴィーラ）ら6人の自由思想家があらわれた。仏教では，彼らのことを仏教以外の教えを説く者という意味で，六師外道と呼んでいる。

ブッダは本名をガウタマ゠シッダールタという。ヒマラヤの

ふもとの小国カピラヴァッツで、シャカ（釈迦）族の王子として生まれたと伝えられる。物質的には恵まれた生活を送ったが、人生の苦しみの問題に悩んだ彼は、29歳のときに出家して修行者になった。

はじめは断食などの苦行(くぎょう)を行ったが、やがてその無意味さを悟り、35歳のときにブッダガヤの菩提樹(ぼだいじゅ)の下で瞑想をして悟りを開いた。ブッダとは「真理に目覚めた人」という意味である。すみやかに流れ去る無常な人生をいかに生きるべきかを、仏教の教えから学んでみよう。

ブッダは、人生に必ずともなう生(しょう)・老・病・死の苦しみ（四苦(しく)）を直視した。私たちは生きることを願いながらも、やがて老い、病み、いつかは死を迎えなければならない。さらに、愛する人ともいつかは別れなければならず（愛別離苦(あいべつりく)）、憎い人とも出会わなければならない（怨憎会苦(おんぞうえく)）。求めるものは得られず（求不得苦(ぐふとくく)）、五つの要素から成る心身の苦悩を逃れることができない（五陰盛苦(ごおんじょうく)）。これらを含めて八苦(はっく)といい、四苦八苦の由来になっている。ありのままの人生の現実は、さまざまな苦しみに満ちている（一切皆苦(いっさいかいく)）。

このような苦しみの根底には、すべてのものは永遠に続くことはなく、時の流れとともにたえず変化し、消滅していくという事実がある。この世に生まれ出たものは、いつかは必ず消滅していかなくてはならない（諸行無常）。また、この世にあるもので、それだけで単独に存在する不変の本体（実体）をもつものは、何一つ存在しない（諸法無我）。このような無常・無我が、ブッダが見つめた人生や世界の真相である。

では、なぜ世界は無常・無我であり、この世に生まれ出たものは、必ず消滅しなければならないのだろうか。

ブッダは、それはすべてのものがそれ自体で独立しているのではなく、さまざまな原因や条件（因縁(いんねん)）に依存して存在しているからであると考えた。因とは直接の原因であり、縁とは付随する条件である。因縁が和合すればあるものが成立し、因縁が分散すれば、そのもの自体も消滅する。

このようなブッダの悟った真理を,縁起の教えという。存在するものは,原因や条件が寄りあって縁起に従って成立し,その因縁となるものも,また他のものによって条件づけられている。すべて存在するものは因縁の離合集散によって生成と消滅を繰り返しているから,世界は無常・無我なのである。

このような無常・無我の人生の中で,老いや死を避けられないにもかかわらず,人間はみずからの命や地位や財産が永遠に続くことを願っている。すべてのものは縁起によって成り立つという真実を悟らず,自己や自己の所有物が永遠に続くことを願うという人間の根本的な無知は無明と呼ばれる。

所有物への執着の根底には,そのような所有を願う自己自身への執着,すなわち我執がある。人生が無常であるにもかかわらず,縁起の教えを悟らず,我執にふり回わされて永遠の楽しみや不死を願う無明から,さまざまな人生の苦悩が生まれる。

ブッダは,人の心の中には欲望の炎が燃えさかっていると教えた。欲望の炎は,人間がみずからの生存(我)や所有物(我所)に執着する心から生まれる。そのような我執の心があまりに強いので,人は欲望の渦に飲みこまれ,争い,憎しみあい,みずからを苦しめることになる。執着する心は人の心身を煩わし,悩ませるものであるから煩悩とも呼ばれる。

ブッダはとりわけ貪り(貪欲),いかり(瞋恚),おろかさ(愚痴)の三つの煩悩を,人がみずからを傷うものという意味で三毒と呼んでいる。また,煩悩は渇愛とも呼ばれる。渇愛は,自分を中心にして相手への執着を貫くことであり,仏教では愛は人間の心身を煩わす煩悩という意味で使われる。

このような欲望の炎をうち消し,我執から自己を解放することによって,悟りの境地(涅槃,ニルヴァーナ)に達することができる。涅槃とは,炎の消滅という意味で,煩悩の炎が吹き消され,心に永遠の平静さと安らぎが訪れた状態である(涅槃寂静)。

もちろん,人は欲望なしでは現実に生きられない。快楽と苦行を避け,その中間のほどよい適切な生き方(中道)を説いた

ブッダは，過度な快楽を遠ざけて欲望を適度に抑制し，執着心から自己を解放し，心静かに生きることを求めたのであろう。
　ブッダはこのような涅槃を実現する道として，四諦八正道(したいはっしょうどう)の教えを説いた。
　四諦とは，四つの真理という意味である。人生は苦しみに満ちており(苦諦(くたい))，その原因は心に欲望が集まっているところにある(集諦(じったい))。その欲望を消滅させれば涅槃の境地が訪れるが(滅諦(めったい))，そのためには正しい修行の道がある(道諦(どうたい))。
　八正道は，八つの正しい修行の道という意味で，真実を正しく見る(正見(しょうけん))，正しく考える(正思(しょうし))，正しい言葉を語る(正語(しょうご))，正しく行動する(正業(しょうごう))，正しく生活する(正命(しょうみょう))，正しく努力する(正精進(しょうしょうじん))，正しい教えを記憶にとどめる(正念(しょうねん))，正しく精神を統一する(正定(しょうじょう))である。
　定(精神統一)とは，古くからインドに伝わる瞑想(めいそう)法で，心を静めて真理を体得する禅定(ぜんじょう)(ヨーガ)のことである。ブッダ自身が禅定をとおして真理を悟ったのであり，正定において欲望の炎の消滅としての涅槃が実現され，悟りが完成する。八正道は無常・無我の真実をみつめ，縁起の教えを理解し，執着心を捨て，静かで安らかな心境で生きようとつとめることである。
　ブッダは快楽におぼれることを戒めるとともに，身体を苦しめる極端な苦行は，精神をもうろうとさせるだけであると批判した。縁起の教えを学び，快楽にも苦行にもかたよらない中道を守りながら八正道を実践すれば，誰でも真理に目覚めて，ブッダ(覚者)になることができるとされる。
　ブッダは，また，すべての命あるものへの慈愛(慈悲)を説いた。慈とは慈(いつく)しみであり，人びとに安楽や楽しみをあたえること，悲とは他者へのあわれみ・同情であり，人びとの苦しみを取り除くことである。慈悲は命あるものへの限りない優しさであり，無常の世界に生きるはかない命であるからこそ，それだけ切実に生きるものすべての幸福と平和を願う心である。
　自分への執着心を捨てて慈悲の心をもち，すべての生けるものがともに安らかに，平和に生きることが，ブッダの願った人

仏教の伝播 紀元前5世紀頃，インドに成立した仏教は，のちに菩薩信仰をともなって衆生を救おうという大乗仏教と，個人の修養を主とする上座部仏教に分かれた。上座部仏教はスリランカから東南アジアに伝播したが，大乗仏教は中国・朝鮮を経て日本へ伝わった。

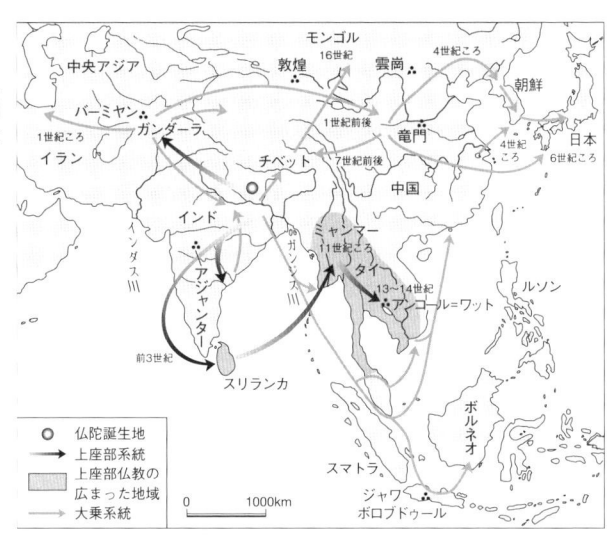

生の理想であった。

無常を生きる教え　「過去に従っていってはならない／未来を願い求めてもならない／過去なるものはすでに捨てている／また，未来もまだ至らない／そこで，現在のことがらを，それぞれのところで観察し，動ずることなく，揺らぐことなく，そのことを知って，学ぶべきである／いま，まさになすべきことを熱心になせ／だれが明日，死ぬことを知るであろう／かの死神の大軍と戦わないということは決してない／昼夜，つねに怠ることなく，熱心に，このように（努めるもの），このものをじつに一日賢きものといい，静寂なるもの，沈黙者と人は説く。」(石上善應訳「一夜賢者経」『原始仏典5』所収，講談社)

❻―大乗仏教の展開

仏教の二つの流れ

　ブッダは，人間をこえた神の存在を説かなかった。ブッダは，一人ひとりの人間が自分をよりどころとし，みずからの努力で真理を悟り，人生の苦しみを克服する道を説いた。その意味で，世界を超越した神の存在を説くキリスト教やイスラーム教などの宗教からは，仏教は宗教でありながらも無神論とみなされる。しかし，のちの仏教においては，ブッダやブッダの教えが神格化され，やがて崇拝の対象となっていった。

ブッダの死後，仏教は保守派の長老を中心にした上座部と，民衆に支持された革新的な大衆部（だいしゅ）に分かれ，さらに分裂して20の部派に分かれた（部派仏教）。やがて，この中から上座部仏教と大乗仏教という，二つの大きな教派が生まれ，それぞれがブッダの精神を受け継いでいった。

上座部仏教（小乗仏教）は，ブッダの自力救済の精神を受け継ぎ，厳しい戒律と修行によって欲望を断ち，個人の悟りを完成させた聖者（阿羅漢（あらかん） アラハット）になることをめざした。上座部仏教はスリランカや東南アジアのミャンマー・タイなどへ広がった。

大乗仏教の成立

大乗仏教は紀元前1〜紀元後2世紀にかけて，在家の信者を中心とした人びとによる仏教の改革運動によって形成された。

大乗仏教は，ブッダの慈悲の精神を受け継ぎ，生きているものすべて（衆生（しゅじょう））の救いをめざした。大乗（マハーヤーナ）とは，大きな（マハー）乗り物（ヤーナ）という意味で，すべての衆生を乗せて救済するという意味である。これに対して小乗仏教とは，個人の悟りの完成をめざす上座部仏教に，大乗仏教の側からつけられた，批判的な呼び方である。

大乗仏教は中国や朝鮮へと広がり，さらに日本へも伝わった。また，チベットに伝わった大乗仏教は，独自のチベット仏教（ラマ教）へと発展した。

大乗仏教では，衆生を救済する利他行（りたぎょう）に励む慈悲の実践者を菩薩（ボーディサットヴァ）と呼ぶ。菩薩は上に向かっては真理の悟りを求め，下に向かっては衆生を教えて救済し，未来に悟りをひらいて仏（ブッダ）となるべき人とされる。みずからを犠牲にしても人びとを救おうとする菩薩は，慈悲に生きる人間の理想像であり，模範である。

大乗仏教では，悟りを求める者が実践するべき六つの徳目として，六波羅蜜（ろくはらみつ）が説かれる。波羅蜜とはパーラミーターという音を写したもので，迷いの世界（此岸（しがん））から真実の世界（彼岸（ひがん））

へと渡り，徳を完成させることを意味する。

　六波羅蜜は，ものや教えをあたえる布施，戒律を守る持戒，迫害や困苦をたえしのぶ忍辱，悟りを求めて衆生の救済に努力する精進，精神を統一して心を安定させる禅定，一切が空であることを悟って迷いの世界を離れる智慧（般若）の六つを完成させることである。

空の教え

　紀元3世紀頃には，ナーガールジュナ（竜樹・龍樹）〈150頃～250頃〉があらわれて，大乗仏教の理論を確立した。

　彼は縁起の教えを深め，すべてのものはさまざまな原因と条件（因縁）があわさって生まれ，それ自体は固有の本体をもたないという空の思想を完成した。

　この世界の森羅万象のあらわれは，因縁が和合して生まれ，それらの条件を離れて自己自身の固定的な本体（実体）をもたない点で，空なるものである（色即是空）。しかし，その空は何もない虚無ではなく，縁起によってさまざまな因縁が合わさり，豊かな万物の姿となってあらわれる（空即是色）。この空の真理を悟る知恵を般若という。

　般若とは，プラジュニャー（智慧）の音を写したものである。一切が空であることを悟って迷いを離れ，この世界に執着するのでもなく，また，それを拒絶するのでもなく，とらわれのない自由自在な心で生きることが理想とされる。

唯識の思想

　4世紀にはアサンガ（無着・無著）〈310頃～390頃〉とヴァスバンドゥ（世親）〈320頃～400頃〉が，外の世界のすべてのものは実在せず，あたかも画家が絵を描くように，心の根底の働き（アーラヤ識）が，空の中に描き出したものであるという唯識の思想を説いた。

　外の世界のさまざまなあらわれが，心の根底の働きのあらわれであり，それ自体の本性をもたないと悟ることによって，

迷妄の世界から抜け出すことができる。

　唯識の思想は，存在するものはそれ自体の本性がないと説き，外界の実在性を否定する点では，空の思想と共通する。しかし，外界の現象を生み出す意識の実在を認める唯心論的な立場に立つ点で，すべての実在を否定する空の思想とは違いがある。

大乗経典と法身仏

　大乗仏教では，ブッダの教えを受け継ぐ人びとによって，『般若経』『無量寿経』『法華経』『華厳経』『涅槃経』など，数多くの大乗経典がつくられた。

　仏教は，ブッダの悟った真理（法 ダルマ）を教えの中心にする。やがて，歴史的存在としてのブッダをこえて，ブッダの悟った真理そのものが法身仏（教えを身体とする仏）として信仰の対象とされ，ブッダはそのような法身仏が衆生を救済する働きをするために，肉体をもってこの世にあらわれた姿（応身仏）と考えられるようになった。

　真理そのものである法身仏は永遠不変であるが，その真理を人格的にあらわす応身仏は，世の中に応じてあらわれ，過去から未来にわたって数多くのブッダが出現するという信仰が生まれた。

興福寺無着・世親像　無着（左）・世親（右）の兄弟はインドに生まれ，法相宗の祖とあおがれた。この像は，運慶が弟子をひきいてつくったもの。荘重な気分と写実の妙をきわめている。

このようなブッダの死後に編さんされた大乗経典に基づく大乗仏教に対して，歴史的存在としてのブッダが説いた教えは原始仏教と呼ばれる。ブッダが説いた言葉は，『ダンマパダ（法句経）』や『スッタニパータ（経集）』などの最古の経典にまとめられている。そこに記されたブッダが説いた真理の内容が，そののちに多くの信者によって思想的に深められ，大乗仏教の教えに発展していったと考えられる。

> **怒りをすてよ**　「まこと，この世にてはいかなるときも，もろもろの怨みは怨みによりては鎮まらず，されど怨みなきによりて鎮まる，こは永遠の真理なり。」（藤田宏達訳「ダンマパダ（真理のことば）」『原始仏典7』所収，講談社）

チベット仏教

7世紀ころ，インドからチベットに仏教が伝わり，チベット仏教（ラマ教）が形成された。阿弥陀如来や十一面観音の信仰など大乗仏教と共通点が見られる一方で，男女が抱きあって交わる姿であらわされる歓喜仏や，怒りの形相をあらわす忿怒尊，女神のターラー菩薩など独自の特徴をもつ。菩薩の化身とされるダライ＝ラマ，パンチェン＝ラマなどの高僧（ラマ）が権威をもち，高僧が亡くなると，その生まれ変わりとされる子どもを探して後を継がせる転生活仏の制度がある。現在のダライ＝ラマ14世は，中国の支配下におかれたチベットからインドに亡命している。

第2章 西洋の近代思想

1 人間の尊厳

❶─ルネサンスと近代的人間像

『星の王子さま』

　サン＝テグジュペリ〈1900～44〉の『星の王子さま』という童話がある。

　宇宙の小さな星に住む王子は，そこに咲く一本のバラの花とけんかをして星を飛び出し，地球にやってくる。地球で友だちになったキツネが，王子につぎのように語る。「おれの目からみると，あんたは，ほかの十万もの男の子と，別に変わりない男の子なのさ……あんたの目からみると，おれは，十万ものキツネと同じなんだ……だけど仲よくなると，あんたは，おれにとって，この世でたった一人の人になるし，おれは，あんたにとって，かけがえのないものになるんだよ」。

　キツネは仲よくなることを通じて，たがいが世界でただ一人の，かけがえのないものになると教える。そして，「大切なことは，目ではみえないんだ」と語り，人と人をつなぐ友情の絆(きずな)の秘密について教える。王子は星に残してきたバラの花を思い出し，星に帰っていく。

　サン＝テグジュペリは，人と人の絆を守りぬく責任と勇気をもつこと，その絆

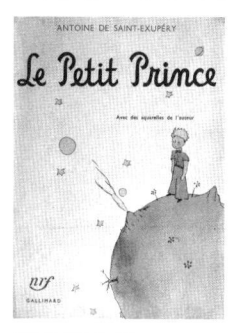

『星の王子さま』

に生きることの幸福とすばらしさを,この童話で伝えたかったのだろう。

　この地球に生きるすべての人間は,誰一人をとっても,宇宙でただ一人の,かけがえのない存在である。すべての人が人間としてかけがえのない尊さをもつという考えは,人類が長い歴史の中で築き上げてきたものである。しかし,今なお戦争や紛争によって人びとが犠牲になり,また差別やいじめを受けて苦しんでいる人がいる。

　一人ひとりの人間の尊厳を守ることは,私たち人類の大きな課題である。これから,近代の初めのヨーロッパで,人間の尊厳の自覚を生み出した歴史と思想を見てみよう。

ルネサンス：人間中心の文化

　人間の能力を最大に発揮しようとした,ルネサンス期の人間の生き方について学んでみよう。

　ヨーロッパの中世は,信仰に基づく神中心の文化の時代であった。人びとは人間の弱さや罪深さ,世の中の無常やみじめさをみつめ,この世をこえた永遠の神と一体となる信仰に幸福を求めた。

　しかし,14世紀から16世紀にかけて,北イタリアの都市を

「ヴィーナスの誕生」(ボッティチェリ作)　ルネサンスを代表する画家ボッティチェリの代表作。ギリシア神話を題材に,美の神ヴィーナスが海の泡から誕生したところを,鮮やかに描いている。(ウフィツィ美術館蔵)

人物 レオナルド＝ダ＝ヴィンチ

レオナルド＝ダ＝ヴィンチはイタリアのトスカーナのヴィンチ村で生まれた。フィレンツェで絵画の修行をし、やがてミラノで工房を開き、芸術、科学、発明、軍事、要塞建設、兵器開発などの分野で才能を発揮した。晩年はフランス王フランソワ1世の庇護を受けて、フランスのクルーで過ごした。代表作に『モナリザ』『最後の晩餐』がある。

中心に、商業によって経済力をたくわえた市民が、現実的な人間中心の文化を築いた。このような新しい文化の動きを、ルネサンスと呼ぶ。

ルネサンスは文芸復興と訳されるが、それは古代のギリシアやローマの人間味のある文芸を学び、それを再生しようとするヒューマニズム（人文主義）の運動であった。つまり、ルネサンスは人間性を重んじる古典を模範として、人間性を束縛し、抑圧するものから人間を解放し、人間の尊厳ある生き方を追求しようとする、新しい文化運動である。

ルネサンスの時代には、現実に生きているこの世で、人間の能力を最高度に発揮する積極的な生き方が求められた。人びとは自分の才能を最大限に伸ばして、理想的な人間として自己を完成させようとした。

ルネサンスの文芸：ありのままの人間を描く

ルネサンスの文芸は、現実の人間をありのままに、生き生きと描いた。ダンテ〈1265〜1321〉の『神曲』は、地獄や煉獄で罰を受ける罪人や、神の愛によって天国に救われる魂を描き、宗教的な雰囲気の中で、人間の生きざまを迫力をもって表現した。

人文主義の先駆者ペトラルカ〈1304〜74〉の『カンツォニエーレ』は、みずみずしい恋愛の感情と官能を流麗にうたい、個人の意識の目覚めを表現した。人生の快楽を求める男女の姿を描いた、ボッカチオ〈1313〜75〉の『デカメロン』（『十日物

語』）は，性愛を肯定するおおらかな人間解放の精神に満ちている。

絵画では，ボッティチェリ〈1445頃～1510〉が甘美な美しさにあふれた「春（プリマヴェラ）」や「ヴィーナスの誕生」を描き，ラファエロ〈1483～1520〉は優美な聖母像や，古代の哲学者の群像を題材に「アテネの学堂」を描いた。

万能人の理想

ルネサンスの時代には，自分の能力を全面的に発揮し，個性を十分に実現させた万能人（普遍人）が，理想的な人間像とされた。

建築・音楽・文学などに優れた才能を発揮したアルベルティ〈1404～72〉は，「人間は意欲しさえすれば，自分の力で何でもできるものだ」といっている。また，芸術や科学，さまざまな発明に活躍したレオナルド＝ダ＝ヴィンチ〈1452～1519〉や，巨大な壁画や「ダヴィデ像」などの彫刻を創作したミケランジェロ〈1475～1564〉のように，多くの分野で人間の力を最大限に発揮した人間が，万能人の典型として尊敬された。

ピコ＝デラ＝ミランドラ：『人間の尊厳について』

イタリアの人文主義者ピコ＝デラ＝ミランドラ〈1463～94〉は，人間の尊厳について，ローマで討論会を開こうとした。そのために用意された演説原稿が，『人間の尊厳について』である。

その中で彼は，「地上のすべてのものは，定められた法則に縛られている。しかし，人間だけは，みずからの自由な意思によって，自分がなりたいと思うものになるようにつくられている」と述べている。

人間は欲望にかられたり，感覚に惑わされると，植物や動物に等しい存在になるが，理性を働かせれば，天使や神に近い存在にもなれる。ピコは人間の運命は神によって定められているという，それまでの考えを打破し，人間の自由意志を肯定して，人間はみずからの自由意志によって，あらゆるものになれる可

能性をもっていると説いた。そして,これらの可能性の中から,みずからの自由な意志によって最高の生き方を選び,道徳的にも知的にも,最高の存在へと自己を無限に高めるところに,人間の尊厳があると考えた。

マキァヴェリ:『君主論』

マキァヴェリ〈1469〜1527〉は,当時,分裂していたイタリアを政治的に統一するために,強力な君主があらわれることを願って『君主論』を著した。マキァヴェリは統治という目的を達成するためには,君主は裏切りや偽りの約束など,いかなる手段であっても積極的に使うべきであると主張した(権謀術数)。

君主は国を統治するときには,法によって統治する人の道と,力によって支配する獣の道を使い分けなければならない。さらに,獣の道を用いるときには,キツネのずる賢さと,ライオンの強さとをあわせもたなければならない。キツネだけではライオンの強さにかなわず,ライオンだけではキツネのわなを見抜けない。

マキァヴェリは「いかに生きているかということと,いかに生きるべきかということは,はなはだしくかけ離れている」と語り,いかに生きるべきかに目を奪われ,いかに生きているかという現実を顧みない人は,身の破滅をまねくと説いている。

『君主論』は,道徳や宗教の覆いを取り去って,現実の政治に生きる人間をありのままにとらえるリアリズム(現実主義)の精神に貫かれており,これもルネサンスの文化の特徴の一つである。

❷—宗教改革と信仰の心

心の信仰を求めて

個人の心に純粋な信仰を取り戻そうとした,宗教改革の思想について学んでみよう。

中世には，カトリック教会の教義や組織が確立され，キリスト教はヨーロッパの人びとの生活に深く結びついていた。しかし，ローマ教皇を頂点とする教会の巨大な組織は，王や貴族などの権力と結びつき，広い土地を所有し，人びとから税を徴収する世俗の権力となった。

　このように世俗化した教会の腐敗に対して，聖書に従って純粋な信仰のあり方を求めようとする人びとがあらわれた。オランダの人文主義者エラスムス〈1469頃〜1536〉は，『愚神礼賛』を著して，教会の堕落を痛烈に批判し，教皇は戦争を起こして，剣と火によりキリスト教徒の血を流させていると訴えた。エラスムスは古典文学を学び，人文主義的な広い知識をそなえたコスモポリタン（世界市民）としての教養と，キリスト教の博愛の精神に基づいて，人びととの和合と世界の平和を訴えた。

　また，イギリスの人文主義者トマス＝モアは，『ユートピア』を著し，私有財産をめぐる争いや戦争のない理想社会を描いて，地主貴族が囲い込み（エンクロージャー）によって，農民から土地を奪う，当時のイギリス社会を批判した。

ルター：信仰のみ

　ドイツの神学者ルター〈1483〜1546〉は，自分が犯した罪に対する罰をまぬがれることができるという贖宥状（免罪符）を，カトリック教会が売り出したことに抗議し，1517年に「95カ条の意見書」をヴィッテンベルク城教会において公表し，宗教改革の口火をきった。

　ルターは，若い頃から，善をなせという神の律法に完全に従うことができない自分の罪深さに苦しんだ。彼は『キリスト者の自由』の中で，人間はみずからの善行によるのではなく，自分の罪を認め，その罪をもつ人間にもあたえられる神の愛を信じることによってのみ義しいとされると説いた（信仰義認説）。また，教会の儀式や制度を批判し，みずからを犠牲にして人間を救ったイエス＝キリストの愛を信じる心，すなわち「信仰のみ」が救いの道であると主張した。

人物 ルター

　ルターはドイツの神学者で，宗教改革の指導者である。大学で法学を学んだが，落雷による死の恐怖の経験をきっかけに，修道院にはいった。その後，ヴィッテンベルク大学の神学の教授となるが，ローマ＝カトリック教会が免罪符（罪に対する罰を免除する証書）を売り出したことに抗議して，1517年に「95カ条の意見書」をヴィッテンベルク城教会の扉に貼り出して，教会の堕落を批判し，宗教改革運動の口火をきった。主著に『キリスト者の自由』がある。

　神の前では，すべてのキリスト者は平等であり，聖職者の身分は必要がない（万人司祭）。ルターは，一人ひとりが聖書に書かれた神の言葉（福音）を直接に読み，心の中に純粋な信仰をもつことが大切である（聖書中心主義）と考え，聖書のドイツ語訳に打ち込んだ。

　このような「信仰のみ」というルターの教えは，人びとの精神を教会の制度や掟，聖職者の権威から解放し，信仰の上で個人の心を尊重する個人主義の精神的な支柱となった。また，ルターは，すべての人は神に呼び出されてこの世の務めをあたえられるとし，世俗の職業は神が呼び出してあたえた召命（天職）であると説いた（職業召命観）。ドイツ語のベルーフ（beruf 呼び出し）が，職業をあらわすようになった由来である。

カルヴァン：予定説

　スイスで宗教改革を進めたカルヴァン〈1509～64〉は，救われる者と救われない者とは，神の永遠の意志によって予め定められているという予定説を説いた。

　カルヴァンは，世俗の職業生活も神の栄光をこの世にあらわすために人間が奉仕する場であり，人間は神の予定に従って，神の意志を実現するために生きるべきであると説いた。人びとは，みずからを神の意志を実現する道具であると自覚し，神の救いの確信を得るために，禁欲的に世俗の職業活動に励むべき

であるとした。

　社会学者のマックス＝ウェーバーは，このように人びとが禁欲的に働いて利潤の蓄積が進められたことが資本の形成につながり，近代資本主義の精神を生む契機になったと分析した。

　このように，ルターやカルヴァンによって改革されたキリスト教は，ローマ＝カトリック（旧教）に対して，プロテスタンティズム（新教）や福音主義と呼ばれる。宗教改革は，教会の権威から信仰を一人ひとりの心の内面に取り戻し，信仰を通して個人の精神の尊厳を確立し，近代的な個人の自覚をうながした。

　一方で，新教に対抗するために，カトリックは対抗（反）宗教改革の運動を起こし，イグナティウス＝ロヨラが創設したイエズス会は，厳格な規律と組織のもとに，海外へのカトリックの布教につとめた。

❸──モラリストの人間観察

モラリストたち

　16世紀から17世紀のフランスで，随筆や手記などの自由な文体でありのままの人間を考察し，その生き方を探究するモラリストと呼ばれる人たちがあらわれた。

　彼らは既成の思想や道徳にとらわれず，具体的な生活の場で自分自身の目で人間をみつめ，鋭い人間観察を行った。その代表がモンテーニュとパスカルである。

モンテーニュ：私は何を知るか？

　自分の考えを絶対視しない，柔軟で謙虚な考え方について学んでみよう。

　モンテーニュ〈1533〜92〉は，屋敷にある塔にこもって読書にふけりながら，『エセー』（『随想録』）を著した。彼は当時の悲惨な宗教戦争を目にして，思想や宗教を絶対化する人間の思いあがりから，戦争という野蛮な行為が生まれると批判した。彼は「私は何を知るか？（ク＝セ＝ジュ Que sais-je？）」と自分に

人物 モンテーニュ

モンテーニュはフランスのボルドーの領主の家に生まれた。大学で法律を学び、ボルドーの高等法院の参事となり、ボルドー市長にも選ばれた。38歳のときに引退してのちに「モンテーニュの塔」と呼ばれる建物に隠棲し、読書と思索にふけりながら『エセー』を書き続け、内省的な態度で人間性の真実を探究した。主著に『エセー』がある。

問いかけ、どのような思想についても、つねに疑い、みずから吟味し、探究し、独断をさしひかえるように心がけた（懐疑主義）。

モンテーニュの懐疑主義は、自分は真理を探究中であるから、何事についても断定的な判断をさしひかえるという立場をあらわしている。人間はみずからの知性の有限さを自覚し、自分の考えを絶対視しない謙虚さと、自分と異なる意見をも受け入れる寛容さをもつべきである。

彼は「人は誰でも自分の前方をみるが、私は自分の内部をみる」と述べ、たえず自己への反省を繰り返しながら考察を深めていく、誠実な真理探究の態度をもち続けた。

また、彼は「我われはいたるところで風である……風は音を出したり、動揺することを好み、みずからの務めに満足して、安定や固定など自分自身でない性質を求めない」とも語っている。このような思想の固定化や絶対視をしりぞける懐疑の精神の上に、モンテーニュはありのままの自然な人生を享受しようとする。

彼は『エセー』の最後の部分で、「生きるという仕事は、あなたの仕事の中で、もっとも根本的な、もっとも輝かしい仕事である」と述べている。あたえられた人生をそのまま素直に受け入れ、自然な欲求を適度に満たし、人生を愛し、楽しんで生きることが人間にふさわしい仕事である。彼は、「私は神が授けたもうたままの人生を愛し、耕す……私は心から感謝しながら、自然が私のためにつくってくれたものを受け入れる。私はそれ

を楽しみ，誇りにする」と語っている。

　いかなる思想によってもゆがめられることがなく，ありのままの人生を素直に受け入れ，楽しみ，平凡に，しかし，誠実に生きる仕事を，モンテーニュはやりとげようとしたのである。

> **生きるという仕事**　「われわれはこんなことを言う。『彼は無為のうちに一生を過ごした。彼は今日は何もしなかった。』——何を言うのか？　あなたは生きたではないか？　生きるということはあなたの根本的な仕事であるばかりでなく，あなたの仕事のなかで最も輝かしい仕事である……私は，心から，感謝しながら，自然が私のためにつくってくれたものを，受けいれる。私はそれを楽しみそれを誇りとする……最も美しい生活は，私の考えでは，平凡な，人間らしい，秩序ある，しかし奇蹟もなく異常なこともない，模範にかなった生活である。」(松浪信三郎訳「エセー〈下〉」『世界の大思想7』所収，河出書房)

パスカル：考える葦

　大きな永遠の宇宙の中で，小さな人間が生きることに，どのような意味があるのだろうか。

　科学者のパスカル〈1623～62〉は『パンセ』(『瞑想録』)の中で，人間の悲惨さと偉大さの二つの面について考察した。人間は無限に広がる宇宙の中で，どこからきて，どこへいくのかわからないままに，寄るべなく，一人孤独にたたずむ無力な存在である。永遠で無限の宇宙においては，人間は虚無のごときわずかな点にすぎない。

　このような人間の悲惨な状況をみつめたパスカルは，「この宇宙の沈黙は，私を震えおののかせる」と告白している。

> **宇宙の沈黙**　「人間の盲目と悲惨とを見，沈黙している全宇宙をながめるとき，人間がなんの光もなく，ひとり置き去りにされ，宇宙のこの一隅にさまよっているかのように，だれが自分をそこにおいたか，何をしにそこに来たか，死んだらどうなるかをも知らず，あらゆる認識を奪われているのを見るとき，私は眠っているあいだに荒れ果てた恐ろしい島につれてこられ，さめてみると自分がどこにいるのかわからず，そこからのがれ出る手段も知らない人のような，恐怖におそわれる。」(前田陽一他訳「パンセ」『世界の名著24』所収，中央公論社)

人物 パスカル

　パスカルはフランスの数学者・物理学者・宗教思想家である。少年の頃から数学・物理学の天才を発揮し，水圧機の原理であるパスカルの原理などを発見した。カトリックの一宗派ジャンセニスムに帰依し，31歳のときに神と出会う宗教的体験をして，信仰の生活を深めた。39歳で死去した。主著に『パンセ』がある。

　パスカルは，そのような人間を「考える葦(あし)」にたとえた。宇宙の大きさに比べれば，人間は風にそよぐ一茎(いっけい)の葦のように，たよりなく無力である。しかし，人間は考えることができる。宇宙は自分について何も知らないが，人間は自分が弱く，やがては死ぬものであることを知っている。宇宙は何も知らない。

　パスカルは「空間によって宇宙は私をつつみ，一つの点のように飲みこむ。考えることによって，私は宇宙をつつむ」と述べている。宇宙の中で無力でとるにたらない小さな人間が，このように考える精神をもっているところに，人間の偉大さと尊厳がある。彼は，「われわれの尊厳は考えることの中にある。われわれはそこから立ち上がらなければならない」と語っている。

　パスカルは考える精神を，理性を使って論理的に思考する幾何学的精神と，心の微妙な動きを直感する繊細な精神に分けた。科学や数学においては，定義から結論を推理していく幾何学的精神が働く。しかし，神の愛のように目に見えないものについては，さまざまなあらわれの背後にあるものを直観する，しなやかで柔軟な，繊細な精神が必要になる。それは，人の心に働く愛をとらえる場合も同じである。

　しかし世間の人びとは，そのような孤独で不安に満ちた人生から目をそらし，賭事や娯楽などの気晴らしに走って，自分を忘れようとする。だが，いくら自分から逃避しても，やがては倦怠(けんたい)をおぼえ，よりいっそうの惨めさを味わうだけである。

　人間はこのような偉大さと悲惨さという二面性をもつ中間者

である。パスカルは，人生の悲惨さをみつめることを通して，キリスト教の愛の教えに導かれた。

　パスカルは世界には物体・精神・愛という三つの次元の異なる世界があると考えた（三つの秩序）。世界の物体を寄せ集めても，人間の精神の働きが生まれないように，物体と精神の総和からも愛は引き出せない。パスカルは，愛は超自然的な秩序からくるものであり，貧しい姿で地上にあらわれ，みずからを犠牲にして人びとを救ったイエス＝キリストこそが，愛を教えるものだと考えた。

　パスカルは「自分の悲惨さを知らずに神を知ることは，高慢さを生み出す。神を知らずに自分の悲惨さを知ることは，絶望を生み出す。イエス＝キリストを知ることは，その中間をとらせる」と語っている。イエス＝キリストは貧しい姿でこの世にあらわれ，十字架の苦悩を受けることによって，この世における人間の悲惨さをみつめさせると同時に，わが身を犠牲にして人びとを救う神の永遠の愛を教える。パスカルは，死によって滅び去るこの世の悲惨な状況をこえて，神の永遠の愛の秩序に生きる信仰に，心の安らぎを求めた。

2　近代科学の考え方

❶—近代科学の誕生

科学と知識

　科学を意味するサイエンス（science）という言葉は，もともとはラテン語で知識をあらわすスキエンチア（scientia）に由来する。それは自分だけの思い込みや，漠然とした印象ではなく，客観的な根拠に裏付けられた知識である。現代でも，「ある年にこの世の終わりがくる」といった，根拠に乏しい噂や予言が広まることがある。

　科学はこうした主観的な思い込みから抜け出し，客観的な根拠に基づいた実証的な知識を探究する。問題の解決を求めて，自分の目で事実を確かめ，それをもとに論理の筋道をたてて考え，仮説を検証する合理的な知性の働きから，科学的な知識が生まれる。このような，根拠に裏付けられた確かな知識を探究する情熱と努力から，近代科学は誕生したのである。

ガリレイ：地球は動く

　科学的な真理の探究方法とは，どのようなものだろう。

　ルネサンスと宗教改革は，カトリック教会の権威から人びとを解放し，人間の精神の自立をうながした。そして，16世紀から17世紀にかけてのヨーロッパで，自然をみずからの目でありのままに観察し，合理に思考して，真理を探究しようとする近代科学が誕生した。

　ポーランドの天文学者コペルニクス〈1473〜1543〉は，それまで教会によって正しいと支持されてきた天動説（地球を中心に天体が回るとする説）に対して，地動説（太陽を中心に地球やその他の惑星が回るとする説）をとなえた。ケプラーは天体観測に基づいてコペルニクスの地動説を支持し，惑星が太陽を焦点に楕円軌道を描くなどのケプラーの法則を発見した。

イタリアの科学者ガリレオ゠ガリレイ〈1564〜1642〉は，みずからの手で望遠鏡をつくり，凹凸のある月の表面，木星の四つの月，金星の満ち欠け，太陽の黒点の動きなどを観察した。

　当時の伝統的な教えにとらわれていた他の学者は，ガリレイにすすめられても望遠鏡をのぞいて事実を見ようとはしなかったという。ガリレイは天体望遠鏡を通して自分の目で見た事実を誠実に受け入れて，地動説の正しさを証明した。そのために，ガリレイは教会によって宗教裁判にかけられた。

　宗教裁判で命の危険を感じたガリレイは，やむなく地動説をとりさげることを誓った。そして，法廷から出ると，「それでも地球は動く」とつぶやいたと伝えられている。ガリレイは信仰と自然の研究は矛盾するものではないと考え，「信仰は天界にどのようにしていくかを教えるのであって，天界がどのように運行しているのかを教えるものではない」と語っている。

　教会の弾圧にもかかわらず，「地球は動く」という科学的な真理は少しも損なわれることなく，やがてすべての人に受け入れられた。カトリック教会もガリレイの裁判の見直しを行い，1989年に教皇庁がその誤りを認めて，ガリレイの名誉を回復した。

　ガリレイはそのほかに落体の実験を繰り返し，落体の法則を発見した。また，ニュートン〈1642〜1727〉は万有引力の法則

宗教裁判を受けるガリレイ　ガリレイは，イタリアの数学者・物理学者。落体の法則や慣性の法則などを発見し，近代自然科学の先駆者となった。1633年に地動説が聖書の教えにそむくという理由で宗教裁判にかけられ，地動説を放棄させられた。しかし，その後も研究への情熱はおとろえず，著作活動や弟子の教育を行った。図中央の前向きの人物がガリレイ。主著に『天文対話』『新科学対話』がある。

人物 ベーコン

ベーコンはイギリスの政治家・哲学者である。法律を学び，検事総長，大法官(だいほうかん)になるが，収賄罪に問われて失脚した。その後は，新しい近代的な学問の方法の確立に専念し，観察と実験に基づく経験論を確立した。主著に『ノヴム＝オルガヌム』『ニュー＝アトランテス』がある。

を発見し，宇宙の万物を貫く力の法則を明らかにした。

ガリレイは「自然は数学の言葉によって書かれている」と述べている。近代科学は物体を力，時間，運動する距離，速度など数量的に測定できる要素に分解し，それらの要素のあいだに成り立つ一定の関数関係を数学的な定式にあらわす。さらに，その自然の法則性を仮説として立て，それを観察と実験によって検証し，証明するという実証的な方法をとる。あらゆる自然現象を，一定の法則に従う物体の機械的な運動として説明する近代科学の自然観は，機械論的自然観と呼ばれる。

このように自分の目で見た事実に基づいて，誠実にものごとを考える知性から近代科学は生まれたのである。16世紀から17世紀にかけての，ガリレイやニュートンらによる近代科学の誕生は，それまでの神を中心とした宗教的な世界観をくつがえしたので，科学革命と呼ばれている。

❷ー経験論と合理論

ベーコン：自然を支配する知識

事実をありのままに見たり，聞いたりする経験から真理を導く方法について，学んでみよう。

動物は生まれたときから，自然に適応していく本能をそなえている。しかし，人間は自分の手で道具を作り，自然をみずからの生存に適するように作り変えて利用する知識や技術を学ばなくてはならない。イギリスの哲学者ベーコン〈1561～1626〉

は,『ノヴム゠オルガヌム』(『新機関』)を著し,学問の目的は自然を支配する知識を手に入れて,自然を改良し,人間の生活を便利で豊かなものに改良していくことにあると説いた。

自然は,ある原因から一定の結果が生まれるという因果法則に従って動いている。したがって,ものごとを生み出す原因を知れば,その知識を応用して望む結果を生み出し,自然を支配する力を手に入れることができる。このように,科学的な知識は自然を支配する技術として応用することができるというベーコンの信念は,「知は力なり」と呼ばれている。

人間は知る限りにおいてのみ自然を作り変えることができるのであり,知識の範囲と力の範囲は一致する。

> **知識は力である** 「人間の知識と力とは合一する。原因が知られなければ,結果は生ぜられないからである。というのは,自然は服従することによってでなければ,征服されないのであって,自然の考察において原因と認められるものが,作業においては(それを導いて結果を生みだす)規則の役目をするからである。」(服部英次郎訳「ノヴム・オルガヌム」『世界の大思想6』所収,河出書房)

自然の仕組みを探究するためには,まず,自然をありのままに観察しなければならない。そのためには,人間の精神から,ものごとを正しくみることを妨げる偏見や先入観を取り除く必要がある。ベーコンはそのような偏見を,ありもしない幻という意味で,イドラ(idola 幻影・偶像)と呼び,四つに分けた。

第一は種族のイドラで,人間という種族に共通する目や耳の錯覚や,自分の考えと矛盾する事実を無視しがちな傾向など,人間の本性に根ざした偏見である。

第二は洞窟のイドラで,洞窟の中では視野が狭められるように,個人の性格・好み・体験・教育・読書などに由来する,個人の狭い立場にとらわれる偏見である。

第三の市場のイドラは,多くの人が集まる市場で噂が飛びかうように,他人の言葉や噂を確かめもしないで信じる偏見である。

第四の劇場のイドラは,劇場で演じられる芝居や手品を信じ

てしまうように，学者や専門家の意見など権威のあるものを無批判に信じてしまう偏見である。ベーコンはこれらの偏見を取り去って，自然をありのままに観察し，そこから自然の法則を明らかにしようとした。

ベーコンはそのための方法として帰納法(きのう)をとなえた。帰納法とは，観察された経験的な事実から，共通することがらを取り出し，そこから一般的な法則を見つけ出す方法である。

帰納法は体から糸を出して巣をつくるクモのように，ただ頭の中で空論や独断をつむぎ出すのでもなく，また，外から餌を運び込むアリのように，ただ事実を寄せ集めるのでもなく，ミツバチが花から花へと飛びながら集めた蜜を消化して蜂蜜をつくるように，事実を集めながら，そこからそれらに共通する自然の法則を取り出す方法である。それは，広い事実をもとに，深い一般化へとゆっくりとのぼっていく。ベーコンはこのように経験に基づいて真理を見い出す近代的な学問の方法として，経験論を確立した。

イギリス経験論の流れ

ベーコンが説いた，知識の源泉を経験に求める経験論は，イギリスの哲学の伝統であった。すでに，中世のスコラ哲学の時代から，ロジャー＝ベーコン，ウィリアム＝オブ＝オッカムらが，聖書の啓示に基づく神学を認めながらも，哲学は現実の世界について，個々のものごとを，経験に基づいて探究すべきであるという経験論の立場をとった。

実在するものは，「言葉」か「個物」かという中世の普遍論争において，オッカムは実在するものは，感覚的に直感された「個物」だけであり，「言葉」は一般的な観念をあらわすものにすぎないという唯名論(ゆいめいろん)の立場を主張した。

したがって，「神は存在する」というような経験をこえた命題は，哲学の考察の範囲からは排除される。オッカムは哲学を神学から切り離して独立させ，スコラ哲学を解体し，近代哲学の先駆になったとされる。

民主社会の思想においても活躍したロックは，人間の心は経験によって外部から知識をあたえられる前は，何も書かれていない白紙の状態（タブラ゠ラサ　何も書かれていない板・白紙）であると説いた。外部の世界の感覚と，みずからの内部の反省という二つの経験によって，さまざまな知識や観念が心に刻まれていく。ロックはさらに経験論の立場から，人間は生まれながらに神についての観念をもっているというデカルトの生得観念の考えを否定した。

　知覚の経験を重んじたバークリー〈1685〜1753〉は，「存在するとは知覚されることである」と説き，現実は心によって知覚されるかぎり存在し，心を離れて外の世界が実在することを否定した。これは，知覚する心のみが実在するという唯心論の立場である。

　ヒューム〈1711〜76〉は経験論をさらに徹底させ，知覚されたもの以外に，客観的な世界は存在せず，自我さえも知覚の束にすぎないとして，心の実在性も否定した。さらに，自然科学が重視する原因と結果の因果法則は，観念についての習慣的な連想から生まれた結びつきにすぎないとして，その法則性を否定した。

デカルト：考える私

　みずからの理性に基づく推理によって真理を導く方法について，学んでみよう。

　世の中には，一見，真実らしくみえて，よく考えてみると根拠のあいまいな，疑わしく不確かな意見や考えがある。フランスの哲学者デカルト〈1596〜1650〉は，若い頃，自信をもって人生を歩んでいくために，真実と虚偽とをはっきりと区別していこうと決意した。そして，確実な知識を得るために，自分の理性を働かせて，一度すべてのものを根底から疑ってくつがえし，最初の土台からやり直そうと考えた。

　真理とは誰がどのように疑っても，疑う余地のない明証的で確実なものでなくてはならない。デカルトは習慣や伝統，さま

人物 デカルト

　デカルトはフランスの哲学者で，真理の根源を理性に求める合理論の創始者である。伝統的な学問にあきたらず，「世間という大きな書物」から学ぶ決意をして旅に出て，オランダのアムステルダムに20年間隠棲(いんせい)して，思索を続けた。主著に『方法序説』『哲学原理』『省察』『情念論』がある。

ざまな知識や思想にいたるまで，少しでも疑う余地のあるものはすべて疑い，捨て去った。

　このように真理を見つけようとする意志に基づいて，そのための方法として疑うことは，方法的懐疑と呼ばれる。

　　方法的懐疑　「私はただ真理の探究のみにとりかかろうと望んでいるのであるから……ほんのわずかの疑いでもかけうるものはすべて，絶対に偽なるものとして投げ捨て，そうしたうえで，まったく疑いえぬ何ものかが，私の信念のうちに残らぬかどうか，を見ることにすべきである，と考えた……しかしながら，そうするとただちに，私は気づいた，私がこのように，すべては偽である，と考えている間も，そう考えている私は，必然的に何ものかでなければならぬ，と。そして『私は考える，ゆえに私はある』Je pense donc je suisという真理を……私の求めていた哲学の第一原理として，もはや安心して受け入れることができる，と判断した。」(野田又夫訳「方法序説」『世界の名著22』所収，中央公論社)

　デカルトはひと冬を過ごしたドイツの宿営の暖炉部屋で，この世界や人生は夢かもしれない，自分は悪い霊にだまされて幻覚をふき込まれ，偽りを真理と思い込んでいるのかもしれない，と疑った。そして，そのような疑いの果てに，一つだけどうしても疑うことのできない，確実なものにたどりついた。それは，このようにすべてを疑っているときも，疑って考えている「私」自身が存在するという事実である。もし「私」がいなければ，夢をみることも，だまされることも，疑うことすらできないであろう。

　デカルトはこのことを，「私は考える，ゆえに私はある」(ラ

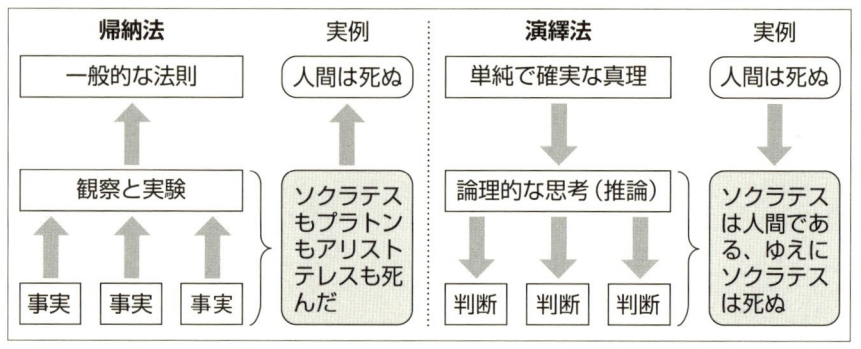

帰納法	実例	演繹法	実例
一般的な法則 ↑ 観察と実験 ↑ 事実 事実 事実	人間は死ぬ ↑ ソクラテスもプラトンもアリストテレスも死んだ	単純で確実な真理 ↓ 論理的な思考（推論） ↓ 判断 判断 判断	人間は死ぬ ↓ ソクラテスは人間である、ゆえにソクラテスは死ぬ

帰納法と演繹法

テン語で，コギト＝エルゴ＝スム cogito, ergo sum）といいあらわし，これをもっとも確実な真理とみなした。

　この「私」とは，身体から独立した理性の働きとしての私である。デカルトは，物体と精神をそれ自体で独立している実体と考えた。精神的な思考を本性とする自我と，空間的な広がり（延長）を本質とする物体という，二つの独立した実体から世界は成り立っている（物心二元論・心身二元論）。

　このように物と心を分けて考えることは，近代科学の枠組みとなったが，現代ではその限界も指摘されている。

　デカルトは「良識（理性）は，この世でもっとも公平に分配されている」といっている。すべての人が等しく理性をもちながらも，意見の対立や争いが生まれるとすれば，それは理性を正しく使う方法を知らないからである。

　デカルトは，理性によって真理を導く方法として演繹法をとなえた。演繹法は数学の証明のように，もっとも単純で確実な真理から，段階を踏んで，より複雑な結論を推理する方法である。

　演繹法は，明らかな前提をもとに論理の形式にそって推理し，結論を導き出す。デカルトは，真理を発見するための四つの規則をあげている。①私がいかなる疑う余地もなく，明証的に真理と認めたもののみを真理として受け入れる（明晰の規則）。②問題をできるだけ小さな部分に分け（分析の規則），③それらのうちもっとも単純なものから始めて，段階的により複雑なもの

人物 スピノザ

　スピノザはオランダの哲学者で，合理論の流れに属する。ユダヤ人の商人の子として生まれ，デカルトの哲学を研究し，自由な思想の立場から宗教を批判したために，ユダヤ教会を破門された。レンズを磨いて生計の足しにしたと伝えられている。肺の持病のため44歳で死去した。主著に『エチカ』がある。

人物 ライプニッツ

　ライプニッツはドイツの哲学者で合理論の流れに属する。ライプチッヒに生まれ，ハーノファー選帝侯の顧問やベルリンの科学アカデミーの総裁などをつとめた。数学者，物理学者，外交官としても活躍した。ニュートンとならぶ微積分法の発見者としても有名である。主著に『モナド（単子）論』『形而上学叙説』がある。

へと推理していく（総合の規則）。④最後に推理の段階に見落としがないか，一つひとつ数え上げて全体を見渡す（枚挙の規則）。

　このようにデカルトは自我を哲学の第一の原理とし，「私」の理性が疑いの余地なく，明証的に導き出した結論のみを真理として受け入れる合理論の立場を確立した。デカルトは神や教会の権威に対して，理性をそなえた自我を独立させ，自我を出発点にして真理を求めていく道を切り開いた。

　理性への信頼に基づくデカルトの合理論は，近代的な自我をそなえた人間像を確立し，西洋の合理的な思想の基礎になった。

スピノザとライプニッツ

　デカルトの合理論の流れは，フランスやドイツなどヨーロッパの大陸側に受け継がれた。その一人が，自然のすべてが神のあらわれであるという汎神論をとなえ，「神に酔える哲学者」と呼ばれたオランダのスピノザ〈1632～77〉である。

　スピノザは神を無限で永遠の唯一の実体とし，人も，自然も，

103

すべてのものは，神のあらわれであると考えた。精神と物体は，神という一つの実体の異なった二つのあらわれ方にすぎない。万物は自由や偶然によって動いているようにみえるが，実は，神によって必然的に定められている。万物を神とつながる必然的なあらわれとして直観するとき，万物は「永遠の相」のもとにみられ，神の永遠にあずかって心の安らぎと幸福が得られる。

　ドイツのライプニッツ〈1646～1716〉も合理論の立場に立ち，世界はモナドと呼ばれる分割不可能な，単純な精神的要素から成り立っているというモナド論を説いた。モナドは物体ではなく，ものごとを表象する精神の力となってあらわれる。モナドは，たがいに他のモナドを表象し合うことによって，全宇宙を表象する。無数のモナドは，それぞれが全宇宙を映し出す鏡のようなものである。

　モナドは外部と交渉をもたない「窓のない」独立した実体だが，ライプニッツは個々のモナドが映し出す宇宙の姿が一致して，宇宙の調和的秩序が存在するように，神によってあらかじめ定められていると説いた（予定調和）。

❸―科学技術と平和・環境問題

科学技術の光と影

　近代ヨーロッパで発達した自然科学によって，人類は自然を支配する巨大な力を手に入れた。それは，古代ギリシア神話に登場するプロメテウスが，天のゼウスの国から盗んで人類にあたえた「火」にもたとえられる。

　人類は，その「火」の力で森を切り開き，鉄をきたえあげ，自然の制約を克服しながら豊かな物質文明をつくりあげた。しかし，そのような科学技術の力は人類に対して恩恵をもたらすと同時に，その使い方をあやまると，人類に破滅の危機をもたらすことも明らかになった。

　第二次世界大戦で，広島と長崎に人類史上初めて使われた核兵器は，想像をこえる恐ろしい破壊力を示した。自然環境の破

人物 アインシュタイン

　アインシュタインはドイツで生まれたユダヤ人の物理学者。チューリッヒ工科大学を卒業後，特許庁に勤め，大学の教授になって一般相対性理論を発表し，ノーベル物理学賞を受けた。ナチスの迫害を受けてアメリカ合衆国に亡命し，亡くなる年に核兵器の廃絶と科学の平和利用を訴えたラッセル＝アインシュタイン宣言に署名した。

人物 レイチェル＝カーソン

　レイチェル＝カーソンは，アメリカ合衆国の海洋生物学者で，海の自然をテーマにした文学を書いた作家である。1962年，農薬のDDTの空中散布による環境の汚染を訴えた『沈黙の春』を発表し，いち早く環境問題を警告した。『センス＝オブ＝ワンダー』で，自然の美と神秘に対する驚きの感性（sense of wonder）が，われわれの人生を豊かにし，自然への畏敬を生み出すと述べている。

壊は，地球の生態系そのものに大きな影響をあたえ始めている。
　科学技術の知識や力は，ある目的を実現するときに用いられる有効な手段となるが，目的そのものの善悪を問うことはない。科学技術のもつ巨大な力が，人間の無制限な欲望に結びつくと，歯止めなく暴走する危険性がある。また，戦争やテロリズムなど，邪悪な目的のために利用されて，人類の生存を危うくする可能性もある。
　いかなる目的に，どのように科学技術を使うかは，私たち人間の意志と責任にかかっている。

核兵器廃絶のアピール

　科学技術が，人類を破滅させる危機を引き起こし得ることを，人類が深刻に考えざるを得なくなったのは，核戦争の恐怖に直面したときであった。
　第二次世界大戦後，東西の冷戦構造が強まる中で，アメリカ

とソ連という二つの大国は，核兵器の開発と生産を競い合った。その結果，人類を何回も滅亡させ得るほどの大量の核兵器が地球上に蓄積されることになった。

　このような危機的な状況に直面して，1955年に哲学者のラッセル〈1872〜1970〉と物理学者のアインシュタイン〈1879〜1955〉の呼びかけのもとに，世界の科学者11名が署名したラッセル・アインシュタイン宣言が出された。この宣言には，日本の物理学者湯川秀樹〈1907〜81〉も参加し，世界に向けて核兵器の廃絶をアピールした。

　これは科学技術の暴走を喰い止めようとする，人類の英知のあらわれの一つであった。その後，国際連合によって核拡散防止条約（NPT）や，包括的核実験禁止条約（CTBT），核兵器禁止条約（TPNW）が結ばれたが，今なお核兵器の開発は続いており，地球上からの核兵器の廃絶は人類の大きな課題である。

自然環境の汚染と破壊

　1960年代から，先進国で公害の深刻化や環境破壊が問題になった。これについていち早く警告を発したアメリカの科学者レイチェル＝カーソン〈1907〜64〉は，1962年に『沈黙の春』を著した。

　そこでは農薬のDDTが散布されたあと，鳥が鳴きやみ，森には鳥や虫の死骸が落ち，自然が沈黙したことが語られている。彼女は綿密な調査をもとに，殺虫剤や農薬などの化学物質の氾濫が，自然環境を汚染して多くの生物をおびやかし，さらに食物連鎖の頂点に立つ人間の健康や生命に有害な影響をあたえていると警告した。そして，地球が人間だけのものではないことを強調し，人びとに地球上の生物との共生という理念に目を向けることを訴えた。

　カーソンは自然の神秘や不思議さに目を見張る感性を，センス＝オブ＝ワンダー（sense of wonder　驚きの感性）と呼んでいる。子どもたちは初めて見る自然の風景に驚きの声をあげるが，おとなになるにしたがって，そのような新鮮な感性が失われて

いく。カーソンは、もし100年に一回、一生に一回星空が見えるなら、人びとはどんなに驚嘆して夜空を見上げるだろうと語り、自然への驚きの感性を取り戻すことが、人間と自然の共生を実現するうえで必要であるといっている。

地球で人間だけが特権をもつものだというおごった態度をあらため、人間は地球上のさまざまな生物の一員であることを自覚するとき、自然ははじめて、その命の美しさと神秘を私たちに見せてくれるだろう。

自然の支配から宥和へ

人類は知恵によって自然のさまざまな制約を克服し、自由な主体として自己を確立してきた。しかし、自然の束縛からぬけだすために自然を支配することは、支配そのものが自己目的化され、人間が支配の権力に取りこまれることにもなる。

フランクフルト学派のホルクハイマーとアドルノは、理性の進歩をかかげる啓蒙が、自然を支配しようとするあまり、支配そのものを自己目的化し、自然を支配の対象におとしめたと批判した。自然は計算され、浪費される素材になり、人間もまた管理され、支配される集団にすぎなくなった。そこから環境破壊や、独裁者による暴力的な支配などの新たな野蛮が起こる。

自然の支配から脱出しようとした啓蒙は、みずから支配の権力に取りこまれ、ぬけだそうと努めてきた非人間性、暴力などの野蛮に逆戻りした（啓蒙の弁証法）。自然の支配の力を打破し、みずからを自由な主体として確立する理性の試みは、いっそう深く支配という自然の強制力の中に落ちこんでしまった。

人類は自然と人間を支配する権力の発想をあらため、みずからを地球の生態系に位置づけ、自然によって生かされ、人びととともに生きる共生の発想にたちもどる必要がある。科学技術は支配の道具としてではなく、地球の生態系を根本にすえたうえで、自然の循環システムと人類の生存の宥和をはかる、より思慮深く、繊細で柔軟な調整役を求められているのである。

3 民主主義の考え方

❶―自然法の思想

民主主義の誕生

　古代文明の遺跡には，エジプトのピラミッドや中国の万里の長城など，巨大な建造物が数多く残されている。一人の王が多くの民衆を動員して，そのような巨大な建造物をつくったということは，当時の支配者がいかに強大な権力をもっていたかを物語っている。このように古代から歴史に登場する国家は，その多くが，権力を独占する支配者が民衆を支配する，中央集権的なピラミッド型の支配構造をもっていた。

　しかし，近代のヨーロッパで起こったルネサンスや宗教改革を通して，個人として独立した近代的な人間の自覚が高まり，そのような人間にふさわしい民主的な社会をつくろうとする動きが生まれた。

　民主主義の社会は，すべての人間が生まれながらに，自由で平等に生きる権利をもっているという考えに基づいている。ヨーロッパでは17世紀から18世紀にかけての市民革命を通して，経済的な力をつけた市民が，絶対王政を倒して民主国家をつくった。このような民主社会を実現するための理論的な柱となったのが，自然法の思想と社会契約説である。

自然法の思想

　自然法の父で国際法の父とも呼ばれる，オランダの法学者グロティウス〈1583～1645〉は，『戦争と平和の法』『海洋自由論』などを著し，民族や時代の違いをこえて，すべての人間に通用する普遍的な法があるという自然法の思想を説き，人類共通の法の下における国際平和を訴えた。

　自然法とは人為的な立法や習慣によらない，人間の本性に基づく法である。自然法のもとでは，すべての人間は生まれなが

らに，みずからの生命と財産を守り，自由で平等に生きる権利を自然権としてそなえている。グロティウスは国際社会においても，自然法に基づいて国家間で守られるべき国際法を制定するべきだと説いた。

❷──社会契約説

ホッブズ：万人の戦い

　このような自然法の思想に基づいて，国家は個人の自然権を保障することを目的とする契約によって成立すると説く社会契約説が登場した。その代表が，ホッブズ・ロック・ルソーらである。

　そもそも，人びとを統治する国家の権力は，どこから由来するのだろうか。

　イギリス国王ジェームズ1世や，政治思想者のフィルマー・ボシュエらは，国王は国家を統治する権限を神から授かったと説いて，王権を絶対視する王権神授説を主張した。これに対して，ホッブズ〈1588〜1679〉に始まる社会契約説の思想家たちは，国家を統治する権力は，人民の契約に由来すると説いた。

　ホッブズは，17世紀のイギリスで，ピューリタン（清教徒）革命の後の混乱期に生きた。彼は『リヴァイアサン』を著して，当時の内乱状態をおさえるためには，強力な権力をもつ国家が必要であると説いた。

　ホッブズによれば，人間を動かすものは自分の生命を守ろうとする自己保存の欲求と，他者をしのごうとする虚栄心である。人間はそれらの欲求を満たすために，あらゆる手段を用いることができる自由を自然権としてもっている。もし，国家や法律がない自然のままの状態（自然状態）に人間を放置すれば，すべての人が利己的に行動し，無制限に自由にふるまう結果，たがいに他人を敵として争う，破滅的な闘争状態に陥ってしまう（「万人の万人に対する争い」）とする。

　そこで，死の恐怖にさらされた人びとは，「平和を求めよ」と

いう理性の声に耳を傾け，理性の命じる自然法に従う。自然法は，みずからが無制限に自由にふるまう自然権を，他人も放棄するという条件のもとで，自分も放棄せよと命じる。人間がもつことができる自由は，他人が自分に対してもつことが認められる自由の範囲に制限されるべきである。

　人びとは，このような自然法に従って争いをやめ，たがいの自由を制限しあう契約を結ぶ。ホッブズは，この契約が守られるためには，違反した者を取り締まり，罰をあたえる国家の権力が必要であると考えた。そこで，人びとは自分たちの権力を国家に譲渡し，その国家に服従することによって争いをおさえる社会契約を結ぶ。

　ホッブズは平和を維持するためには，国家は強い権力を必要とすると考え，当時の絶対王政を支持する結果になったため，議会派の人びとからは批判された。

　しかし，国家の権力の起源を人民の契約に求め，国家は個人の自然権を守り，社会の平和と安全を目的とする人民の契約によって成立するというホッブズの思想は，近代的な民主国家を形成する理論の先駆けとなった。

ロック：議会制民主主義

　ホッブズの考えを引き継ぎながら，ロック〈1632〜1704〉は『統治論（政府二論）』を著し，民主主義の基本的な理念を確立した。ロックは人間の理性を信頼し，自然状態においても，人びとは他者の自然権を尊重せよと命じる自然法に従って，たがいの自然権を尊重しあい，平和に理性的に暮らしていると考えた。

　しかし，自然状態のままでは，万一，誰かの自然権が侵害されても，それを公平に裁くための法律も裁判所もない。そこで，人びとは社会契約を結び，自然権を侵害する者を裁いて罰する権力を政府に信託し，政府によってみずからの自然権をより確実に守ろうとする。

　社会契約は，人民と政府がたがいに契約を守ることによって

人物 ホッブズ

ホッブズはイギリスの哲学者・政治家である。『法学要綱』が絶対王政を支持するものとして議会派から批判され、ピューリタン革命の直前に、パリに亡命した。10年後に帰国し、政治への関与を避けて文筆活動に専念した。主著に『リヴァイアサン』がある。

人物 ロック

ロックはイギリスの哲学者・政治思想家である。王政復古後のチャールズⅡ世の専制政治に反対したため、一時、オランダに亡命を余儀なくされた。しかし、名誉革命後に帰国し、政府の要職について民主主義の確立に活躍した。主著に『統治論』『人間悟性論』『寛容についての書簡』がある。

成立する。したがって、もし、政府が国民の権利を抑圧して契約に違反するならば、国民は政府との契約を破棄し、政府に信託した権力をみずからの手に取り戻し、政府と戦うことができる（抵抗権）。そして、新たに社会契約を結び直して、新しい政府を樹立することができる（革命権）。

このようなロックの抵抗権の考えは、現在の欧米諸国で、たとえ国家の命令であっても道徳やみずからの良心に反することには服従しないという、市民的不服従の権利として生きている。

ロックは民主的な国家にふさわしい制度として、選挙によって選ばれた代表者からなる議会を中心とする、議会制民主主義（間接民主主義）をとなえた。そして、国家が民主的に運営されるために、権力分立を立法権・行政権・連合（外交）権の三つに分けて、権力の集中を避けようとした。

権力分立の考えは、フランスのモンテスキューが『法の精神』において、現在と同じ立法権・行政権・司法権の三権分立として確立した。

このように国民が主権をもつ国民主権の立場に立つロックの考えは、近代的な民主主義国家を支える理論となった。そして、イギリスの名誉革命を正当化し、のちのアメリカの独立戦争（1775〜83）やフランス革命にも影響をあたえた。

ルソー：直接民主主義

人びとが社会の構成員でありながら、自由であり得る社会とはどのようなものだろう。

17世紀から18世紀にかけて、フランスでは人間の理性によって旧い迷信や偏見を打ち破ろうとする啓蒙運動が起こった。その中で、ルソー〈1712〜78〉は『人間不平等起源論』『社会契約論』『エミール』などを著し、文明の堕落を批判して、生まれもった人間の善意に根ざした理想の社会を説いた。

ルソーによれば、自然状態では人びとは自分を大切にする自然な自己愛と、他人を思いやる憐憫（同情心）をもち、善意に満ちて平和に暮らしている。しかし、ある人が土地に囲いをして「これは自分のものだ」と宣言したときから、私有財産の考えが広まり、財産をめぐる争いが起こって、ねたみ・虚栄・戦争などがうずまく文明社会へと堕落していった。

ルソーは「人間は自由なものとして生まれた。しかし、今やいたるところで鎖につながれている」と語り、文明社会を厳しく批判した。

> **不平等の起源**　「ある土地に囲いをして『これはおれのものだ』と言うことを思いつき、人々がそれを信ずるほど単純なのを見いだした最初の人間が、政治社会の真の創立者であった。杭を引き抜き、あるいは溝を埋めながら、「こんな詐欺師のいうことを聞くのは用心したまえ。産物が万人のものであり、土地がだれのものでもないことを忘れるならば、君たちは破滅なのだ！」と同胞に向かって叫んだ人があったとしたら、その人はいかに多くの戦争と犯罪と殺人と、またいかに多くの悲惨と恐怖とを、人類から取り除いてやれただろう。」（小林善彦訳「人間不平等起源論」『世界の名著30』所収、中央公論社）

「自然に帰れ」という言葉にあらわされるように、ルソーは自然のままの人間にそなわる善意に基づいた社会を取り戻そう

人物 ルソー

ルソーはスイスのジュネーヴで生まれた。16歳で家をでて放浪し、フランスで家庭教師や楽譜写しをしながら、独学で音楽、文学、哲学などを学んだ。社会契約説や人間の主体性を重んじる教育についての著作を発表し、その自由で平等な民主主義社会をめざす思想は、フランス革命にも大きな影響をあたえた。主著に『社会契約論』『人間不平等起源論』『エミール』がある。

とした。

　人間は社会全体の利益と幸福をめざす一般意志に従って、社会契約を結ぶ。一般意志は、自分だけの利益を優先する私的な特殊意志や、特殊意志が集まって多数決で利益を得ようとする全体意志とは異なり、社会の公共の利益をめざすものである。

　人びとが一般意志に従うことは、他人の意志に服従することではなく、自分自身の本来の意志に従うことだから、各人は自分自身の主人であり、自由のままである。一般意志は共同体の意志であり、それが表現されたものが社会の法である。

　各自は自分自身の主人のまま、一般意志に基づいて成立した社会の法に従い、市民の一員として自由や平等の権利を保障される。そして、文明によってゆがめられた、他者と争う自己中心的な生き方を抜け出し、人びとと平和に共生する、善意に満ちた本来の自分を取り戻すのである。

　一般意志のもとに、人民のすべてが主権者であり、法をつくる権利をもつ。ルソーは一般意志は他人によっては代表され得ないと考え、選挙で選ばれた代表者が政治を代行する代議制を批判し、すべての人民が集会に参加して、直接みずからの意志を表明する直接民主主義を唱えた。

　ルソーはロックの唱えた代議制について、「イギリス人は選挙のときだけは自由であるが、終れば奴隷になる」と述べている。このようなルソーの社会契約説は、1789年のフランス革命に大きな影響をあたえた。

4　近代の理性的な人間像

❶——カントと人格の尊重

啓蒙思想

　18世紀を中心に,「理性の光」によって人間を偏見や迷信の闇から解放し,人間や社会をより合理的に進歩させようとする啓蒙思想が広まった。
　啓蒙とは,蒙きを啓くという意味である。啓蒙思想は,イギリスに始まる市民社会の成立や,自然科学の発達を背景にして,理性に基づく合理的な思想を広め,民衆を無知や偏見から解放し,進歩的な社会を建設しようとした。

> **啓蒙とは何か**　「啓蒙(理性に目覚めて無知迷妄から抜け出ること)とは,人間が自己の未成年状態を脱却することである,しかしこの状態は人間がみずから招いたものであるから,人間自身にその責めがある。未成年とは,他者の指導がなければ自己の悟性(理性的な判断力)を使用し得ない状態である。またかかる未成年状態にあることは人間自身に責めがあるというわけは,未成年の原因が悟性の欠如にあるのではなくて,他者の指導がなくても自分から敢えて悟性を使用しようとする決意と勇気とを欠くところに存するからである。それだから『敢えて賢こかれ』,『自己みずからの悟性を使用する勇気をもて！』——これが啓蒙の標語である……」(篠田英雄訳カント『啓蒙とは何か』岩波文庫)

　フランスでは自然科学の合理的な考え方を尊重し,旧い王政や偏狭な教会を批判したヴォルテール〈1694～1778〉や,社会の進歩に役立てるために,自然科学の知識をまとめて『百科全書』を刊行したディドロ〈1713～84〉が,啓蒙思想家として活躍した。彼らは自然科学の知識を尊重して,絶対王政に基づく旧い社会制度や,宗教の伝統的な権威を批判した。
　ヴォルテールは『寛容論』で,人間はたがいの誤りやおろかさを許し合うべきだと述べ,宗教の非寛容さを批判した。また,『法の精神』で三権分立を説いたモンテスキュー,社会契約説

人物 カント

カントはプロイセン（現在のドイツ）のケーニヒスベルクで生まれた。キリスト教の敬虔派の信仰が厚い家庭に育った。母校のケーニヒスベルク大学の哲学の教授となり、理性の理論的、実践的な能力の吟味と批判を行った（批判哲学）。理性によって物事を考え、善を実践する自律的な人格としての人間の尊厳を説き、18世紀の西欧の啓蒙思想の中心となった。主著に『純粋理性批判』『実践理性批判』『判断力批判』『永遠平和のために』がある。

を説いたルソーらも、啓蒙思想家として活躍した。このような啓蒙思想の完成者が、ドイツの哲学者カントである。

カントの批判哲学

人間の尊厳をそなえた、理性的で自律した人格について考えてみよう。

カント〈1724〜1804〉は、人間がみずからの理性を使って真理を探究し、善悪を判断して自律的に行動するところに人間の尊厳があると考えた。そして、人間の理性のおよぶ範囲と限界を見きわめ、理性の能力を吟味する批判哲学を確立した。

カントは真理を探究する理論理性と、善悪を判断して善い行為を行う実践理性とを分けた。理論理性について考察した『純粋理性批判』によれば、真理は感覚によってものごとを「見る」ことと、理性によって「考える」ことが合わさって成り立つ。

ただ「見る」だけでは感覚的な雑多な印象に終わって、確実な真理を得ることができず、理屈で「考える」だけでは、現実離れした独断や空想に陥ってしまう。感覚が受けとめた印象を素材にして、そこに理性（悟性）が思考の枠組み（カテゴリー）をあてはめることによって、ものごとについての認識が生まれる。

たとえば輝く太陽の印象と、ふれるとあたたかい小石の印象に、悟性が原因と結果を結びつける思考の枠組み（因果律）をあてはめることによって、「太陽が照ったから小石があたた

まった」という認識が成立する。カントは感覚による経験と，理性による思考が合わさることによってものごとについての認識が成り立つと考え，イギリスの経験論と大陸の合理論の二つの立場を総合した。

このようにカントは，外の世界にある対象に認識が一致するという常識をくつがえし，感覚的な印象に理性の認識の枠組みをあてはめることによって対象が構成されると考えた。カントはこれを，「認識が対象に従うのではなく，対象が認識に従う」と言いあらわし，この哲学の変革を，天動説から地動説への転換にたとえてコペルニクス的転回と呼んだ。

また，カントは神の存在や魂の不死など，人間の経験をこえた問題について，一方的な独断に陥らないために，理論的にはあるともないとも，いずれの判断もさしひかえるべきだと考えた。感覚的な素材がないまま，経験の世界をこえて理性が独断的に使用されると，実在性を欠いた虚構（仮象）に陥る危険性がある。

カントは理論の立場においては，理性のおよぶ範囲を経験のうちにとどめ，経験をこえたものについて独断的な判断をくだす伝統的な形而上学（形をこえたものについて思索する学問）を批判した。そして，神の存在や魂の不死などは，一人ひとりの心の中の信仰と希望の対象とするのがふさわしいと説いた。

理性と道徳法則

カントは『実践理性批判』において，実践的な道徳の能力を考察した。人間は生物としての自然な側面をもつ限り，さまざまな欲求や感情をもつ。しかし，あれがほしいとか，これがしたいとか，ただ衝動や欲望のままにふるまっているわけではない。自分の欲求を満たすために友人を裏切ったり，人を傷つけた場合には，心の中で良心の声が「そうするべきではない」と呼びかけてくる。私たちに，「人間として善く生きよ」と呼びかけてくる良心の声こそ，実践理性の声なのである。

実践理性は，「こうしたい」という自然な欲望に対して，「こ

うするべきだ」という義務の命令の形で，自分自身に呼びかけてくる。カントによれば，イエスの「汝の隣人を愛せ」という教えは，その人が好きだから愛するという感情ではなく，人として愛するべきだという義務を命じるものであり，理性に基づく人間愛を説くものである。理性の命じる義務に従った行動のみが，道徳的な価値をもつのである。

　カントはこのような理性の命令を，二種類に分けている。一つは，「成功したければ，うそをつくな」という，ある目的を達成するための手段を命じる条件つきの仮言命令（命法）である。これは目的を達成する方法を教える技術的，処世的な助言である。もう一つは，他の目的をもたず，いかなる場合も無条件で「〜せよ」と命じる定言命令（命法）である。理性の命じる道徳法則は，いかなる場合も，無条件に善い行為をせよと命じる定言命令の形をとる。

　カントはこのように理性の声に基づいて善をなそうとする人間の善意志のみが，無条件に善いものであると考えた。世間で一般に善いものとされる才能，財産，名声などは，ある目的を達成するための手段として有用なのであり，善意志を動機として使用されるときにはじめて善いものになる（動機説）。

善なる意志　「われわれが無制限に善とみとめうるものとしては，この世界の内にも外にも，ただ善なる意志しか考えられない……善なる意志は，それが引き起こし成し遂げることによってでなく，またそれがあるめざされた目的の達成に有用であることによってでもなく，ただ，その意志作用のみによって善なのである。いいかえれば，それ自体で善なのである……特に運命に恵まれなかったり，冷淡な自然がわずかしか必要物をあたえてくれなかったりしたために，この善なる意志がその意図を実現する能力を全く欠いているとしても，したがってこの意志がその最大の努力にもかかわらず何事をも成し遂げず，残るものはただ善なる意志のみであるとしても……善なる意志は，みずからの中に全価値をもつものとして，一つの宝石のように，それだけで光り輝く。」(野田又夫訳「人倫の形而上学の基礎づけ」『世界の名著32』所収，中央公論社)

　カントは道徳法則の一つとして，「汝の意志の格率（個人的な行動ルール）が，つねに同時に普遍的立法の原理（普遍的な法則

の原理)となるように行動せよ」をあげている。

　人は，誰でも自分なりの行動ルール(格率)をもっている。それが自分だけでなく，すべての人にも通用する普遍的な法則になるよう行動せよ，という意味である。

　たとえば，自分はいつもうそをついて，その場をいい逃れることを格率している人が，同じことを人からされると腹が立つというように，自分だけを例外とする身勝手な行動ルールは認められないのである。逆に，「人に親切にする」という格率は，すべての人に通用する道徳法則になり得る。誰もが，すべての人に通用するような普遍性をもつ道徳法則に従うとき，他者と共存することが可能になる。

人格と目的の王国

　人間が自然な衝動や欲望のままに動かされることは，他律である。カントは，理性が自己立法した道徳法則にみずから従い，自分の行為をみずから律すること，つまり自律こそが，人間の本当の自由であると考えた。

　理性の命じる道徳法則のみを動機とし，他の原因によって動かされることのない自律的で，自由な意志の主体こそが人格である。人格は自己をより道徳的に完全にしようとつとめ，同時に他者の幸福をはかることを義務とする。

　人間は生まれつきの素質や能力はさまざまだが，理性によって人間として善く生き，自己を道徳的に完成させようとつとめる点で，すべて等しく人格としての尊さをもっている。人間は人格として，一人ひとりがかけがえのない絶対的な尊厳をもっているのである。

　カントは「あなたの人格，ならびにあらゆる他人の人格にそなわっている人間性を，つねに同時に目的として取り扱い，けっして単なる手段としてのみ取り扱うことのないように行為せよ」という道徳法則を説いている。

　すべての人にそなわる人格を，つねに私たちの行為の目的として尊重し，他のもののための手段や道具としてのみ取り扱っ

てはならないのである。ましてや，他者の人格を自分の欲を満たすためや，不満の吐け口のための道具としてはならない。

カントは一人ひとりが自分の人格の道徳的な完成をめざし，同時に，たがいの人格を目的として尊重しあう理想の共同体を，目的の王国と呼んだ。目的の王国は，すべての人格を目的として尊重せよと命じる定言命令が支配する人格の共同体である。

目的の王国においては，すべての人は理性の道徳法則に服従するから，王国の成員であり，同時にその道徳法則はみずからの理性が自己立法したものだから，その点ではすべての人が元首である。また，そこではすべてのものは価値か尊厳のいずれかをもつが，価値をもつものは等価物と交換できるものであり，等価物があり得ない人間の人格のみが尊厳をもつ。

カントはすべての人格が目的として尊重される目的の王国こそ，人類が地球上に建設するべき理想社会であると考えた。そして，その実現のために『永遠平和のために』を著し，各国が常備軍を撤廃し，国家の連合体をつくって永久平和を確立しなければならないと説いた。

このようなカントの思想は，近代ヨーロッパの人間尊重の精神の頂点であり，その永久平和の理想は，のちの国際連盟や国際連合の精神に引き継がれた。

❷─ヘーゲルと精神の発展

公共性：私たちの視点

民主主義の社会は，すべての個人の人間としての権利を尊重する社会である。すべての人の権利が尊重されるということは，すべての人が他者の権利を尊重するということである。すべての個人の権利は，他の人びとの権利を尊重する義務を負うことを条件として成り立つ。民主社会における個人の権利は，たがいの権利を尊重し合い，すべての人の福祉を視野にいれる公共性に基づいて成り立つ。

ところが自由を単なるわがままととりちがえ，「何をしても

自分の勝手だ」と考えて、他人への義務を無視して迷惑をかけ、社会の秩序に背いて公共性を見失う人も少なくない。

「私」の視点からものごとをみることは、けっして「他者」の視点を無視することではない。私たちは社会の中で生きる人間として、自分の視点を基本にしながらも、つねに他者の視点を取り入れ、自分と他者を結びつける「私たち」の視点に立って、公共性をそなえた社会に生きなければならない。

そのような社会的な視野の中で、個人の自由と社会全体の秩序をいかに両立させるかを考えてみよう。

ヘーゲルと精神の哲学

近代の西洋哲学は、歴史を動かす主体としての人間についても考察した。人類の精神はどのような道筋で発展し、世界の歴史を形成していくのだろうか。

19世紀のドイツの哲学者ヘーゲル〈1770〜1831〉は、『精神現象学』や『法の哲学』を著し、歴史や国家を精神のあらわれとして考え、ドイツ観念論を完成させた。

人類の歴史は、専制君主の一人だけの気まぐれな自由から、古代ギリシアやローマ市民たちの少数者の自由へ、そして近代ヨーロッパにおけるすべての人の自由へと発展してきた。近代社会におけるすべての人の自由は、人びとがたがいを自由な存在として相互承認することによって成り立つ。

ヘーゲルは歴史とは人類の精神が自由を実現していくプロセスであると考え、「世界史は自由の意識の進歩である」と説いた。自由の意識の進歩とは、ただ自由の範囲が拡大するだけでなく、自由の意味が明らかになり、精神の自由の自覚が深まっていくことである。

ヘーゲルによれば、人類の歴史を通して人間の自由を実現していく主体となるものが、絶対精神・世界精神である。私たちは普通、一人ひとりの心の働きを精神と考えるが、ヘーゲルは人類の歴史を動かす主体となるものを精神と呼んだ。絶対精神は、歴史の中で「われわれ」の精神となって、みずからを展開

講義中のヘーゲル ヘーゲルは近代西洋の代表的な哲学者で、ドイツ観念論の完成者である。南ドイツのシュツットガルトに生まれ、チュービンゲン大学で哲学と神学を学んだ。人類の歴史を精神の展開とみる壮大な哲学体系を打ち立てた。晩年は、ベルリン大学の総長をつとめた。主著に『精神現象学』『論理学』『歴史哲学講義』『法の哲学』がある。

する。そのような「われわれ」の精神が無数の「私」の精神に分かれ、歴史の舞台で中心的な役割を果たす人物の精神を、みずからを実現するための道具であるかのようにあやつりながら、自己を展開していく。

ヘーゲルはこのような世界精神のたくらみを、理性の狡知(こうち)・理性の詭計(きけい)と呼んだ。人類の歴史は、「われわれ」の精神が一人ひとりの「私」の精神となって歴史を動かし、ふたたび「われわれ」の精神へと統一されるプロセスである。

弁証法の論理

ヘーゲルはカントの哲学を個々のものごとの固定的な見方にとらわれていると批判し、哲学は個々のものごとを、全体的な真理が明らかになるプロセスの要素としてとらえるべきだと説いた。

ヘーゲルは「全体性が真理である」と述べ、理性は個々のものごとを、生成・発展する全体の真理の一要素としてとらえ、全体的な真理があらわれる道筋を認識するものだと説いた。

歴史を動かす絶対精神は、弁証法という論理に従って自己を展開していく。弁証法とは、本来は対話法・問答法を意味するが、ヘーゲルはあるものが生まれ(正(せい))、他のものと対立し(反(はん))、二つの対立と矛盾が原動力となって、それらがより高い次元のものに統合される動き(合(ごう))を通して、真理が明らかになる生

成と発展の論理であるとした。

　ある立場が肯定され（正），それを否定する立場があらわれ（反），両者の矛盾と対立の中からそれらを統一し，より高い次元の立場があらわれる（合）。哲学は弁証法の論理に従って，個々のものごとが対立と統一を繰り返すことを通じて，全体的な真理が生成・発展する歩みを認識する。

　弁証法はいろいろな場で働いているが，ここでは弁証法の論理にそって，自分と他者の考えが対立し，分裂し，ふたたび全体的な考えの中へと統合されるという，精神の成長の道筋をたどってみよう。

〈正の段階〉　人間は，最初は自己中心的なものの見方や考え方しかできない。自分の見方とは違った立場に気づかず，自分の立場から自己中心的にしかものごとをみることができない。このような「私の視点」が，第一の正の段階である。この段階は自分自身の考えの中に無自覚のままにあるので，即自と呼ばれる。

〈反の段階〉　そこに，自分とは異なった他者の考えが対立し，自分とは違った他人の見方や考え方があることに気づくようになる。そこでは，他人の意見を素直に認めれば，自分の意見がとおらず，かといって，他人を無視して自分の意見だけに固執すれば，他人と共存できないという矛盾と対立が起こる。このような対立の中で，私たちはそれしかないと思っていた自分の考え方が，実は相対的で狭く限られたものであることを知る。こうして，自分の考え方の限界に気づかされ，自己中心的なものの見方の絶対性が否定される。このような「他人の視点」が，第二の反の段階である。

　ヘーゲルは，自他が対立する反の段階に積極的な意義があると考えた。他者との対立を通じて，他者でないものとしての自己が明らかになり，他者でないものという形で，自己が自己に対して自覚的になる。そのような意味で，反の段階は対自とも呼ばれる。

〈合の段階〉　最後に自分と他人の立場をつき合わせ，対立を否

定するとともに，両者をともに生かして総合し，より全体的な立場へと自分を高める止揚(しよう)(アウフヘーベン Aufheben)が行われる。このように自分のものではあっても，他者の意見や立場を取り入れ，より広い視野から全体的に，普遍的にものごとをみることができる「われわれの視点」が，第三の合の段階である。

精神は弁証法の論理にそって，他者と対立してみずからの限界を知り，それを乗り越えて，より高い立場へと達して真の自己を回復する。自己を否定する他者に出会い，その否定するものをさらに否定することによって，他者でないものという自覚をもって精神は自己自身に立ち返る。この段階は，精神が自分自身のうちにありながら，自分に対して自覚的になっているので，即自かつ対自とも呼ばれる。

弁証法は精神が他者との対立を通して，本来の自己自身へと自覚的に立ち返る運動の論理である。

このように，精神が他者との対立を通して，「われわれ」の全体的な立場に到達するという経験を積み重ねることによって，精神の自由が実現する。すべての人の自由は，私たちが自己中心的な狭さを抜け出して，社会的な視野をそなえた，広い「われわれ」のものの見方ができる精神へと成長していくことによって実現する。

ヘーゲルは，このように自由を単なる個人の恣意(しい)(わがまま)をこえて，歴史や社会をとおして弁証法的に発展していく精神の働きの中にとらえた。

> **弁証法：真理の生成の論理**　「現実的なものは(生成し発展してゆく)過程であり，この過程はみずからその契機を生み出し，(それを)貫く。そしてこの(現実の生成と発展の)運動の全体が，肯定的なものとその真理をなすのである。だからこの運動は否定的なものをも同じようにみずからのうちに包んでいる。つまり，捨象(しゃしょう)さる(捨て去る)べきものと考えられる場合には，偽(なるもの)と呼ばれるかもしれないようなものを包んでいる。(しかし，真なるものを生み出すために虚偽として)消えて行くものは，むしろ(現実の運動にとって)本質的なものとしてさえ考えられるべきであって，真(なるもの)の外に置かれるべきものという固定した規定のうちで考えられるべきでは

ない。それと同じで，真（なるもの）とても偽（なるもの）とは別の側に安らい，死んだ肯定的なものと考えられるべきではない。現象は（真なるものが生成し，偽なるものが否定されて消え行く）生成消滅であるが，生成消滅それ自身では生成も消滅もしないで，それ自体に存在し，真理の生命の現実および運動を形成しているようなものである。だから真理とはバッカス祭（古代ギリシアの酒神の祭り）の陶酔であり，そこに居合わせた誰一人として酔わぬということがない。」（樫山欽四郎訳「精神現象学」『世界の大思想12』所収，河出書房）

人倫の三つの段階

　ヘーゲルは，自由は孤立した個人の気まぐれにではなく，共同体を構成する一員としての社会生活にあると考えた。そして，個人の主体的な自由と，社会の客観的な秩序が結びついた共同体を人倫と呼んだ。精神は，家族・市民社会・国家という人倫の三つの段階をへて発展していく。

　基本的な共同体である家族の中では，人びとは愛の絆によって結ばれている。ここでは，まだ個人の独立は意識されていない。やがて成長した子どもは家族から独立し，みずからの利益を求めて市民社会に参加し，自由な経済活動を営む。市民社会では，経済活動の自由を得た個人がたがいに利益を求めて競うので，ヘーゲルはこれを「欲望の体系」「人倫の喪失態」と呼んでいる。

　競争社会の中で分裂した市民を，ふたたび共同体の秩序にまとめるものが国家である。国家は個人の独立を保ちながらも，社会全体の秩序と統一を回復する人倫の最終段階である。理性的な法の秩序をそなえた国家においては，法はそれを制定した理性のあらわれであるから，個人が法に従うことは，みずからの理性に従うことになり，個人と共同体の対立は解消される。

　ヘーゲルはこのように，個人の主体的な自由と，共同体の普遍的な秩序とが統一された国家こそが，人倫の完成態であると説いた。人びとが国家の成員としての自覚をもち，国家の法や秩序を尊重する理性的な態度を身につけることによって，はじめて具体的な社会生活の中で個人の独立と自由が実現される。

人物 フィヒテ

　フィヒテはドイツの観念論の哲学者である。ザクセンに生まれ，貧困の中で勉学を続けてカントの哲学を研究した。イエナ大学，ベルリン大学の教授をつとめ，ナポレオンがベルリンを占領したときには『ドイツ国民に告ぐ』という講演を行い，国民の自立の精神，教育と愛国心の大切さを訴えた。主著に『全知識学の基礎』『人間の使命』がある。

人物 シェリング

　シェリングはドイツの観念論の哲学者である。プロシアに生まれ，早熟の天才と呼ばれるほどの才能を発揮し，チュービンゲンの神学校でヘーゲル，詩人のヘルダーリンらとともに学んだ。イエナ，ミュンヘン，ベルリン大学の教授になり，ロマン派の芸術家とも交際した。主著に『先験的観念論の体系』『人間的自由の本質』がある。

哲学の使命

　ヘーゲルは『法の哲学』の中で，「理性的なものは現実的なものであり，現実的なものは理性的なものである」と述べている。人類の精神にそなわる理性的なものが，歴史を通して国家の法や制度となって具体的な形をとり，現実的なものになることによって，精神の自由が実現される。

　観念論の立場に立つヘーゲルの哲学は，歴史において実現された精神的なものを読みとり，それを概念的に把握することを使命とする。歴史の中で現実のものとなって展開された絶対精神が，哲学によって把握されることによって，ふたたび精神的なものへと自己帰還し，精神の展開の旅が終わるのである。

理性的なものと現実的なもの　「哲学は，理性的なものの根本を究めることであり，それだからこそ，現在的かつ現実的なものを把握することであって，（現実からかけ離れた）彼岸的なものを打ち立てることではない……理性的であるものこそ現実的であり，現実的であるものこそ理性的である。とらわれない意識はいずれも，哲学と同様に，この確信に立っているのであっ

て,哲学は(科学的法則が支配する)自然的宇宙の考察と同じく,(理性が発展してゆく歴史である)精神的宇宙の考察においても,この確信から出発する。」(藤野渉他訳「法の哲学」『世界の名著35』所収,中央公論社)

ドイツ観念論の流れ

 ドイツ観念論はカントに始まり,フィヒテ,シェリングを経てヘーゲルによって完成された。

 フィヒテは自我の意志的な活動を重んじ,自我はみずからの実践において非我(対象)を生み出し,自我が自己を実現する意志作用の中に対象はその契機として含まれるという,きわめて主観的な観念論を説いた。自我はみずから分裂して非我(対象)を生み出し,それをみずからが乗り越えることによって,無限のかなたにある絶対的に自由な自我をめざす。ここには,フランス革命が人びとを古い社会的束縛から解放したように,自我はさまざまな困難を克服して,絶対的な自由をめざすというフィヒテの信念がうかがえる。

 シェリングは自然と精神の対立を統一するために,すべてのものの根底に,万物をつつみ込む絶対者が存在すると説いた。絶対者は,さまざまなものの差別の相を超えた同一者であり(同一哲学),その絶対者は自然や芸術作品の観照を通して,神秘的な知的な直観によって把握される。

 晩年のシェリングは,観念の中でものごとが何であるかという本質を考える観念論の哲学を消極哲学と呼んで批判した。そして,ものごとが存在する事実は,観念の中では解消されないものであると説き,ものごとの現実の存在(実存)を探究する哲学を積極哲学と呼んだ。シェリングは,神の存在でさえも,神の観念の中にふくまれているのではないと考え,神の存在の根拠について思索した。

 このような存在の事実に迫る晩年のシェリングの思想は,実存主義の先駆けとされる。

5 人間と働くこと

❶──社会主義の思想

働くことの意味

　ロシアの作家ゴーリキー〈1868～1936〉は，貧困にあえぐ人びとを描いた作品『どん底』の中で，「仕事が楽しみなら人生は天国だ，仕事が義務なら人生は地獄だ」と述べている。働くことには，生活のための収入を得るという実利的な目的のほかに，自分の能力や個性を発揮して生きがいを得たり，社会に参加して人びとのために貢献するなど，人間的な豊かな意味をもっている。

　しかし，その一方で過酷な労働条件の中で，非人間的な生活を強いられている人びとも数多くいる。現代の日本でも，働きたくても仕事に就けない失業者，働く意欲をなくしたニート，低賃金で雇われ，十分な収入が得られない非正規労働者（ワーキングプア），さらには過労死などの問題が起こっている。

　人間がやりがいや，生きがいを得る場であるはずの労働が，ただ生活を維持するためだけの苦痛な手段になることは大きな問題である。労働についての問題を明らかにし，社会を改革して，働く人びとの人間性を回復しようとした思想を見てみよう。

空想的社会主義：理想の共同体の試み

　18世紀にイギリスで始まった産業革命によって，資本主義は発展した。しかし，会社や土地などの資本を所有する資本家が，大きな富を築く一方で，労働者は安い賃金，長い労働時間，不衛生な職場など，劣悪な労働条件のもとで非人間的な生活を強いられた。そのような状況の中から，人道主義的な立場から労働者の生活を改善し，理想の社会をつくろうと訴える人びとがあらわれた。

　イギリスのオーウェン〈1771～1858〉は，労働者の生活を改

善するために，労働者が経営に参加する試みをニューラナークの紡績工場で行った。また，社会環境が人間の性格に影響をあたえることを重んじて，幼い子どもの労働を禁じ，工場の中に世界最初の幼稚園を設立し，児童の保護にも尽した。

　フランスのサン＝シモン〈1760〜1825〉は，非生産者である貴族や地主を排除し，みずから働く産業者が管理する，労働と科学を基礎とする合理的な社会を説いた。

　フーリエ〈1772〜1837〉は，貧富の差を生み出す商業資本を批判し，ファランステールと呼ばれる農業を中心とした共同組合を作って，生産物を平等に分けあい，その連合からなる平等な理想社会を唱えた。

　彼らは人びとの善意に訴えて，労働者が共同で経営する工場や組合をつくろうと試みたが，失敗した。彼らは労働者を救おうとする熱意にあふれてはいたが，資本主義の矛盾を解明して，社会構造を変革するための科学的な方法をもたなかったため，のちにマルクスやエンゲルスによって空想的社会主義と批判された。

マルクス：労働の疎外の克服

　マルクス〈1818〜83〉は『資本論』を著して，資本家と労働者の不平等を生み出す資本主義の矛盾を解明した。そして，友人のエンゲルス〈1820〜95〉と協力して，工場や土地や原材料などの生産手段を公有にし，すべての人が平等に働く社会主義（共産主義）の実現をめざした。

　マルクスによれば，人間は，本来，孤立した存在ではなく，労働を通して他者と連帯し，協業し，社会の共同体の中に生きる類的な存在である。さらに，労働は自己の個性と能力を発揮して自然に働きかけ，生産物を作り出す，やりがいに満ちた喜ばしい活動である。

　人間が労働によって生み出す生産物は，みずからの労働が作品として結晶し，対象化されたものである。人間はみずからが作り出した生産物の中に，自己が発揮した能力や努力の成果を

人物 マルクス

　マルクスは，ドイツ（当時のプロイセン）のライン州のトリールで生まれた。大学で法律，哲学を学び，ライン新聞社に入って政治を批判する。退社後，生涯の友人エンゲルスと協力して経済学の研究を行い，社会主義運動を指導する。31歳でロンドンに亡命し，貧困に苦しみながらも経済学の研究に打ち込み，資本主義社会の矛盾をあばいた『資本論』を書きあげた。主著に『資本論』『経済学・哲学草稿』『ドイツイデオロギー』『共産党宣言』『経済学批判』がある。

みて，自分自身を確認し，やりがいや達成感を感じる。

　ところが，マルクスによれば資本主義の社会では，このような労働が単なる生活を維持するための手段に成り下がり，非人間的で苦痛なものになっている。マルクスは，その原因は労働者が作った生産物が，工場や原料などの生産手段をもつ資本家の手にわたり，労働者が働けば働くほど資本家に富が集中して，労働者はますます疲弊し，貧しくなるという資本主義の矛盾にあると考えた。

　本来，労働者のものであるべき生産物が，労働者から引き離されて資本家の手にわたり，労働者を支配する資本の力を増大させて，労働者の生活をますます非人間的なものへ追いやるという，労働の疎外が起こっているのである。

　疎外とは，一般に，本来自分自身に属する親しいものが，なんらかの原因で自分から切り離され，よそよそしくなり，自分に対立する力としてあらわれる現象をさす。

　マルクスは，資本主義において発生する労働の疎外を四つあげている。第一は労働者がつくった生産物が，労働者の手を離れて資本家にわたる生産物からの疎外，第二は労働そのものが自分自身のためのものではなくなる労働からの疎外，第三は労働者の社会的な連帯が失われる類的存在からの疎外，第四はこのようにして，人間が人間の本来のあり方から疎外される人間からの疎外である。

マルクスはこのような労働の疎外を克服するために，その原因である生産手段の私有（私有財産制度）を否定し，生産手段をすべて社会全体の共有にして，人びとが平等に働く社会主義を唱えた。

　　労働の疎外　「労働者が富を生産すればするほど，彼の生産活動の力づよさと範囲が拡大すればするほど，彼はそれだけますます貧しくなる……この事実が何を表現しているかといえば，それは，労働が生産する対象である生産物が，労働に対して疎遠な存在として，すなわち生産者から独立した権力として，対立的に登場してくる，ということに他ならない。労働の生産物とは，ある対象のうちに定着され，物となった労働である。それは労働の対象化である。労働の実現は，労働の対象化である……対象を自己のものとする活動が，疎外ないし外在化としてあらわれるのである……」（三浦和男訳「経済学・哲学草稿」『世界の大思想Ⅱ-4』所収，河出書房）

　マルクスは歴史や社会を形成する土台となるものは，人間が労働によってものを生産する活動であると考えた（唯物史観・史的唯物論）。人間が生産物をつくり出す経済的な活動が土台（下部構造）となって，それにふさわしい政治・法律・学問・芸術などの，精神的な活動の産物（上部構造）が作られる。このようなマルクスの唯物論は，歴史を通して人類の精神が自己展開すると説いた，ヘーゲルの観念論とは反対の立場である。

　人間が自然に働きかけてものを生産する力（生産力）は，労働力と，生産用具や原料などの生産手段からなる。ものを生産する過程において，生産手段を所有する者と，所有しない者とのあいだには，領主と農奴，資本家と労働者のように，社会的な関係ができあがる（生産関係）。

　生産手段の所有者は権力を握って優位に立ち，生産手段を所有しない者を支配する。支配する側は，現状の生産関係を維持しようとするが，生産力が発展するにしたがって，ふるい生産関係を変革し，生産力にふさわしい新しい生産関係を打ち立てようとする動きが，労働する人びとの中に生まれる。

　マルクスによれば，生産手段を独占する支配階級と，搾取され，抑圧される被支配階級とのあいだに，利害の対立から闘争

が起こり，それが社会を変革し，歴史を動かす原動力になる。人類の歴史は，自由民と奴隷，貴族と平民，領主と農奴など，抑圧する者と抑圧される者との階級闘争の歴史である。

資本主義社会においては，生産手段を独占する資本家（ブルジョアジー）と，労働者（プロレタリアート）とのあいだに階級闘争が起こり，労働者階級が社会主義革命（プロレタリア革命）を起こして資本家階級を倒し，自分たちの生産活動にふさわしい平等な社会主義の社会を実現する。このような唯物史観のもとに，マルクスは人類の歴史は階級闘争の歴史であり，労働者が革命を起こして社会主義を実現することは，歴史の必然的な歩みであると説いた。

哲学の使命　「哲学者たちは，世界をさまざまに解釈してきたにすぎない。重要なのは世界を変えることである。」（花田圭介訳「フォイエルバッハについての11のテーゼ」『世界の大思想Ⅱ-4』所収，河出書房）

社会主義国家の歩み

マルクスの思想を受け継いだレーニン〈1870～1924〉は，資本主義社会はやがて巨大化した独占資本が植民地を支配し，資源と市場の獲得に乗り出す帝国主義の段階に入ると考えた。彼はこのような帝国主義に対して，社会主義革命によって闘かい，1917年のロシア革命を指導して，世界初の社会主義国家であるソヴィエト連邦をつくった。また，中国では毛沢東〈1893～1976〉が革命を起こし，1949年に中華人民共和国をつくった。

しかし，社会主義国は，やがて国家権力による国民の自由の抑圧，硬直化した官僚制度，自由競争がないことによる経済活動の停滞などの問題を生んだ。経済の破綻と国民の不満が高まって，1991年にソヴィエト連邦が解体し，東ヨーロッパ諸国の社会主義体制も崩壊した。一方，現在の中国は社会主義体制を維持しながら，資本主義の自由な市場経済の原理を取り入れて，経済発展をとげている。

社会民主主義：議会による社会改革

　社会主義の思想は，資本主義国では修正が加えられ，革命という暴力的な手段に訴えるのではなく，議会制度を通じた段階的な改革によって，社会主義を実現しようとする社会民主主義が生まれた。

　ドイツで社会民主党を指導したベルンシュタイン〈1850～1932〉，イギリスでフェビアン協会をつくったウェッブ夫妻〈夫1859～1947，妻1858～1943〉，バーナード＝ショウ〈1856～1950〉らが，その代表者である。

　彼らは議会制民主主義の保障する個人の自由を尊重しながら，労働者の権利の拡大や，労働条件の向上によって労働者の生活の改善をはかった。このような考えは，国家が社会保障制度を充実させて，国民の福祉を積極的に実現しようとする福祉国家の考えに受け継がれている。

❷─自由で公正な社会像

グローバル経済とその課題

　1990年代に社会主義経済がいきづまったのち，資本主義の自由主義経済は世界に広まった。国境をこえて人・もの・金・情報がゆきかうボーダレス社会の進展にともなって，巨大な資本が利益を求めて世界中をいきかって投資され，国家の単位をこえたグローバル経済の波が，全世界を覆うようになった。

　しかし，その反面で先進国と途上国の貧富の差が拡大し，先進国の中でも，経済格差や失業者の増加などが問題になっている。また，先進国のあまった資金が，投機マネーとなって石油や穀物を買い占め，それらの価格が高騰して経済が混乱するなどの問題も起こっている。

　グローバル経済のいきすぎに歯止めをかけ，同時にグローバル経済の恩恵がすべての人に公平に分配され，自由で活力があるとともに公平で公正な，新しい世界経済の枠組みを構築することが課題になっている。

人物 アダム＝スミス

アダム＝スミスはイギリスの経済学者・哲学者である。スコットランドに生まれ，グラスゴー大学で哲学を学び，母校の教授をつとめた。道徳感情（モラル＝センス）を重んじる道徳哲学を唱え，また，自由放任主義の経済を説き，古典経済学派の代表者の一人でもある。主著に『諸国民の富（国富論）』『道徳感情論』がある。

アダム＝スミス：フェア＝プレイの精神

　18世紀のヨーロッパでは，市民革命を通して経済活動の自由を手にした市民たちが，資本主義のもとで利益を追い求めた。

　イギリスの経済学者・哲学者のアダム＝スミス〈1723～90〉は，『諸国民の富』（『国富論』）を著し，一人ひとりの個人が利益を追求する自由な経済活動が，「見えざる手」に導かれて産業を活性化し，社会全体の富を増やすと考えた。

　経営者は利潤を得るために，買い手が望む商品を市場に供給し，買い手がつかない商品は市場から排除され，市場によって淘汰されて，豊かな商品と富が国に満ちる。

　スミスは自由主義経済の利点を生かすために，経済には政府の介入をひかえ，できるだけ自由な市場にまかせるべきという自由放任主義を唱えた。

　同時に，スミスはそのような自由な競争は，第三者の他人の目（公平な観察者）からみても共感を得られる，公正なものでなくてはならないと説いた。

　相手の動きを観察する競争者たちが，たがいに対して公平な観察者となり，競争が公正に行われているかをチェックする。人間の自由な行為は，公平な第三者が共感し得る範囲のものでなければならない。自由競争の社会には，その前提となるフェア＝プレイ（fair play）の精神が必要なのである。

アマーティア＝セン：貧困の克服

　欧米を中心とする先進国の経済発展の影で，アジアやアフリ

カの途上国は，市場と原料の供給地として，長いあいだ経済発展から取り残されてきた。アジア人としてはじめてノーベル経済学賞を受賞したインドの経済学者アマーティア＝センは，経済のもたらす幸福と利益（Welfare）の公正な分配を重んじる厚生経済学の立場に立って，経済がもつ福祉に役立つ倫理的な意義を唱えた。

貧困や飢餓から人間を救うためには，栄養や衛生の状態を改善して健康を守り，読み書きの能力を育てる教育を普及させるなど，福祉の向上が必要である。そして，健康であること，教育を受けること，社会に参加することなどの人間の潜在能力が，すべての人に公平にあたえられるべきであると説いた。

ロールズ：公正としての正義

資本主義の発展は，先進国の中でも貧富の差を大きくし，格差社会と呼ばれる問題をもたらしている。アメリカの政治学者・倫理学者ロールズ〈1921～2002〉は，『正義論』の中で，自由の恩恵がすべての人にいきわたる，公正さとしての正義を説いた。

公正さとしての正義は，まず，すべての人に人生や仕事などにおける自由やチャンス（機会）が平等に分配されることである。個人の境遇や才能はさまざまであるから，結果として成功する人と失敗する人があらわれ，経済的・社会的な格差が生まれる。しかし，このような自由が生み出す格差は，すべての人に機会が平等にあたえられ，公正な競争によるものでなければならない（公正な機会均等の原理）。

つぎに，このような自由な競争がもたらす格差は，社会のすべての人の生活を改善することにつながる限りでのみ受け入れられる（格差の原理）。個人にあたえられた多様な能力・才能・技術は，社会の共有の財産であり，科学者の発明が新たな商品を生み，スポーツ選手の試合が人びとに勇気と感動をあたえるように，それらがもたらす利益は社会全体で分かちあうことができる。

したがって，結果として多くの利益を得た人は，福祉制度や

人物 ロールズ

ロールズはアメリカ合衆国の政治学者・倫理学者である。プリンストン大学で哲学を学び，第二次世界大戦中には従軍の体験をもつ。ハーバード大学の教授になり，社会の活動がもたらす利益をもっとも適切に分配するための取決めとしての，公正さとしての正義を説いた。主著に『正義論』がある。

租税の制度を通じて，その利益の一部を不利益をこうむった人に分配することが，公正さとしての正義にかなう。正義は社会でもっとも恵まれない立場におかれた人を救い，福祉政策などによって，不平等を是正することでもある。このようにロールズは，それまでの機会の均等としての自由から，結果の均等へと踏み込んで，公正さとしての正義論を展開した。

リバタリアニズム（自由至上主義）と
コミュニタリアニズム（共同体主義）

ロールズやセンが福祉政策をつうじた富の再分配を説いたのに対して，ハイエク〈1899～1992〉やノージック〈1938～2002〉らは，個人の自由を最大限に尊重し，国家の個人への干渉を否定するリバタリアニズム（自由至上主義）を説いた。リバタリアニズムは国家の介入を最小限にとどめ，課税によって富の再分配を行う福祉政策も，個人の財産権への干渉であるとする。国家の役割は，個人の生命や財産の権利を守るなど最小限度にとどまり，個人の自由にまかすべきことには，国家は干渉すべきでないという主張である。

一方で，家庭の貧困や障害など本人の責任には帰さないことによって，自由競争でハンデキャップを負う人には，富の再分配によって公正さを保障するべきだという考えがある。

マッキンタイア〈1929～〉やサンデル〈1953～〉らは，個人は自分の属するコミュニティ（共同体）の一員として存在し，個人の権利の主張よりも，共同体の成員に共通する善を優先するコミュニタリアニズム（共同体主義）を説いている。

6　幸福と創造的知性

❶──功利主義と幸福の追求

『青い鳥』

　チルチルとミチルの兄妹が、幸福の青い鳥を求めて旅に出るメーテルリンク〈1862〜1949〉の小説『青い鳥』は、しばしば幸福のたとえとしてあげられる。旅から帰った二人は、自分の家の鳥かごに青い鳥がいることを発見する。チルチルは、「僕たち、ずっと遠くまでいったけれど、この鳥、ずっとここにいたんだなぁ」という。

　私たちはみずからの近くにある幸福に、なかなか気づかない。自分の仕事や生活に充実感が得られず、どこかにもっと自分にふさわしい人生や職業があるはずだと思い、転々と仕事を変える青年を、青い鳥症候群と呼ぶこともある。幸福は身近なところにあっても、私たちが幸福を見い出す目をもたないか、幸福を感じられる生き方をしていないだけかもしれない。

　民主主義の社会では、すべての人に自由に幸福を追求する権利（幸福追求権）が認められている。それと同時に、他者の幸福追求権をも尊重し、公共の福祉を促進する義務もある。人びとがともに幸福になれるような、民主社会にふさわしい幸福のあり方について考えてみよう。

ベンサム：最大多数の最大幸福

　一人ひとりの幸福と、社会全体の幸福とはどのように両立するのだろうか。

　ベンサム〈1748〜1832〉は、『道徳および立法の諸原理序説』を著し、すべての人が平等に幸福にあずかる民主社会を理想とした。彼は幸福の分配において平等の原則を貫き、「各人は一人として数えられ、誰もそれ以上に数えられてはならない」と述べている。

人物 ベンサム

ベンサムは，イギリスのロンドンで生まれた。法律を学んで弁護士の資格をとるが，弁護士の実務には関心を示さず，当時まだ十分に整備されていなかった法律の研究に打ち込んだ。イギリスの民主主義的な政治の改革と法律の整備に貢献し，また功利主義を提唱した。主著に『道徳および立法の諸原理序説』がある。

　ベンサムは人間をありのままに観察し，人間は誰でも快楽を求め，苦痛を避けるものだと考えた。人間は誰でも快楽を求め，苦痛を避けるから，快楽と苦痛の感覚が幸福の基準になる。ベンサムは快楽の増大に役立つものが善であり，快楽を妨害し，苦痛をもたらすものが悪であると判断する功利の原理を説き，功利主義の思想を唱えた。功利とは，幸福や利益など，よいものを生み出す性質をさす。

　功利の原理に従って合理的に行動するためには，その行為がもたらす快楽と苦痛を量的に計算し，幸福の最大量を見積もらなければならない。ベンサムは快楽を，強さ・持続する時間・確実性・遠近性・豊富さ・純粋さ・いきわたる範囲の七つの基準に従って計算する快楽計算を提案した。

　快楽は強く，長く続き，確実に手に入り，広い範囲におよぶなどの条件を満たせば，それだけ大きなプラスの量に計算される。逆に暴飲暴食などは，その場では快楽を味わえるが，あとで健康を損なってより大きな苦痛を体験することになるから，幸福の総量としてはマイナスとして計算される。このように，各人がみずからの理性によって，未来を見通して幸福の量を計算し，合理的に行動することが必要なのである。

　ベンサムは，個人の幸福の総計が社会全体の幸福であると考えた。政府の政策や法律は，その社会を構成しているすべての個人の幸福が，最大量になることをめざさなければならない。こうしてより多くの人びとに，より多くの幸福をもたらすことが社会全体を豊かにするという,「最大多数の最大幸福（the greatest happiness of the greatest number)」が，法と道徳の基本原理になる。

　ベンサムはこの原理が守られるために，他人を犠牲にする利己的な人間には，①暴飲暴食で健康を損なって苦痛を味わうなどの自然的制裁，②刑罰などの法律的（政治的）制裁，③社会的な非難を受ける道徳的制裁，④神の罰への恐れなど宗教的制裁，という四つの制裁（サンクション）が加えられると考えた。この中でもベンサムは，法律的制裁を重んじ，法律の目的は公共の利益に合致する行為には報いをあたえ，それに反する行為には罰をあたえ，個人の利益と公共の利益を一致させることにあると説いた。

ミル：副産物としての幸福

　人間にふさわしい質の高い幸福とは，どのようなものだろうか。

　ベンサムの功利主義を受け継いだミル〈1806～73〉は，『功利主義』『自由論』などを著し，快楽は量的には計算できないものであると考えて，ベンサムの量的功利主義を修正し，快楽の質の違いを重んじる質的功利主義を唱えた。

　彼は「満足した豚よりも，不満足な人間のほうがよい。満足したおろか者よりも，不満足なソクラテスのほうがよい」と述べている。人間やソクラテスが不満足であるのは，豚やおろか者と違って，それだけ人間にふさわしい質の高い快楽を追求しているからである。

　ミルはすべての人には人間らしい品位を保ちたいと願う，人としての尊厳の感覚（sense of dignity）がそなわっていると考えた。質の低い快楽で満足して妥協するよりも，人間としての尊厳の感覚がともなった，質の高い精神的な快楽を求めるべきなのである。

> **人間らしい高級な快楽**　「動物の快楽をたっぷりと与える約束がされたからといって，何かの下等動物に変わることに同意する人はまずなかろう……人間はだれでも，なんらかの形で尊厳

人物 J.S. ミル

J.S.ミルはイギリスのロンドンに生まれた。父親の哲学者ジェームズ＝ミルから英才教育を受け，ベンサムの功利主義を学んでその普及につとめた。20歳のときに精神の危機を体験し，それを転機に心の内面の豊かさに目を向けた。理想の女性ハリエットと協力して，民主主義的な社会の改革や参政権の拡大，労働者や女性の地位向上にも尽した。主著に『功利主義』『自由論』がある。

の感覚をもっており，高級な能力と，厳密にではないが，ある程度比例している……豊かな天分をもつ者は，いつも自分の求めうる幸福が，この世では不完全なものでしかないと感じるであろうことはいうまでもない……しかし不完全だからといって，不完全さをまるで意識しない人間を羨んだりしないだろう。不完全を意識しないのは，善を感じる能力が全然ないということだからである。満足した豚であるより，不満足な人間であるほうがよく，満足した愚か者であるより，不満足なソクラテスであるほうがよい。」(伊原吉之助訳「功利主義論」『世界の名著38』所収，中央公論社)

　ミルは若い頃，自分の幸福だけを追い求めて，かえって精神的にいきづまって悩む経験をした。そこから，人類の幸福や社会の向上に貢献するなど，社会的に有意義な活動に打ち込むとき，それにともなう喜びとなって，いわば副産物として幸福が生まれると考えるようになった。

　ミルはすべての人間にそなわっている，人びとと一体になろうとする人類の社会的感情を満たすことによって得られる幸福感が，質的に高い快楽であると考えた。そして，「人からしてほしいと思うことを，人にもまたそのようにしなさい。自分を愛するように，あなたの隣人を愛しなさい」というイエスの説いた黄金律に，私たちの社会的感情を満たす幸福への道が示されており，そこに功利主義の理想があると考えた。

　人間には，このように他者とともに生きようとする社会的感情があるがゆえに，良心がそなわっている。ミルは，人間の利己的な行為を抑えるものとして，良心による内的制裁を重んじ

た。

　人類の社会的な連帯感情に基づいて生きることによって，他者の幸福をはかることが自己の幸福になり，自己と他者の幸福を一致させることができる。

　幸福は副産物　「幸福を直接の目的としないばあいにかぎって，その目的が達成されるのだと，今や私は考えるようになった。自分自身の幸福でない何か他の目的に精神を集中する者のみが幸福なのだ，と私は考えた。たとえば他人の幸福，人類の向上，あるいは何かの芸術でも研究でも，それを手段としてでなくそれ自体を理想の目的としてとり上げるのだ。このように何か他のものを目標としているうちに，副産物的に幸福が得られるのだ。人生のいろいろな楽しみは，それを主要な目的とするのではなく，通りすがりにそれを味わうときにはじめて，人生を楽しいものにしてくれる，というのが私の新しい理論だった。」(朱牟田夏雄訳『ミル自伝』岩波文庫)

心の平和とよろこび：モモと時間どろぼう

　現代人の多くは，物質的には恵まれているが，はたして精神的にも豊かな生き方をしているのだろうか。

　ドイツの作家エンデ〈1929〜95〉に，『モモ』というファンタジー物語がある。主人公の少女モモは，相手の話にじっくり耳を傾けることで，その人に自分自身を取り戻させるという不思議な能力の持ち主である。

　モモたちが平和に暮らしているところに，ある日，「灰色の男たち」と呼ばれる時間どろぼうがあらわれる。彼らは時間貯蓄銀行の外交員と名乗り，人びとに時間の節約を呼びかける。「将来の安定と豊かな生活のために，今，時間を倹約して銀行に預けるとよい」と，言葉たくみに人びとをだまし，人間の生きた時間をかすめ取っていく。

　時間どろぼうにそそのかされた人びとは，わずかの暇を惜しんであくせく働くようになり，物質的には豊かになっていく。しかし，年老いた母親と話したり，小鳥の世話をしたりすることは，もはや喜びではなく，単なる時間の無駄使いのように感じるようになる。やがて，彼らは味気ない生活を送るようにな

り，日ごとに気分が憂鬱(ゆううつ)になっていく。

　この物語のように，時間を節約するせわしない社会の中で，私たちは物質的な豊かさと引きかえに，豊かな時間のゆとりを失っていないだろうか。時間に追われる現代の競争社会の中で，私たちは一度立ち止まり，心の平和や喜びに満ちた幸福について，あらためて考えてみる必要があるかもしれない。

『モモ』　エンデは，幻想的な物語を通して人間らしい心とは何かを問いかけている。他の作品に『はてしない物語（ネバー＝エンディング＝ストーリー）』がある。

❷──プラグマティズムと創造的知性

フロンティア精神

　アメリカ合衆国の開拓時代，人びとは新しい土地に移り住み，みずからの手で土地を開墾し，生活を切り開いていった。このような自力で困難を乗り切る開拓の歴史から，自主自立の精神，行動的な進取の気風に満ちた，アメリカのフロンティア精神（frontier spirit 開拓者精神）が生まれた。それは，みんなで力を合わせて困難を乗り切る，民主主義の精神でもあった。

　現代の私たちは，当時とは比較にならないほど便利な生活を送り，快適に暮らすことができる。しかし，いつの時代でも過去の知識や技術を学ぶだけでなく，新しい課題を解決し，未来を切り開いていく創造的な知性が必要である。一人ひとりがみずからの人生の開拓者として，未来のゆくてに立ちはだかる問題を解決するための道筋を考え，勇気をもって行動していく「生きる力」が必要なのである。

　そのような「生きる力」にふさわしい知性について，アメリカ合衆国の伝統的なフロンティア精神から生まれたプラグマティズム（pragmatism 実用主義）の思想と，「誤りから学ぶ」こ

との大切さを説いた、イギリスのポパーの思想を学んでみよう。

パース：プラグマティズムの格率

　プラグマティズムの提唱者であるパース〈1839～1914〉は、人間は行動するために思考するのであり、言葉や観念の発生する根源は行動にあると説いた。プラグマティズムは、ギリシア語で行動・実践を意味するプラグマ (pragma) に由来する言葉で、英語のpractice（実際）、practical（実際的な）も同じ語源に由来する。

　パースは言葉の意味（概念や観念）は、それに従って行動したときにもたらされる結果によって明らかにされるべきだという、プラグマティズムの格率をとなえた。プラグマティズムは、知識や思想は行動を導くための実用的な手段であり、実際の生活に有用な結果をもたらすところに意義があると考える。

ジェームズ：真理は有用なもの

　私たちの生活の中で、真理はどのような働きをもっているのだろうか。

　パースの考えを受け継いで広めたジェームズ〈1842～1910〉は、ある思想が真理か虚偽かについては、それが人生において有用であるかどうかによって決まると考え、「真理であるから有用であることと、有用であるから真理であるということは、同じことを意味している」と述べた（真理の有用性）。

　ある思想や理論が何らかの行動を引き起こし、生活の中で実際に役立つ結果をもたらすならば真理であり、何らの結果も生まずに無用ならば虚偽である。もし、私たちが森で迷ったときに、牛のとおった道をみつければ、その道のはずれに家があると考えることは真理である。なぜならば、その考えに従って道をたどれば、私たちは助かるからである、とジェームズは説いている。

　　プラグマティズムの方法　「プラグマティックな方法とは……各観念それぞれのもたらす実際的な結果をたどりつめてみるこ

人物 ジェームズ

ジェームズはニューヨークに生まれ，若い頃，画家になろうとするが断念し，大学で化学・医学・生理学を学ぶ。哲学のサークルでパースと知り合い，プラグマティズムの思想に接する。26歳の頃に精神的な不安と憂鬱にみまわれて苦しむが，人間は運命に決定されない自由な意志をもつことを学び，自信を取り戻した。大学で生理学を教えるが，やがて心理学，哲学を研究するようになり，プラグマティズムの思想の普及につとめた。68歳で，持病の心臓病のために死去した。主著に『プラグマティズム』がある。

とによって，各観念を解釈しようと試みるものである。今もしひとつの観念が，他の観念よりも真であるとしたならば，実際上われわれにとってどれだけの違いが起こるだろうか。もし，何ら実際上の違いがたどられえないとすれば，その時には二者どちらをとっても実際的には同一であることになって，すべての論争は徒労に終わることになる。」(桝田啓三郎訳『プラグマティズム』岩波文庫)

ジェームズはこのような考えを，宗教的な真理についてもあてはめた。彼は「神は存在するか」という人間の知性をこえた問題については，いくら観念的に議論しても無駄であり，それを信じて生活する人の心に安らぎや豊かさをもたらすならば，真理と判断してよいと考えた。

デューイ：道具としての知性

人生の問題を解決するのに役立つ知性とは，どのようなものだろうか。

デューイ〈1859～1952〉は『民主主義と教育』『哲学の改造』などを著し，プラグマティズムを民主主義を支える思想として完成させた。彼は知性は未来の可能性を見通し，問題を解決し，生活を改善するための道具だと考えた（道具主義）。ふだん，私たちは習慣に従って生活しているが，新たな問題が発生すると，未来の見通しを立て，問題を解決するための道を探る知性が働きはじめる。デューイはこのように過去の習慣を修正して，新

しい環境に適応する習慣を形成する知性を，創造的知性・実験的知性と呼んだ。

創造的知性は，生活の中で起こった問題を解決するために仮説を立て，それを実際の行動の結果を通じてその都度検証し，改善していく。思想や理論は永遠で不変なものではなく，新しい問題を解決するために立てられた仮説であり，つねに行動によって検証され，作り変えられていく。知性は「為すことによって学ぶ（learning by doing）」，試行錯誤（trial and error）のプロセスである。生活上の要求→問題設定→仮説→推論→行動→検証という探究を通して，知性はたえず自己を修正しながら進歩していく。

デューイは創造的知性を育て，たえず生活を改善し，人間性を発展させることを期待した。また，教育学者でもあったデューイは，教育は過去の知識や価値の伝達にとどまらず，未来の新しい価値の創造であると説いた。そして，子どもたちが生活の場面で起こった問題をみずから解決できる，柔軟で有用な創造的知性を養う問題解決学習を唱えた。

ポパー：誤りから学ぶ

思想や理論は永遠で，不変なものではないと考える立場には，プラグマティズムの思想家のほかに，イギリスのポパー〈1902～94〉がいる。

20世紀の前半に，論理と実証に基づく思想を唱える科学哲学や，論理実証主義の思想が盛んになった。みずからも科学哲学者であったポパーは，実証済みとされる科学理論にも，つねに誤りの可能性があり，反証される可能性があると説いた。反証は検証とはことなり，一つでも反例が見つかればその理論の誤りが立証される。科学理論は仮説として，つねに予測不可能な新しい事実に対して開かれ，反例に出会うたびに修正されなければならない。大事なことは，反証によって誤りを発見することである。

ポパーは『科学的発見の事実』の中で，知的な成長には，試

人物　デューイ

　デューイはアメリカのニューイングランド地方のヴァーモント州に生まれた。両親は開拓農民の出身で，食料品店を経営していた。少年時代からアルバイトをしながら勉強を続け，高校，小学校の教師となったが，哲学を研究するために大学に戻り，シカゴ大学，コロンビア大学の教授をつとめた。教育にも関心をもち，シカゴ大学で付属の実験校を作り，また民主主義についても活発に発言した。主著に『哲学の改造』『民主主義と教育』『人間性と行為』がある。

行錯誤を繰り返しながら問題を解決していくこと，すなわち「誤りから学ぶこと（learning by error）」が必要であると説いている。

　彼はこの考えを社会の理論に応用し，従来の有力な社会改革論は社会全体の根本的な改革をめざしたが，それは理屈の上で反証不可能にみえる「予言」にすぎないと批判した。改革のあるべき方法は，誰の目にも明らかな現実の社会悪や人びとの不幸の問題を具体的に解決して，社会を部分的・漸進的に改めていくことだと主張した。

　ポパーは科学的な立場から，人間の考え方は絶対的なものではなく，つねに反証が可能であるという前提の下に，人びとがたがいの理論を批判しあい，討論し，誤りを発見して新たな理論を構築する批判的合理主義を説いた。また，社会の改革においては，ある政策を試行し，誤りを発見し，そのつど改善していく科学的方法を取り入れながら，社会を段階的に改善していく漸進的社会工学を説いた。

　このような批判的合理主義と呼ばれるポパーの思想は，20世紀後半のドイツなどで，漸進主義的な社会改革論者の共鳴を呼んだ。

7 真実の自己を求めて

❶―実存としての自己

現代人の自己喪失

　大量の情報が氾濫する現代の情報化社会の中で，人びとは，主体性を失って集団に埋没しがちになっている。現代人は，一方的に流される情報をうのみにし，他人の言葉や行動に同調する傾向をもっている。

　社会学者のリースマン〈1909～2002〉は，現代人は孤独への不安から他人の行動に同調し，他人の承認を強く求める他人指向型の人間であると分析している。現代人は，心に孤独をかかえながら他人に同調することで，「みんなと同じ」という安心感に逃げこもうとする。

　他人指向型の人間を方向づけるものは，同時代を生きる人びとの行為であり，彼らは他人から送られる信号（シグナル）に細心の注意を払い，他人の振舞いや願望への驚くほどの感受性を身につけている。一人でいることを避けるかのように，たえずスマートフォンでメールし続ける人たちの中にも，群集の中にまぎれ込んで安心しようとする，他人指向型の人間がいるかもしれない。

　このように主体性を失った現代人を批判して，真実の自分を取り戻すように呼びかけたのが，実存主義の思想家たちである。彼らの呼びかけに耳を傾け，真実の自分を取り戻す道について考えてみよう。

キルケゴール：単独者と主体的真理

　真実の自己のあり方を，みずからの意志で主体的に選ぶ生き方について考えてみよう。

　19世紀のデンマークの思想家キルケゴール〈1813～55〉は，『あれか，これか』『死にいたる病』などを著し，実存主義の先駆者とされている。

人物 キルケゴール

キルケゴールは，デンマークのコペンハーゲンに生まれた。キリスト教的な教育を受け，大学では神学と哲学を学んだ。鋭い洞察力と豊かな想像力にめぐまれ，また憂愁な気分をもつ性格であった。24歳のとき恋人レギーネに出会うが，神への信仰がゆらいでいたキルケゴールは悩んだ末に婚約を破棄した。その後，孤独な著作活動に入り，教会の偽善性を批判したために，世間から攻撃され，精神的に疲れ果てて，42歳で世を去った。主著に『死にいたる病』『不安の概念』『あれか，これか』がある。

彼は，現代人は大衆の中にまぎれ込み，自分を見失って，顔と名前を失った誰でもないような匿名(とくめい)の人へと平均化・水平化されていると批判した。誰もが新聞や雑誌の流す情報をうのみにして，「みんな」の中に埋没し，大衆へと画一化され，「私」が自分で判断し，発言したり，行動することができない。

キルケゴールは，真実の自分のあり方を実存と呼ぶ。実存とは，真実・現実の自己として存在すること，すなわち，かけがえのない私が，今，ここに生きている事実をさす。キルケゴールは実存はいかなる他人とも異なる，ただ一人の例外者であると説いた。そして，他人に埋もれた状態から自分を取り戻し，自分自身と向き合い，本来の実存に目覚めて生きようとした。

キルケゴールは，自己がいかに自己自身の生き方にかかわっていくかが大切であると考えた。彼は「人間は精神である。精神とは何か？ 精神とは自己である。自己とは何か？ 自己とは自己自身へとかかわる関係である」と述べている。精神として生きる私たちは，つねに自己に向き合い，自己の生き方をみずから選び，決断する主体性をもって生きなければならない。

私たちは自己自身である限り，自己以外のものには成り得ず，その意味では自己は必然的なものである。しかし，その自己自身はみずからがなるべきものである限り，将来の可能性の中にある。私は自己自身にかかわりながら，本来のあるべき自己を，未来の可能性の中から選びとらなければならない。キルケゴー

ルにとって，人生とは自己を選び損なうリスクをかいくぐりながら，真実の自己を選びとる真剣な決断の場である。

キルケゴールはつねに「いかに生きるか」を問いながら，みずからが人生で実現していく主体的真理を求めた。

彼は「私にとっての真理であるような真理を発見し，私がそれのために生き，そして死にたいと思うようなイデー（理念）を発見することが必要なのだ」と述べている。真実の自分は，もののように客観的に認識されるものではない。それはこのように生きたいという人生の理念を追求する中で，主体的に実現されるものである。

> **主体的真理を求める**　「私に欠けているのは，私は何をなすべきか，ということについて私自身に決心がつかないでいることなのだ……私の使命を理解することが問題なのだ。神はほんとに私が何をなすべきことを欲したもうかを知ることが重要なのだ。私にとって真理であるような真理を発見し，私がそれのために生き，そして死にたいとおもうようなイデー（理念）を発見することが必要なのだ。いわゆる客観的真理などを探し出してみたところで，それが私に何の役に立つだろう……人は他のなにものを知るより先に，自己みずからを知ることを学ばなくてはならぬ。」（桝田啓三郎訳「日記」『世界の名著40』所収，中央公論社）

私たちは人生において，「あれか，これか」の選択を迫られる中で，自分の意志で決断し，行動する主体的な生き方を通して，真実の自己を見い出す。自己をみずから選ぶことによって，「これが私の人生だ」という確信が生まれ，自己の実存はより確かなものへと高められる。ただ他人に流され，現実に妥協し，あいまいに生きていては自分を見失うだけである。

キルケゴールは実存を三つの段階に分け，それらの段階を経て，人生が深まっていくと考えた。最初の美的実存の段階では，人は欲望のままに刹那的な快楽を求めて毎日を送る。彼は『誘惑者の日記』の中で，恋の刹那的な官能を求めて生きる自画像を描いている。しかし，やがてそのような毎日の繰り返しに，空しさと退屈を感じていきづまる。次の倫理的実存の段階では，社会や家庭で倫理的な義務を果たそうとつとめるが，誠実に努

力するほど，みずからの道徳的な不完全さや，良心の責めを思い知らされる。

　最後の宗教的実存の段階では，自分の無力さや罪深さに絶望しながら，ただ一人で神の前に立つ単独者となる。キルケゴールによれば，人間が絶望するのは，自分をこの世に存在させた根拠である神との結びつきを失い，本来の自己から逃れ，人生の足場を見失ってさまようからである。彼はそのような苦悩の果てに神との出会いを決意し，単独者として無限なる神と真剣に向き合う信仰の中に，本来の実存を求めた。

　キルケゴールにとって，信仰もまたおのれが決断する主体的真理である。もし，神の存在が客観的に証明されるならば，そこには信仰はない。彼は『おそれとおののき』の中で，『旧約聖書』を舞台に，信仰への決断の前に立たされて怖れおののくアブラハムの姿を描いている。キルケゴールにとって，信仰とは主体的な行為であり，客観的な証のない中で，永遠の神への信仰に飛び込む情熱と決断そのものである。

　このようなキルケゴールの信仰への決断は，私たちが，自己の実存をみずからの決断によって選ぶ真剣さを伝えるものといえよう。人生は理屈や打算では計算し切れないものである。一回限りの人生を，それぞれの人が，みずからの決断によって選びとる情熱と真剣さから，答えを見い出すしかないものかもしれない。

ニーチェ：神の死と超人

　生きる意味や目的を見失うニヒリズムの状況に陥ったとき，それをどのように克服すればよいのだろうか。

　ドイツの思想家ニーチェ〈1844～1900〉は，『ツァラトゥストラはこう語った』『善悪の彼岸』などを著し，キルケゴールとならぶ実存主義の先駆者とされている。

　ニーチェは，19世紀のヨーロッパはニヒリズム（nihilism 虚無主義）に陥っていると警告した。ニヒリズムのニヒルとは虚無のことであり，伝統的な価値観や権威が崩れ落ち，生きる目

標や意味が失われた状態のことである。

　ニーチェは，ニヒリズムの原因はキリスト教の道徳にあると考えた。ニーチェによれば，キリスト教の道徳は強い力をもつ支配者をねたみ，それに復讐しようとする弱者のルサンチマン（ressentiment 怨恨・うらみ）に基づく奴隷道徳である。

　そこでは，強者のたくましい自己肯定や勇敢さは否定され，弱く従順な者たちが神に救われるという信仰によって，想像の世界で強者への復讐がなしとげられる。現実の世界を生きる力のない弱者は，神への服従や禁欲の道徳によって自分の弱さを正当化し，天国という宗教的な想像へと逃避するのである。

　宗教や道徳は弱者が生き延びるために，ニヒリズムを覆い隠し，人生を偽装するためにつくられた誤謬・虚偽・幻想であり，「偽りの仮面」である。ニーチェは，今，その「偽りの仮面」がはがされ，ニヒリズムの正体があらわになったのだと説いた。

　ニーチェは「神は死んだ」と宣言し，現実の只中で，たえず過去の人間を乗り超えて，より強く，より高く成長しようとする超人としての生き方を呼びかけた。

　超人はより高貴なものへと成長しようとする権力への意志に従い，みずからが新しい価値の創造者となってニヒリズムを克服する。価値も目的もなき世界を直視し，それに，みずからが価値の創造者となって意味をあたえる「強いニヒリズム」を生き抜く，究極の主体性の持ち主が超人である。

> **超人**　「私はあなたがたに超人を教える。人間とは乗りこえられるべきものである。あなたがたは，人間を乗りこえるために，何をしたか。およそ，生あるものはこれまで，おのれを乗りこえて，より高い何ものかを創ってきた。ところがあなたがたは，この大きな潮の引き潮になろうとするのか……超人は大地の意義である。兄弟たちよ，私はあなたがたに切願する，大地に忠実なれと。あなたがたは天上の希望を説く人びとを信じてはならない。彼らこそ生命の侮蔑者，死滅しつつあり，みずから死毒を受けている者である。」（手塚富雄訳「ツァラツストラはこう語った」『世界の名著46』所収，中央公論社）

　ニーチェはこの世は意味も目的もなく，同じものが無意味に繰り返される永劫回帰の世界だと考えた。アルプスのふもとに

人物 ニーチェ

ニーチェはドイツのライプチヒ近郊のレッケンに生まれた。大学でギリシア・ローマの古典の文献研究を行い，また，人生の苦悩を説くショーペンハウエルの哲学と，ワーグナーの音楽に心酔した。30歳の頃から頭痛・眼病など体調の不良に苦しみ，大学を辞めて各地を漂泊しながら孤独な思索にふけった。「神は死んだ」と宣言したその独創的な著作は，当時の社会から理解されず，トリノの広場で精神錯乱で倒れ，55歳で世を去った。主著に『ツァラトゥストラはこう語った』『善悪の彼岸』『権力への意志』がある。

滞在していたニーチェは，森の中を散歩中に，世界は意味も終局の目的もない永遠の回帰であるという思想を思いつき，これこそ到達点も目的もないニヒリズムの極限の姿であると考えた。

無限の時間の流れの中では，有限な物質の組合せは，いつかは必ず同じ状態に再現され，無限に繰り返されるというのである。しかし，たとえ無意味で醜悪なものであろうとも，現実の人生を肯定し（運命愛），「これが人生か，さらばもう一度」というように，人生を限りなく肯定する生命力に満ちた超人の生き方に，ニーチェは本来の実存を求めた。

超人はニヒリズムを自分の運命として愛し，みずからが価値の創造者となって無意味な世界に意味をあたえ，どこまでも現実の人生を肯定し，たくましく生き抜いていく。

❷—現代の実存主義

ヤスパース：実存の交わり

私たちは心を開いて他者と語り合い，たがいに真実の自分として向き合っているだろうか。

ドイツの哲学者ヤスパース〈1883〜1969〉は，『哲学』『理性と実存』などを著し，また原子爆弾や世界平和の問題にも積極的に発言した。ヤスパースによれば，人生を深く見つめれば，誰もが死・苦悩・争い・責め（負い目）などの，限界状況の中

におかれていることが明らかになる。限界状況とは，人間の限られた力や科学技術によっては解決することのできない，人生の壁のようなものである。

　私たちは限界状況に直面して，自分が限られた力しかもたず，やがて死によって無へと消え去るものであるという，みずからの有限性を思い知らされる。ヤスパースは，人間が限界状況にぶつかって挫折し，みずからの無力さと有限性を自覚するとき，はじめて真実の自己が試され，世界をこえた永遠のものに触れることができるという。

　日常の現象の世界が破綻し，みずからの力の限界に直面するとき，はじめて世界のすべての現象をつつみ込み，根底で支えている永遠の包括者（超越者）の存在に気づく。たえず移り変わるこの現象の世界が，包括者の永遠の存在を根源としてあらわれ，それに支えられていることに気づくとき，私たちの実存もまたその永遠の存在に根ざしていることが確信される（実存開明）。限界状況の只中で，うつろう現象とともに消え去るにすぎないのか，永遠を確信する本来の実存として生きているのかが，明らかになる。ヤスパースは，「限界状況を経験することと実存することは，一つなのである」と語っている。

　永遠とは，ただ時間を無限に延ばしたものではない。永遠は，時間そのものをこえたものであり，たとえ時間の中では一瞬の愛や勇気の行為であったとしても，それが永遠の存在に根ざす真実の実存から決断されたものであったならば，それは永遠の価値をもっている。

　私たちの愛や勇気や正義などの行為は，目にみえる現象の世界においては，時間とともに消え去るが，包括者の永遠の存在に支えられているものとしては，不滅の価値をもっている。

　また，ヤスパースは自分の中に閉じこもらず，心を開いて他者と語りあい，理解しあうことによって，自己の実存を深めることができると説いた。たがいに隠しごとや，偽りをもたず，誠実に，ありのままに自分を伝えあう実存的交わりを通して，たがいの実存が明らかになる。ヤスパースは「彼が彼自身であ

人物 ヤスパース

ヤスパースはドイツのオルデンブルクに生まれた。大学で精神医学，哲学を学んだ。ナチスが政権をとると，妻がユダヤ人であったために迫害を受け，ハイデルベルク大学を辞職する。第二次世界大戦後，スイスのバーゼル大学の教授になり，原子爆弾や平和問題などに積極的に発言した。主著に『哲学』『理性と実存』『歴史の起源と目標』がある。

ろうとしなければ，私は私自身とはなりえない。他者が自由でなければ，私は自由ではありえない……われわれは，相互に承認しあうことにおいてはじめて，われわれ自身になる」と述べている。

このような自己のすべてを賭けた全人格的なコミュニケーション（交わり）は，愛や信頼で結ばれながらも，一切のあいまいさを投げ捨て，たがいに真実の自分を触れあわせる真剣な出会いである。もし，私が相手との対等なコミュニケーションを失い，支配─服従の関係に陥れば，私は相手そのものを見失って，ふたたび閉ざされた孤独な世界に転落してしまう。

交わりは相手と対等な立場で連帯しながら，それぞれが真実の自己をめざす精神的な戦いであるから，愛しながらの戦い（愛の闘争）とも呼ばれる。それは二人の実存どうしの戦いではなく，めいめいが真実の自己へと突き進み，自己を開明するための共通の戦いである。

ヤスパースの実存哲学は，自己が永遠の超越者に支えられているとする点で，キルケゴールとならんで有神論的実存主義の流れに属する。しかし，ヤスパースは現象の世界をこえる超越者は，現象としてあらわれつつも，それ自体はいかなる現象によっても形象化や固定化されず，すべての現象は超越者を暗示する暗号にすぎないと説いた。そして，特定の宗教の立場をこえ，神を形象化する誘惑をおさえて，さまざまな現象を超越者の暗号として読み解く哲学的信仰をとなえた。

ハイデッガー：死への存在

　私たちは世間に埋没し，顔を失った，誰でもない，ただの「ひと」になっていないだろうか。

　ドイツの哲学者ハイデッガー〈1889～1976〉は，若き日に，フッサール〈1859～1938〉から現象学を学んだ。現象学は，外に世界が実在するという日常の素朴な判断を，いったん「かっこ」に入れて停止し（エポケー・判断停止），純粋な意識の内面に立ち返り，そこにあらわれる現象をありのままに記述し，考察するものである。

　日常では，世界が外に実在し，人間の自我もその世界の中におかれた一つのものと信じられている。現象学はそのような素朴な見方を逆転し，外界が実在するという日常的な判断をいったん停止して意識の内面的世界に戻り，そこにあらわれるままの事実を考察する。

　ハイデッガーはその現象学の手法を使って，『存在と時間』の中で，人間の実存を鋭く分析した。人間は世界のさまざまな存在物（存在者）に取り囲まれ，それらとかかわり，交渉しながら存在している。ハイデッガーは，そのような人間のあり方を世界―内―存在と呼ぶ。それは部屋の中にイスがあるという空間的な意味ではなく，人間が世界のさまざまな存在物とかかわりながら存在しているという，人間の存在構造をあらわす。

　さらに，人間は「存在とは何か」を問いかけ，つねに存在することに関心をもつ独自のあり方をしている。ハイデッガーはそのような人間の存在の仕方を，現存在，つまり，そこで，現に存在することが明らかになる場と名づけた。

　しかし，日常生活においては，私たちは噂話や好奇心などに気を奪われ，他人と同じような話題について，他人と同じように話し，自己自身の存在を忘れている。

　日常生活では，誰もが他人と同じようであって，誰一人として自分自身ではない。このような誰でもと同じで，誰でもないような中性的な匿名の非本来的なあり方を，ハイデッガーは「ひと」（ダス＝マン das Man）と呼んだ。ダス＝マンとは，ドイ

人物 ハイデッガー

ハイデッガーはドイツの南西部の小さな町メスキルヒに生まれた。大学ではフッサールの現象学に影響を受け，またキルケゴールの思想に深い感銘をおぼえた。フライブルク大学の教授になるが，一時，ナチスの政策を支持する立場をとったため，戦後はナチス協力の理由でしばらく大学から追放された。その後は，フライブルク近郊のトートナウベルクの山荘にこもって静かに思索にふける生活を送った。主著に『存在と時間』『形而上学とは何か』『ヒューマニズムについて』『ヘルダーリンの詩の解釈』がある。

ツ語で「人」であり，英語の the man にあたる。

ところが，日常のあいまいさにひたって生きる私たちが，ふと不安に襲われることがある。不安は，自分はこの先どうなるのだろうかという，将来の可能性の未確定さから発生する気分である。ハイデッガーは，とりわけ将来の究極にある死の可能性から，不安が迫ってくると分析した。

死は「まだこない」と思っていても，いつかはわからないが，いつでも，確実に訪れる究極の可能性である。死の可能性と向きあうとき，私たちは誰ともかわることのできない，一回限りの，本来の自己の人生を生きていることに目覚める。死の可能性への不安を通して，私たちは日常生活に埋没したあいまいな「ひと」から，本来の自分自身へと連れ戻される。

人間は，みずからの死の可能性と向きあうことによって，自己固有の存在の可能性に目覚め，一回限りの人生を真剣に生きる覚悟をもつ。死の可能性から目をそらさず，自己の本来の存在に目覚めることを，ハイデッガーは死に臨む存在（死への存在）と呼び，そこに実存の本来のあり方を求めた。

死に臨む存在とは死ぬことではなく，死の可能性へと先駆けながら，今，ここで，自己の存在に目覚めつつ真剣に生き抜く態度である。それは人生を真剣に，必死に，一生懸命に生きる覚悟といえよう。

死への存在　「ひとは言う，死は確実になってきはするが，し

かし当分はまだやってきはしない、と。この『しかし……』でもって『ひと』は死の確実性を否認している……こうして世人(せじん)は、死はあらゆる瞬間に可能であることを、隠蔽(いんぺい)してしまう……死は現存在(人間存在)の最も固有な可能性なのである。この可能性へとかかわる存在(死への存在)が、現存在にその最も固有な存在しうることを開示(明らかに)する。」(原佑他訳『存在と時間』『世界の名著62』所収、中央公論社)

　後期のハイデッガーは『ヒューマニズムについて』などで、人間が存在するものを、ただ対象として扱い、資源やエネルギーの貯蔵庫として利用する、西洋の人間中心主義を批判した。現代人は存在するもの(存在者)を利用し、支配することに心を奪われ、万物が存在するという真実、世界が存在するという真理そのものを忘れる存在忘却に陥っている。
　ハイデッガーは存在の真理の明るみの中に住み、存在そのものを見守る存在の牧人(ぼくじん)、それを言葉によって語る詩人としてのあり方に、本来の実存の姿を求めた。

サルトル：定義不可能な人間
　「自分とは何か」という自己の本質をみずから定義する自由とは、どのようなものだろうか。
　フランスの哲学者サルトル〈1905～80〉は、『存在と無』『実存主義はヒューマニズムである』などを著し、また、ベトナム戦争やフランスの植民地支配などを批判し、人間の自由と抑圧の問題に積極的に発言した。
　サルトルは、「人間は自由の刑に処せられている」と述べた。人間は自由であるべく運命づけられており、どこにも自分を理由づけるものや、言い逃れの口実をもたない。
　人間は、みずからの生き方を自分自身で選ばざるを得ない自由の運命にあり、徹底的に自由であると同時に、みずからが選んだ行為に全面的に責任を負わなくてはならない。
　サルトルによれば、人間が自由であるのは、人間の実存に、「こういうものである」という定義があらかじめ決まっていないからである。ペーパーナイフには、それは書物のページを切

人物 サルトル

サルトルはパリに生まれた。パリの高等師範学校で哲学を学び，高等中学校（リセ）の教師をしながら，哲学や文学作品を発表した。第二次世界大戦では，反ナチスのレジスタンス（抵抗）運動に参加した。戦後は人びとに社会参加を呼びかけ，平和運動や民族独立運動の先頭に立った。1964年にノーベル文学賞を贈られたが辞退した。主著に『存在と無』『実存主義はヒューマニズムである』がある。

サルトル（左）とボーヴォワール（右）

るものという定義があらかじめ定まっている。しかし，人間にはそのような定義はない。私たちは人生をみずから自由に選びとることによって，自分自身が何者であるかに答えていく。

　私たちはみずからの選んだ行動によって，裏切り者にも，人びとを救う英雄にもなれる。このように人間がまず実存（存在）し，その後で可能性からみずからの行動を投企（プロジェクト）し，自分が何であるかという本質をつくりあげていくことを，サルトルは「実存は本質に先立つ」という言葉で表現した。

　人間は定義不可能である　「実存（＝人間が存在すること）が本質（＝人間が何であるか）に先立つとは，この場合何を意味するのか。それは，人間はまず先に実存し，世界の中で出会われ，世界の中に不意に姿をあらわし，そのあとで定義されるものだ，ということを意味するのである。実存主義の考える人間が定義不可能であるのは，人間は最初は何ものでもないからである。人間はあとになってはじめて人間になるのであり，人間はみずからがつくったところのものになるのである。」（伊吹武彦訳『実存主義はヒューマニズムである』人文書院）

　サルトルは「私を選ぶことによって，私は人間を選ぶのである」と語っている。私がみずからの生き方を選ぶことは，人間とは何かという一つの人間像を選ぶことであり，人間とは何かに答えて，人類のあり方を選ぶことでもある。私たちの人生の選択は，人間が何であるかという人間像を示すことを通して，まわりの人びとに影響をおよぼし，全人類に対しても責任を負

う行為である。

　自由からなされた行為が，他者の隷属を承認したり，みすごしたりして他者の自由を奪うものならば，それは自己矛盾である。サルトルは，人びとと連帯しながら自由を抑圧するものと闘い，人間にふさわしい自由な社会を築いていこうと訴え，人びとに社会参加（アンガージュマン engagement）を呼びかけた。

　アンガージュマンとは本来は拘束という意味だが，ここでは社会の中に自己を投げ入れ，社会に参加することを意味する。人間はつねに社会の一定の状況に拘束されていると同時に，その社会の状況をみずからが作り変えていく自由をもっている。

　実存の自由は，社会からの孤立や逃避ではなく，社会の状況の中に自己を投入し，その時代を熱烈に愛し，社会を変革していく積極的な実践である。

　サルトルとともに活動した哲学者・文学者のボーヴォワール〈1908〜86〉は，『第二の性』の中で，「人は女性に生まれるのではない。女性になるのだ」と述べ，「女性らしさ」は社会の文化や習慣によって人為的につくられたものだと説き，実存としての女性の自由な生き方を訴えた。

メルロ＝ポンティ：生きられた身体

　フランスの哲学者メルロ＝ポンティは，人間の実存の基盤を身体に求め，デカルト以来の伝統になっている心と身体，主体と客体を対立させる心身二元論を克服しようとした。

　身体は抽象的な物体ではなく，私たちを世界へとつなぐ媒体であり，私たちは身体によって世界の中に織り込まれている。身体はそのような媒体として，主体と客体の両方の要素（両義性）をもつ「生きられた身体」であり，同時に，世界は単なる物体ではなく，そのような身体を通して感じられ，触れられ，味わわれ，体験された「生きられた世界」である。

　メルロ＝ポンティは空からふってくる霰（あられ）について，つぎのように述べている。「〈あられ〉という語の意味は，空からすっかりできあがってふってきた，この固く，もろく，水に溶けや

人物 メルロ＝ポンティ

メルロ＝ポンティはフランスの哲学者である。高等師範学校で哲学，心理学を学び，サルトルらと『レ＝タン＝モデルヌ（現代）』誌を刊行するが，マルクス主義に接近するサルトルとの見解の相違から決別する。市民に開かれた大学のコレージュ＝ド＝フランスの教授をつとめたが，53歳で死去した。主著に『眼と精神』『知覚の現象学』がある。

すい粒々の前での私の驚きのことなのだ。それは人間的なものと非人間的なものとの一つの出会いである」。

〈あられ〉という言葉は，客観的に存在する物体にあとから貼りつけられたラベルではない。それは，身体を媒介とした生きられた世界との出会いの一つの型（スタイル）であり，その世界との出会いにおける私の新鮮な驚きをあらわすものである。

身体が〈見るもの〉としての主体であるかぎり，世界は身体を媒体としてあらわれるから，世界は「身体という生地」で仕立てられている。同時に，その身体が〈見えるもの〉として，世界の中で見たり，触れたりされる一つの客体でもあるかぎり，身体は「世界の織り目」の中に織り込まれている。〈見る〉主体であり，〈見える〉客体でもある両義的な身体を媒体として，人間は世界の中に織り込まれながら実存している。

メルロ＝ポンティは，身体を離れた「上空飛行的」な架空の視点から，世界全体を見渡す抽象的な思考を批判した。そして，身体によってありのままに生きられた世界の体験を繊細かつ柔軟に分析し，そこに私たちの真の実存を求めた。晩年のメルロ＝ポンティは，私たちは身体を媒介として〈見えない〉存在の領域に住みこんでいるから，そこから現象する〈見えるもの〉を，身体をとおして知覚することができると語った。存在することそのものは目には見えないが，その〈見えない〉存在が，私たちの身体を媒介として，〈見る主体〉と〈見られる客体〉へと裂開し，知覚を通して〈見えるもの〉としてあらわれ，〈見えるもの〉の豊穣(ほうじょう)な世界の風景をあらわすのである。

8　生命の尊重とヒューマニズムの思想

❶──生命への畏敬と非暴力

ヒューマニズムと命の流れ

　ヘルマン゠ヘッセ〈1877～1962〉の小説に,『シッダルタ』という作品がある。インドで真理を求めて流浪の旅を重ねた主人公のシッダルタが,川の渡し守になり,あるとき,過去に出会った人びと,さらにこの地上に生きた数知れぬ人びとや生きものの姿が,川に映し出されるのをみる。彼はその川に大きな命の流れをみ,自分もまたその命の流れの中にあることを悟り,微笑みをもってそれを受け入れる。その川は,大きな命の流れの象徴だったのである。

　私たちは多くの人びとの命に囲まれ,命の流れの中に生きている。この命の流れに目覚め,すべての人間の命を尊び,守ろうとする考え方をヒューマニズム (humanism 人間主義・人道主義) という。

　ヒューマニズムは国や民族をこえて,地球に生きるすべての人びとが,人間らしく平和に生きられる理想的な世界をめざす。それは,戦争・暴力・抑圧・差別・貧困・病気など,人間性を破壊するすべてのものと闘う人間愛・勇気・献身に支えられている。ここでは現代において数かずの困難と戦い,ヒューマニズムの精神を貫いた人たちの生き方を見てみよう。

ガンディー：非暴力主義

　暴力を否定する真理の力で,暴力と戦うことができるのだろうか。

　インドの民衆からマハトマ (偉大な魂) と尊敬されたガンディー〈1869～1948〉は,当時,イギリスの植民地であったインドの独立運動を指導した。彼は武力でインドを支配するイギリスに対して,非協力・不服従による抵抗を民衆に呼びかけ,

人物　ガンディー

ガンディーはインドでヒンドゥー教徒の家に生まれた。ロンドンに留学して弁護士の資格をとり，南アフリカに渡りインド商社の顧問弁護士となった。そこで人種差別を受けていたインド人の地位の向上のために，20年間にわたり活動した。その後，インドに帰国し，祖国をイギリスの植民地支配から解放するために，非暴力による抵抗運動を指導した。祖国の独立後も，ヒンドゥー教とイスラーム教の融和に尽すが，78歳のとき，熱狂的なヒンドゥー教徒の青年によって暗殺された。

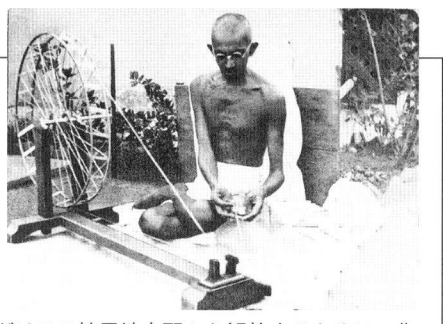

非暴力主義を貫いた。

　ガンディーは暴力という非真理は同じ暴力によっては破られず，真理の力によって克服されねばならないと考えた。その真理とは，暴力を否定し，すべての命あるものを尊び，傷つけないことである。ガンディーはインドの伝統的な教えに則って，すべての命あるものを同胞と考えて，生命を傷つけず，殺さず，争わない不殺生（アヒンサー ahimsa）を説いた。

　さらに，暴力は欲望や怒りに心が動かされるところから生まれるから，怒りや愛着などの感情によって動かされず，それらをこえて自分を純粋に保つ，自己浄化（ブラフマチャリヤー brahumacharya）の実践を説いた。愛憎から浄化された心の純粋さは，相手に伝わり，相手の心をも愛憎から解放し，純粋にして，命を尊ぶ真理を悟らせることができる。

　暴力という非真理と闘かうためには，まずみずからがこのような不殺生と自己浄化を実践して，真理を身につけること（真理の把持，サティヤーグラハ satyagraha）が必要である。真理をみずからが体現することによって，暴力をふるう相手に暴力が非真理であることを悟らせ，攻撃の矛先を鈍らせるのである。

　ガンディーは演説の際に五本の指を開いて，五つのことを人びとに呼びかけた。それはカースト制度の最底辺の身分におかれた人びとの解放，紡ぎ車（チャルカ）を回してみずから綿製

品をつくること(経済的自立の象徴),酒とアヘンの禁止,ヒンドゥー教とイスラーム教の宗教の融和,差別を受けている女性の平等を意味する。そして,最後に五本の指を固めてこぶしを握って体に押しあて,五つの実践が非暴力を通してインドを解放すると訴えた。

このようにヒューマニズムの思想のもとで,非暴力の闘いによって,ガンディーはインドの独立運動を推し進めて成功へと導いた。

シュヴァイツァー:生命への畏敬

地球に生きるあらゆる生きものがもつ,生命の神秘と重さを見つめてみよう。

神学と音楽を学んでいたシュヴァイツァー〈1875～1965〉は,学生であった21歳のときに,幸福に恵まれた人はその幸福を当然のこととして受け取ってはならず,不幸な人を救う責務をもっていると考えた。そして,次のような決意をした。「私は30歳までは学問と芸術とに生きることを許されたと考えよう。そうして,それから後は人類への直接の奉仕に身をささげよう」。

彼はこの決意に従って,30歳になると医学部に入学し直して医師の資格をとり,37歳のときにアフリカに渡って病院を開き,現地の人びとへの医療活動に生涯をささげた。

ある夕暮れ,シュヴァイツァーが診療のため,川を小さな船でさかのぼっていると,カバの親子の群れに出会った。そのとき,彼に生命への畏敬(いけい)という考えが浮かんだ。人間はみずからが生きようとする生命であるとともに,自然の中の無数の生きようとする生命に囲まれている。倫理は「私は生きようとする生命に取り囲まれた,生きようとする意志である」という事実から出発する。

シュヴァイツァーはすべての命あるものたちの生きようとする意志を尊重し,命を畏(おそ)れ敬(うやま)う生命への畏敬こそが,倫理や道徳の根本であると考えた。命を維持し促進するものは善であり,命を破壊し阻害するものは悪である。命の価値を自覚している,

人物 シュヴァイツァー

シュヴァイツァーはフランスのアルザス地方に生まれた。大学で音楽と神学を学ぶが，21歳のときに将来は人間に奉仕する道を歩む決心をし，30歳で医学部に入り直し，37歳のときに医師としてアフリカの赤道直下のガボンに渡った。ランバレネに診療所を建て，現地の人びとへの医療活動に尽した。1952年にノーベル平和賞を受け，そのときラジオ放送で核兵器の禁止を世界に呼びかけた。主著に『文化と倫理』『水と原生林のはざまで』がある。

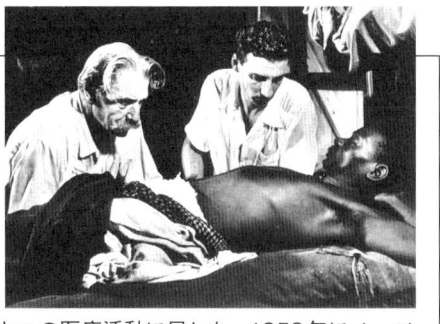

　おそらく唯一の存在である人間は，命を守る責任をもっている。倫理や道徳は，生きとし生けるものに無限に拡大された，生命への責任のあらわれなのである。

　　生命への畏敬　「倫理は，私がすべての生きんとする意志に，自己の生に対するのと同様な生への畏敬をもたらそうとする内的な要求を体験することにある。これによって，道徳の根本原理は与えられたのである。すなわち生を維持し促進するものは善であり，生を破壊し生を阻害するものは悪である……人間は，助けうるすべての生命を助けたいという内的要求にしたがい，なんらかの生命あるものならば害を加えることを恐れるというときにのみ，真に倫理的である……倫理とは，すべての生きとし生けるものへの，無辺際に（はてしなく）拡大された責任である……倫理には，生きんとする意志のあらゆる状態，あらゆる努力を共に体験し，その快楽も，その十分に生きたいというあこがれも，その完成への欲求も共に体験しようとすることが属する。」（水上英廣訳『文化と倫理』白水社）

キング牧師：私には夢がある

　人間が人間を差別するゆがんだ社会に，私たちは「ノー」をいう勇気をもっているだろうか。

　アメリカ合衆国で黒人解放運動を指導したキング牧師〈1929〜68〉は，若い頃，ガンディーの非暴力主義を知って共鳴した。彼は黒人差別に対する非暴力の抗議を行って，人びとの心に訴えた。1955年に牧師として赴任したモンゴメリー市で，バスの座席で黒人が差別されていることに抗議して，市内のすべて

の黒人に呼びかけて、バスに乗ることを拒否するバス＝ボイコット運動を行った。

キング牧師は、すべての人間は兄弟であるという博愛の精神に基づき、人種の差別をこえて、平等な公民権を求める公民権運動を指導した。1963年に20万人が参加したワシントンの行進で、彼は人びとがみな自由に、平等に生きられる社会の実現を呼びかけ、「私には夢がある」という感動的なスピーチを行った。

「私には夢がある。それは、いつの日かジョージアの赤土の丘の上で、かつての奴隷の息子と、かつての奴隷所有者の息子が、兄弟として同じテーブルに腰をおろすことだ……私には夢がある。それは、いつの日か、私の四人の小さな子どもたちが、肌の色によってではなく、人格そのものによって、評価される国に生きられるようになることだ。」と、彼は語った。

このような声にアメリカの社会は動かされ、その翌年に公民権法が制定された。これによって、黒人に対して大はばな投票権が認められ、公共施設の利用や雇用における人種差別の禁止が定められ、人種隔離政策の撤廃のための告訴権などが承認された。

❷―社会参加とボランティア

ボランティア活動

市民や学生によるボランティア活動は、福祉・教育・災害・環境問題・国際支援などのさまざまな分野で盛んになっている。ボランティアとは、もともと自分の意志によって、自発的になされる行動という意味である。ボランティアには自分の意志に基づく自発性、人びとと連帯して社会に奉仕する公共性、見返りを要求しない無償性などの要素がある。

そこには小さな「私だけの幸せ」で満足するのではなく、みんなで力を合わせて、大きな「私たちの幸せ」を創造し、それを分かちあうことによって、一人ひとりが共により豊かに生き

> ### 人物 キング牧師
>
> キング牧師はアメリカ合衆国に生まれた。神学校時代に，ガンディーの非暴力主義に影響を受け，黒人への人種差別に反対して，非暴力による抵抗運動を呼びかけた。1955年にアラバマ州モンゴメリー市で黒人差別に抗議してバス＝ボイコット運動を展開し，64年には公民権法を成立させ，ノーベル平和賞を受けた。39歳のとき，メンフィスで演説中に暗殺された。

ようとする人間らしい発想がある。このように，人びとと幸せを分かちあう生き方について考えてみよう。

アンネ＝フランク：あたえること

アンネ＝フランク〈1929〜45〉は第二次世界大戦のとき，ナチス＝ドイツによるユダヤ人の迫害を逃れて，オランダで家族とともに屋根裏部屋に隠れ住んだ。当時の大人たちが，戦争によって領土や支配権を奪いあっていた中で，彼女は人間はたがいに幸せを分かちあい，助けあうことによって豊かになれるという，強い信念をいだき続けた。

彼女は『あたえること』というエッセーで，次のように書いている。「分かちあうことによって，私たちはより豊かになるのです……もし，私たちみんながそのことに気づいたなら，誰に対しても親切にしてあげようと思いたったなら……その瞬間から，私たちの世界は，ゆっくりですが，少しずつ変わりはじめるのです」。人間があたえあい，分かちあうものは，金銭やものとは限らない。「あたえてください，あなたのできうるかぎり。私は物質だけをいっているのではないのです。優しさです。励ましです。小さな親切です。その気になれば，みなさんはいつでも，何かをあたえることができるはずです」と彼女は書き記している。

すべての人が幸福を分かちあう世界を信じたアンネ＝フランクは，ナチスの強制収容所で16歳に満たない生涯を閉じたが，

ケーキをあたえた少女：アンネ＝フランクの童話『リタ』

アンネ＝フランクが残した童話に，『リタ』という少女の物語がある。リタと友人の二人は，フルーツパイを手にもって街を歩いていた。街角にあるパン屋の前をとおると，小さな女の子がショーウィンドウの中に飾られたパンやケーキを，うらやましそうにのぞいている。リタはその少女に，「このフルーツパイをあげましょうか」と声をかけた。リタの友人は，「あなたの分がなくなるから，やめなさい」というが，リタはその少女にパイを渡した。

少女はおいしそうに一口食べると，今度は，そばでこのようすをみていたアンネに，「あなたも，食べない？」といって，残りを差し出した。アンネはにっこり笑って受け取り，心の中にあたたかいものを感じた。最後にアンネは，「このフルーツパイで一番いい思いをしたのは，いったい誰だと思いますか？ リタの友だち，私，それとも小さな女の子でしょうか？ 私はリタだと思うのです」と書いている。

この童話で，パイを全部あげたリタが一番いい思いをしたと，アンネは書いている。一つのパイは，人びとに分かちあわれることによって，心の優しさとなって人から人へと伝わっていく。少女にパイをプレゼントしたリタが，一番大きな心の幸せを得たのである。アンネは「分かちあうことによって，私たちはすべて，より豊かになるのです」と書いている。

人はいつも愛や，励ましや，慰めの言葉をあたえあうことができる。人間のエゴイズムがむき出しになり，奪いあい，殺しあう戦争のさなかで，アンネは人は分かちあうことによって，より豊かになるという信念をいだいていた。

私たちはパイを奪いあって，たがいに憎しみ，妬（ねた）み，傷つけあうおろかな行為を繰り返していないだろうか。16年に満たない短い人生の中で，アンネ＝フランクが残した日記や童話は，私たちに幸福とは何か，人生の豊かさとは何かを，改めて考えさせてくれる。

日記を書き始めた頃のアンネ（13歳）

彼女の残した日記やエッセーは，戦後，多くの人びとに感動をあたえ，読み継がれている。

人物 マザー＝テレサ

マザー＝テレサは現在のマケドニアに生まれた。18歳のときにアイルランドのカトリック系の修道院に入り、インドに派遣されて高校で教育に尽した。やがて、もっとも貧しい人びとを救うことこそ自己の使命と考え、コルカタのスラム街で、孤児や病人、貧しい人びととの救済活動にあたる。1979年にノーベル平和賞を受けた。

マザー＝テレサ：貧しい人への愛

　私たちは身近な生活の場で、人びとへの愛と善意を実践しているだろうか。

　マザー＝テレサ〈1910～97〉は、キリスト教の修道女としてインドに派遣され、やがて、スラム街に「孤児の家」、末期を迎えた人のために「死をまつ人の家」、ハンセン病患者のための「平和の家」などをつくり、孤児や病人を救済した。

　マザー＝テレサはつねに微笑みをもって明るく振舞い、苦しむ人びとに手をさしのべた。彼女は「今日（こんにち）のもっとも重い病気は、レプラ（ハンセン病）でも結核でもなく、人から愛されていない、誰からも見捨てられていると感じることなのです」と語っている。私たちの罪は、そのような弱り果て、見捨てられた人びとを目にしながら、無関心でいることである。

　マザー＝テレサの奉仕活動には、あふれるような豊かな愛と、限りない人間の善意がある。ボランティアはこのような愛と善意からおのずと生まれる、自然な人間らしい生き方といえよう。

❸—人類に開かれた倫理

戦争と人類の共存

　人類は、過去の歴史で数知れない戦争を繰り返してきた。戦争は理由が何であれ、何万人、何十万人という単位で、人と人が殺しあう、歴史の中で最悪の出来事である。私たちはこのような過去を振り返りながら、未来に向かって、人類が平和に共

存する歴史を作っていかなくてはならない。

　人類が共存するためには，私たちはそれぞれの民族や宗教を尊重する寛容の精神をもつとともに，それらの違いをこえて，地球に住む人類の一員としての自覚をもち，地球に生きる人類の視点から，ものごとを考える必要がある。

　古代にあらわれた人類の教師ともいえるソクラテス・ブッダ・孔子・イエスたちは，そのような普遍的な視点から，人間の生き方を説いた。ここでは，現代において人類に開かれた倫理を説いた人びとを見てみよう。

ベルクソン：開かれた魂

　私たちの心は，閉ざされた魂から，人類に開かれた魂へと進化しているだろうか。

　フランスの哲学者ベルクソン〈1859〜1941〉は，進化論を背景にして，宇宙に生まれた創造的な生命の流れの中に人間を位置づけた。ベルクソンによれば，宇宙に発生し，進化しながら展開する生命の躍進力こそが，真の実在である。その生命の躍進力がゆるむと固定した物質となり，高まると生命や意識の生き生きとした活動になる。

　宇宙の中でたえず創造的な活動を続ける生命の流れは，生の躍動（エラン＝ヴィタール elan vital）と呼ばれる。人類も，この生命の流れの中に生まれ，その流れとともに進化しているのである。

　ベルクソンは，人間の社会を閉じた社会と開いた社会に分けた。閉じた社会とは，よそものの集団を敵視して排除する，動物的な防衛本能に基づいた閉鎖的な社会である。これに対して，開いた社会は，民族や国籍をこえて，人類を同胞として受け入れる開かれた魂の持ち主からなる，普遍的な人類愛に満ちた社会である。

　ベルクソンによれば，血縁や地縁や民族などの狭い枠をこえ，すべての人への普遍的な愛を呼びかけたイエスのような人物が倫理的な模範となり，人びとがそれを模倣することによって，

人物 ベルクソン

　ベルクソンはパリに生まれた。高等師範学校で学び，高等中学校（リセ）で哲学と文学を教えた。やがてコレージュ＝ド＝フランスの教授となる。コレージュ＝ド＝フランスは1530年に創設され，自由に選ばれたテーマで行われる講義を，市民が自由に聴講できる開かれた大学である。ベルクソンの生命の哲学は人びとをひきつけ，話題となった。晩年はリウマチになり，手足の不自由に苦しみながらも，最後の主著『道徳と宗教の二源泉』を書きあげ，81歳で死去した。主著に『創造的進化』『道徳と宗教の二源泉』がある。

人物 宮沢賢治

　宮沢賢治は岩手県の花巻に生まれた。少年時代は植物や鉱物の採集に熱中し，法華経を読んで感激し，生涯の信仰とする。盛岡高等農林学校で学び，やがて農学校の教師となるが，農業の指導に専念するために学校を辞職した。31歳のときに「羅須地人協会」を設立し，農村を巡回しながら農業の指導を熱心に行った。また，銀河系に広がる生命の世界をテーマに，多くの童話や詩をつくった。しかし，疲労が重なって体調を壊し，38歳で肺炎で死去した。主著に『銀河鉄道の夜』，詩集『春と修羅』がある。

人類は閉ざされた魂から開かれた魂へと進化していく。

　みずからのうちに生命の躍動を直感し，その創造と愛の働きと一体となって生きる愛の躍動（エラン＝ダムール elan d'amour）を通して，人間は人類社会に開かれた魂の持ち主へと進化していくのである。

宮沢賢治：銀河系に生きる

　人も，動物も，植物も，みんなともに生きている銀河系の命の世界に目を向けてみよう。
　宮沢賢治〈1896 ～ 1933〉は，岩手県の農村をめぐって農業の指導にあたるかたわら，多くの詩や童話を書き残した。彼は大

乗仏教への信仰をもとに，人も，動物も，植物も，すべての命あるものは，宇宙に広がる大いなる仏の永遠の命の中で，一つにつながっていると考えた。

　仏教的な世界観においては，すべての命は業(ごう)の積み重なりが織りなす因縁(いんねん)によって関係しあい，結びついている。過去・現在・未来にわたって，命の群れは因縁によって結びつき，連なっている。その大きな命のつながりは，時間的には永遠にわたり，空間的には宇宙いっぱいに広がっている。賢治はそのような大きな永遠の命の世界を，『銀河鉄道の夜』で幻想的に描いている。

　このような生命観のもとに，宮沢賢治は銀河系のすべての命あるものを同胞と考え，世界全体の幸福をめざす道を歩もうとした。彼は「まずもろともにかがやく宇宙の微塵(みじん)となりて，無方の空にちらばらう」と呼びかける。一人一人がみずからの持ち場でなすささやかな仕事が，業の織りなす網によって過去から未来へとつながり，世界の幸福を生み出すのである。彼の作品には人間のみならず，動物や植物など，すべて命あるものを同胞と考え，その生きる喜びに共感する人と自然の共生の倫理がある。

　そして，「雨にもまけず，風にもまけず……東に病気の子どもあれば，行って看病してやり，西に疲れた母あれば，行ってその稲の束を負い，南に死にそうな人あれば，行ってこわがらなくてもいいといい，北にけんかや訴訟があれば，つまらないからやめろといい……」という詩からは，人びとのために貢献しようとする，賢治の命の共生の倫理を読みとることができる。

世界ぜんたいの幸福　「世界がぜんたい幸福にならないうちは，個人の幸福はありえない／自我の意識は，個人から集団，社会，宇宙と次第に進化する／この方向は，古い聖者の踏みたまえ，教えたまえた道ではないか／新たな時代は，世界が一つの意識になり生物となる方向にある／正しく強く生きることは，銀河系を自らの中に意識して，これに応じていくことである／われらは世界のまことの幸福を索(たず)ねよう，求道(ぐどう)すでに道である……まずもろともにかがやく宇宙の微塵(びじん)となりて，無方(むほう)の空にちらばらう……」(『農民芸術概論要綱』)

「想像してごらん」：ジョン゠レノン『イマジン』

想像してごらん，天国なんかないって
ことを Imagine there's no heaven
やってみれば簡単なことさ
It's easy if you try
下には地獄はないし
No hell below us
上には空が広がるだけ
Above us only sky
想像してごらん，みんなが
Imagine all the people
今日を生きていることを……
Living for today……

想像してごらん，国境なんかないって
ことを Imagine there's no countries
むずかしくはないさ
It isn't hard to do
殺しあいなんてしなくていい
Nothing to kill or die for
宗教もない
And no religion too
想像してごらん，みんなが
Imagine all the people
平和に暮らしていることを……
Living life in peace……
夢追い人だって，君はいうかもしれない
You may say I'm a dreamer
でもそう願っているのは，僕だけじゃ
ないさ But I'm not the only one
いつの日か，君も仲間になってほしい
I hope someday you'll join us

そうすれば，世界は一つになれるんだ
And the world will be as one

ジョン゠レノンは1960年代に活躍したロック゠グループのビートルズのメンバーとして音楽活動を行った。
『イマジン』は，その解散後につくられた歌である。社会問題にも関心をもっていたレノンは，国境も戦争もない平和な世界を想像してごらんと語る。
歌は一見，現実離れした無力な，「dreamer」のなすことにみえるかもしれない。しかし，一つになった平和な世界を一人ひとりが心の中で「imagine」することが，現実を少しずつ変えていく力になるとレノンは歌っている。
人の心から生まれる戦争は，人の心を変えることによって克服できる，人の心が想像する平和は人の心の力によって実現できると，レノンは伝えたかったのだろう。

ジョン゠レノン

9　新しい知性と現代への批判

❶——近代の理性への批判

理性万能主義への批判

　近代の合理的な思想は、不合理・迷信・偏見・野蛮といった前近代的な要素を克服し、自由で豊かな民主社会の実現をめざした。人びとは理性が発達して、科学技術が進歩すれば、あらゆる問題が解決し、人類の幸福が実現すると信じた。

　ところが20世紀に入ると、人類はあいつぐ二度の世界大戦の悲劇、ファシズムの台頭、原子爆弾の投下といった悲惨な体験をした。さらには地球環境の汚染、資源の枯渇、民族紛争、テロリズム、コンピュータによる犯罪や非人間的な管理社会など、人類の将来をおびやかす新たな問題が起こった。

　また、近代の西欧中心の思想に対して、アジアやアフリカの伝統に根づいた思想が自己主張をし始めた。イスラーム諸国が国際社会に登場してきたとき、イスラーム教に基づく非西洋的な文明と、ヨーロッパ文明との衝突は避けられないという文明の衝突が論じられたこともあった。しかし、現代の世界は西欧の文明が必ずしも人類の文明の基準なのではなく、多様な文明や思想が共存する多元的な世界である。

　このような人類にとっての新しい状況の中で、理性万能主義、西欧中心主義の思想への批判が起こり、今までの理性のあり方を吟味しながら、未来にふさわしい新しい知性を探究しようとする人びとがあらわれた。

フランクフルト学派：道具的理性への批判

　理性をもつ人間が、なぜ戦争や虐殺などの非人間的行為を引き起こすのだろうか。

　ホルクハイマー〈1895～1973〉・アドルノ〈1903～69〉・マルクーゼ〈1898～1979〉・フロム〈1900～80〉らのフランクフル

ト学派は，理性によって進歩したはずの文明社会に，ファシズムやナチスによるユダヤ人の虐殺のような「あらたな野蛮」が，なぜ出現したのかという問題に取り組んだ。

理性は，もともと人間がめざす目的や価値について問う主体的な精神であったはずである。フランクフルト学派は，本来の理性は現実がめざすべき目的や価値について思索し，現実をこえる理念の立場から，現実の矛盾点や問題点を明らかにし，それを克服しようとする批判的理性であるべきだと説いた。

しかし，理性はいつのまにか現実を無批判に受け入れ，ただ現実に適応して，人間の自己保存をはかる手段になりさがってしまった。現実社会の目的や価値について考察することを忘れ，科学技術に奉仕する単なる道具になってしまった理性を，フランクフルト学派は道具的理性と呼んだ。

道具的理性は行為の目的や価値については問わず，ただあたえられた目的をもっとも効率的に実現するための手段や方法を考え，計算する道具である。それは，ファシズムの大量虐殺にさえ奉仕する手段にもなる。

また，効率性を追究するあまり，人間を道具のように扱う非人間的な管理社会においては，社会を支配する強い権力に服従し，弱いものをいじめ，排斥しようとする権威主義的パーソナリティをもつ人間があらわれる。

私たちは，現代社会の巧妙に仕組まれた管理や抑圧のメカニズムを読みとり，社会のめざすべき理念の立場から，現実を批判する批判的精神をもち続けることが必要である。

ハーバマス：理想的なコミュニケーションの状況

社会のルールを形成する人びとの合意を生み出す，理想的な話合いの条件とは何だろうか。

フランクフルト学派の第二世代に属するハーバマス〈1929〜　〉は，人びとのコミュニケーションに基づく新しい社会の理論をとなえた。現代の巨大な行政組織や資本主義経済などのシステムの中では，権力や貨幣などの制御メディアが，人びと

の行動を自動的にあやつり、支配している。

　ハーバマスはこれをシステム合理性と呼び、市民のコミュニケーションから生まれる本来の公共社会は、今や権力と貨幣が支配するシステム合理性によって侵食されていると警告した（生活世界の植民地化）。

　ハーバマスは、市民の対話に基づく支配のない社会においては、すべての人が対等な立場で自由に議論し、たがいに理解しあい、合意をつくり出す対話的理性に基づくべきだと説いた。社会の枠組みをなすルールは、外から強制されるのではなく、社会のすべての参加者が十分に議論することによって生み出される自発的な合意によって、内側から形成されなければならない。

　ハーバマスは『コミュニケーション行為の理論』の中で、人びとの行為を導くルールについての合意を生み出す前提として、理想的なコミュニケーションの状況をあげている。理想的なコミュニケーションの条件は、討議に参加する人びとが同等の権利をもち、いかなる外部からの制約も受けず、自由に発言する機会を均等にあたえられ、聞くことと話すことが対称的に行われて、十分に時間をかけて議論されることである。

　支配のない社会では、つねに理想的なコミュニケーションの状況を想定して、すべての人に受け入れられる社会のルールが討議されなければならない。対話的理性に基づいて十分に議論し、たがいの行為を調整するルールをつくることは、コミュニケーション的合理性と呼ばれる。

　ハーバマスによれば、欧米社会やアジア・アフリカの社会など、多様な文化や伝統が共存する現代の多元的な社会においては、社会のルールの妥当性を、外部から一定の基準で論じることはできない。それぞれのルールは、それが社会の内部で形成されるコミュニケーションの手続きの合理性によってのみ正当化される。社会のルールの妥当性についての判断基準は、その内容にあるのではなく、そのルールをもたらした合意が形成されるコミュニケーションの合理性にある。

人物 ハーバマス

ハーバマスはフランクフルト学派の第二世代に属するドイツの哲学者である。デュッセルドルフに生まれ、少年時代をナチスの政権下ですごす。戦後はボン大学で学び、フランクフルト大学の社会研究所に入り、大学の教授をつとめ、政治や歴史の問題に積極的に発言した。主著に『理論と実践』『コミュニケーション的行為の理論』がある。

　対話に基づくコミュニケーション的合理性によって生み出されたルールならば、たとえ他の社会のルールと異なっていても、その社会の構成員にとっては受け入れられる。ハーバマスは、対話を通して生まれるコミュニケーション的合理性をそなえた合意こそ、人びとを統合する社会の公共性をつくる基礎であると主張した。

❷——構造主義と近代社会への批判

フーコー：理性と狂気

　理性と狂気の違いは、誰が、何を基準に判断するのだろうか。
　フランスの哲学者フーコー〈1926～84〉は構造主義の立場から、人間の行為が社会の構造によって抑圧されてきたことを明らかにした。構造主義は人間の行為の意味を、それを意味づける社会の全体的な枠組み（構造）から読みとろうとする。
　フーコーは、歴史に残されたさまざまな資料（アルシーヴ）から、近代人の知の体系を読み取る知の考古学を唱えた。そして、人間の知性を支配する言語活動の全体を、言説（ディスクール）と呼んだ。言葉はその時代を支配する権力と結びつき、権力が生み出す抑圧や差別を内に含んでいる。人びとは言葉をとおして、無意識のうちにそのような抑圧や差別に取り込まれているとする。
　フーコーは近代社会の生み出した知性には、人間を支配する規律の権力が潜んでいると主張し、近代批判を行った。近代社

会は学校・軍隊・工場・裁判所・監獄をつくり，人びとをたえず監視して規律を教え込むことによって，彼らの考え方を型にはめ，規格化し，社会の権力に自発的に服従するタイプにつくり変えてきた。近代の知性には，人間を無意識のうちに拘束し，支配する規律の権力の構造が潜んでいる。

　フーコーは『狂気の歴史』や『性の歴史』の中で，精神病や性の領域を取り上げ，人間の精神や性が，いかに近代の権力が生み出す規律の制御の対象になってきたかを分析した。性は国家の管理の対象になり，婚姻制度のもとに労働人口を増やす生殖に結びつく性愛のみが正常なあり方とされた。また，理性がみずからを正常なものと主張するために，合理性という規律をつくり，そこからはずれたものは狂気と呼ばれて社会から排除された。

　一定の時代や社会を支配する理性には権力がともない，みずからの枠からはずれたものを狂気として抑圧する。しかし，理性と狂気，正常なものと異常なものとを，はたして誰が正当に区別できるのだろうか。狂気がみずから理性と名乗り，その他のものを狂気と決めつけることがないだろうか。

　フーコーの近代批判は，近代的な知性を常識とする現代人に大きな疑問を投げかけた。フーコーは，知らないうちに自己の内面の意識を拘束する社会の規律を明らかにし，そこから自己を解放して，自由に思考する主体としての本来の自己を取り戻すべきだと呼びかけた。

レヴィ＝ストロース：野生の思考

　文明社会が未開社会より優れているというのは，偏見ではないだろうか。

　フランスの文化人類学者レヴィ＝ストロース〈1908〜2009〉は，構造主義の考え方を神話や未開社会の研究にあてはめ，人間の行為は本人の意識を超えて，社会全体の構造が規定していることを解明した。彼は未開社会の人びとの婚姻制度や，部族を象徴する動植物（トーテム）のもつ意味を，部族の社会全体

人物 フーコー

　フーコーはフランスの哲学者である。高等師範学校で心理学，精神病理学を学んだ。構造主義の立場から，近代社会を支配する知の構造を分析した著作を発表した。晩年はコレージュ＝ド＝フランスの教授をつとめたが，57歳でエイズが原因で死去した。主著に『狂気の歴史』『言葉と物』『監獄の誕生』『性の歴史』がある。

人物 レヴィ＝ストロース

　レヴィ＝ストロースは，フランスの文化人類学者である。アマゾン川流域の部族を調査して，未開社会の結婚や親族の制度を解明し，また神話を研究して，未開社会にも文明社会と共通の一般的な文化の構造があることを明らかにした。そして，構造主義に基づく文化人類学を確立した。主著に『親族の構造』『悲しき熱帯』『野生の思考』がある。

の構造から読み解こうとした。これは，自由な意思に基づいて行動する個人という，近代の人間像への批判でもあった。

　レヴィ＝ストロースは『野生の思考』の中で，未開社会の人びとの「野生の思考」は，動物，植物，昆虫などの直接的な対象を使いながらも，一定の規則に基づいた厳密な思考であり，数字や観念を使う抽象的で科学的な「文明の思考」に対して，けっして劣るものではないと主張した。

　未開社会の人びとは，「野生の思考」の厳密な論理に従って世界を分類し，秩序づけ，体系化しており，それは世界を一つの秩序として理解しようという，彼らの知的な探究心のあらわれである。

　レヴィ＝ストロースは，未開社会を野蛮と決めつける偏見に満ちたヨーロッパ中心の文化観を批判し，人間の文化は「未開」から「文明」へと進歩するという近代の常識をくつがえし，それぞれの文化に固有の価値を認める文化相対主義を説いた。

　また，レヴィ＝ストロースは『悲しき熱帯』の中で，アマゾ

ン川流域の部族の生活を観察している。アマゾンの先住民は首長を部族のメンバーの同意によって公平に選び，森の中で自然と調和して暮らし，精神的・宗教的に洗練された生活を送っていた。

　このような考察は，核兵器の開発や地球環境の破壊に苦悩する現代人の文化に反省をうながすものといえよう。

❸—全体主義と大量虐殺への批判

レヴィナス：他者の「顔」との出会い

　私たちは苦悩する他者の救いを求める声なき呼びかけに，誠実に応えているだろうか。

　ユダヤ人の哲学者レヴィナス〈1906〜95〉は，第二次世界大戦中に家族をナチスによって虐殺され，みずからも捕虜になった。この悲痛な体験をもとに，彼は『全体性と無限』の中で，虐殺や破壊の只中で，いかに人間性を取り戻すかについて思索した。

　レヴィナスは存在するということを無意味で，不気味な重みであるととらえた。そして，何かがあるということさえ見失われ，あれも，これも，すべてが消え去っても，なお闇と沈黙の廃墟のように存在し続ける状態を，イリア（il y a, フランス語で「ある」という非人称の表現）と呼んだ。そこでは，私という主体性さえも見失われ，ただ「ある」でしかない恐怖の闇が重々しくのしかかる。

　このような私の存在さえ消滅し，何もみえない夜の闇のような，ただ「ある」ことの苦痛の中で，私は他者に出会う。他者は私とは絶対に異なったものとして，けっして私の理解のうちには解消し切れない独自の「顔（ヴィザージュ）」をもつ。

　レヴィナスの語る「顔」とは，視覚でとらえた対象としての他者の顔ではない。それは，けっして私の意識の対象とはならない，私とは次元の異なる存在としての他者そのものを象徴する。私の意識の対象となるものは，自己に内在する世界の一つ

人物 レヴィナス

レヴィナスはフランスのユダヤ人の哲学者である。リトアニアで生まれ,ストラスブール大学やハイデッガーのいるフライブルク大学で学んだ。第二次世界大戦で,家族をナチスの強制収容所で失った。戦後はフランスの大学で哲学を教え,ユダヤ教の経典であるタルムードの研究と講話を行った。主著に『全体性と無限』『存在の彼方へ』がある。

の要素にすぎないが,他者としての他者は,私の意識の中には還元されず,私の意識を無限にこえたものとして,私に迫ってくる。ふだん,私はみずからの存在を享受し,楽しみ,味わいながら,自分の内在の世界の中で生きている。他者はこのような私を中心とした全体性の世界を突き破って,外から,まったく異なる次元のものとして私に迫ってくる。

他者の「顔」は,苦痛・悲惨・死の恐怖の中から「汝殺すなかれ」と命令し,私に救いの手をさしのべるように求める。もし,私が「殺すなかれ」という命令を無視し,暴力によって他者を支配しようと思うならば,それは他者の抹殺によって挫折する。そこには,私の対象となった物としての他者の肉体が残されるだけである。他者そのものは私の世界の外へと逃れ,私は永久に他者に触れることはできない。

私が他者に出会うことができるのは,「殺すなかれ」という他者の呼びかけに応えることによってである。私は他者の呼びかけに対して無関心ではいられず,その呼びかけに応え,他者の苦痛や悲惨に対して無限の責任を負うことによって,倫理的な主体としての自己を見い出す。他者との絆を保つことによってのみ,私は孤独なイリアの無名の闇から抜け出し,他者とともに主体として生きる,光明に満ちた倫理的な世界への出口を見い出すのである。

ハンナ゠アーレント:全体主義の起源

第二次世界大戦で侵略と虐殺を行った全体主義に,なぜ多く

の人びとが加わったのだろうか。

　政治学者・哲学者のハンナ＝アーレント〈1906〜75〉は，第二次世界大戦中，ユダヤ人の同胞がナチスの強制収容所で人としての権利を奪われ，虐殺される悲劇を目のあたりにした。彼女は『全体主義の起源』の中で，なぜ全体主義がそのような非人間的な残虐行為を，組織的に行い得たのかを追究した。

　全体主義は，自民族の優越をとなえる空想的な人種差別主義の宣伝によって，社会の中で孤立した大衆を熱狂にまき込んだ。ハンナ＝アーレントによれば，共通の地域に住み，文化や伝統を共有する人びとからなる近代の国民国家が崩壊した後に，所属意識をもたず，アトム化した大衆が生み出され，それが全体主義の受け皿になった。いかなる社会集団にも属さず，集団の利益に自己を同一化できない孤立した大衆は，みずからに所属感をあたえてくれる空想的な人種的イデオロギーにひかれていった。

　他者と共有する世界に生きることから生まれる現実感覚を失った孤独な大衆は，人種的イデオロギーの虚構の世界にたやすく吸い寄せられる。そして，超人的な力の持ち主とされる指導者に服従することによって，その指導者と自己を同一視して全能感にひたり，みずからの無力感から逃避する。

　アーレントは，全体主義はこのような空想的な人種的イデオロギーと，上からの命令であれば，何でも効率的に実行する非人間的な官僚組織によって，大量の虐殺を組織的に遂行したと分析した。

　このような全体主義への批判の上に，アーレントは『人間の条件』の中で，人間にふさわしい自由な社会のあり方について検討した。

　人間の行為は，生命を維持するために食物を手に入れる「労働」，自然を加工してものを生産し，文化的な世界を築く「仕事」，公共的な場において，社会について自由な議論を行う「活動」に分かれる。アーレントは「労働」や「仕事」などの利益に縛られた私的な世界を抜け出し，古代ギリシアのポリスをモデ

人物 ハンナ＝アーレント

ハンナ＝アーレントは，ドイツ出身のアメリカ合衆国の政治学者である。ユダヤ人家庭に生まれ，大学で哲学を学んだ。反ナチスのユダヤ人の運動に加わるが，ナチスの迫害を逃れてアメリカに亡命した。『全体主義の起源』を著して，大衆が全体主義に取り込まれた原因を分析した。主著に『全体主義の起源』『人間の条件』がある。

人物 ウィトゲンシュタイン

ウィトゲンシュタインは，オーストリア生まれのイギリスの哲学者である。ベルリンの工科大学で航空工学を専攻したが，ケンブリッジ大学でラッセルから論理学を学んだ。一時，すべての問題は解決されたと信じ哲学から離れたが，ふたたびケンブリッジ大学に戻って，日常言語について研究を行った。主著に『論理哲学論考』『哲学探究』がある。

ルに，公共的な政治の場で，言葉をとおして人びとが対等に語り合い，議論し，ともに行動する「活動」（アクション）こそ，人間にふさわしい自由な行為であると説き，そこに自由な社会の理想像を求めた。

❹─新しい思索の試み

ウィトゲンシュタイン：言葉についての哲学

人間は言葉によってものごとを考える。その思索の足場である言語について思索したのが，イギリスの分析哲学であり，その一人がウィトゲンシュタイン〈1889〜1951〉である。

彼によれば，言語は世界を写し出すものであり（写像理論），さまざまな事実と，それを写し出す言語とのあいだには，一対一の対応関係が成り立っている。したがって，神や道徳など事実と対応しないものについては，言葉でいいあらわすことはできない。今までの哲学は，言葉によっては語ることが不可能な

181

神や道徳について語ろうとする矛盾を犯してきたのである。

ウィトゲンシュタインは「語りえないものについては，沈黙せねばならない」と述べ，事象をこえた形而上のものごとについては，沈黙を守るべきであると説いた。

しかし，晩年のウィトゲンシュタインは立場を変え，言語は日常生活に深く根ざしており，生活の中の暗黙のルールによって成り立っていると考えた。

「赤い五つのリンゴ」という言葉は，注文を受けた店員が，リンゴの箱から赤いものを五つ取り出すという行為をあらわしている。そこには「赤」「五」「リンゴ」の定義や説明は必要がない。日常会話は，暗黙のルールに従って行われるゲームに類似している。ウィトゲンシュタインはそれを言語ゲームと呼んだ。

言語ゲームのルールは外側から学ぶことはできず，私たちは会話という言語ゲームに参加しながら，日常生活や習慣に織り込まれたルールを自然に学んでいく。言語の意味は，定義や説明によってではなく，生活における言葉の使用から生まれ，日常の生活の文脈の中に織り込まれた，行為の一つのスタイルとして働くのである。

クーン：パラダイムの変換

科学史の研究家クーン〈1922〜96〉は，科学者が対象を考察する論理的な枠組みをパラダイム（模範）と呼んだ。

科学者たちは，あるパラダイムを共有して，その枠の中で科学的な発見をしていく。しかし，そのパラダイムでは説明できない事実に出会うと，古いパラダイムは捨てられ，新しい事実を説明できる新しいパラダイムが採用される。このようなパラダイムの変換によって引き起こされる科学革命によって，科学は断続的に進歩してゆく。

ガリレイやニュートンらによる17世紀の近代自然科学の誕生は，自然を数量的な要素に分解して，その間に成り立つ関数関係をみつけるという，新しい思考のパラダイムの中で発展していった。現在では，パラダイムという言葉は科学に限らず，

一定の時代のものの見方や考え方を方向づける概念的な枠組みとして、広く使われている。

リオタール：「大きな物語」から「小さな物語」へ

　フランスの哲学者リオタール〈1924〜98〉は、世界を大きな思想の枠組みで解釈しようとしてきた近代の哲学を、「大きな物語」と呼んで批判した。

　従来の哲学は、理性、進歩、社会主義など、大きな思想の枠組みに現実を無理にあてはめ、歴史を一つの方向性によって解釈しようとしてきた。しかし、そのような「大きな物語」の背後には、社会全体を支配しようという権力がひかえており、それは多様な思想を排除して、特定の思想に人びとを染めようとする全体主義をもたらす危険性がある。

　西欧文明とイスラーム文明、経済開発と環境保護など、多様な価値観が共存する現代の多元的世界においては、すべてを一つの「大きな物語」にあてはめて解釈しようとすることは不可能である。むしろ、環境倫理、生命倫理、フェミニズム（女性解放運動）など、具体的・個別的な状況で思索する「小さな物語」にたとえられる思想の共存が必要である。具体的な状況について考える「小さな物語」としての思想が、たがいの差異を認めあいながら、共存するべきなのである。

　リオタールのように、社会を一つの大きな思想的枠組みでとらえようとする近代哲学を乗り越える立場は、ポストモダン（脱近代化）と呼ばれる。西欧の哲学の伝統的な基礎を突き崩す脱構築をとなえたデリダ〈1930〜2004〉、資本主義における商品は、ブランドに象徴されるように、社会的な地位や幸福感などで他者との差異をあらわす一種の記号であると説いたボードリヤール〈1929〜2007〉らは、いずれもポストモダンの立場の思想家とされる。

　これらの思想は、社会を一つの構造のもとにとらえようとする構造主義を乗り越えるという意味で、ポスト構造主義とも呼ばれる。

ドゥルーズとガタリ：アンチ＝オイディプスの思想

　フランスの哲学者ドゥルーズ〈1925～95〉と，精神分析者ガタリ〈1930～92〉は，人間の意識を動かす真の主体は，無意識の欲望であると説いた。

　精神分析学の創始者フロイトが，エスやリビドーと呼んだ，無意識の中にたくわえられた本能的な欲望が，人間を動かす主体なのである。欲望はみずからを生み出す創造的活動であり，その欲望が活動する喜びの瞬間は，「千のプラトー（高み）」と呼ばれる無限の高揚を生み出す。

　しかし，人間がつくりだした神，文明，国家は，自我をあやつって欲望を禁じる一種の抑圧装置として働く。フロイトは，子どもが母親との性的な愛を望む一方で，父親から罰せられる不安をいだくという無意識の葛藤を，オイディプス＝コンプレックスと呼んだ。子どもは欲望に対する禁忌をうえつけられ，欲望を抑圧することを学ばされる。オイディプスは，古代ギリシアの悲劇の登場人物で，幼い頃に親から捨てられ，やがて青年となって，それとは知らずにみずからの父親を殺害し，母親を妻として王位についた。

　ドゥルーズとガタリは，父親，神，国家など，権力に基づく欲望の抑圧装置の解体を説いた。そして，欲望を抑圧する権力をあばき，告発し，その権力を解除するアンチ＝オイディプスを唱えた。

　さらに，無意識の欲望をコントロールするように訓練された自我の働きを批判し，抑圧の道具とされた自我の統合性さえも解体し，あらゆる抑圧から真の人間の解放を主張した。

第3章 日本の思想

1 日本の風土と文化

❶―風土と文化

文化の意味

　人間は，地球上のさまざまな環境に応じて，多様な文化を形成してきた。文化とは，人間が作りだし，社会で共有され，伝承されてきた言語・思想・宗教・芸術・技術・社会制度・生活様式などを広くさす。人間は環境に働きかけ，生活の範囲（生活圏）を広げながら，異質の文化と触れ合い（文化接触），ときには衝突もしながら交流を進めて，文化を豊かにしてきた。

　現在，世界には約6500種の言語があるといわれている。そうしたコミュニケーションや食文化の多様さを考えてみても，文化の多様性は，人間の生き方の豊かな可能性を証明している。一つの文化が消えることは，全人類にとって豊かさが一つ失われることを意味する。私たちは，わが国の文化ばかりでなく，世界のいずれの文化についても，そのかけがえのない価値を忘れてはならない。同時に，自文化と異文化との違いを把握した上で，その奥にある人間としての共通性（文化の普遍性）に着目することも大切である。

風土の三つのタイプ

　文化をとらえる方法の一例として，和辻哲郎〈1889〜1960〉の風土の考え方をみてみよう。

風土とは，科学の対象としての自然ではなく，人びとの生活の中に取り込まれた，人とのかかわりの中で体験される自然である。たとえば，冬の寒さは温度計で観測される前に，人の吐く息の白さとして感じられ，部屋のこたつのあたたかさとして体験される。

　和辻哲郎は，風土という大きな視点から，文化や生活の様式をとらえた。ある地域の気候や地形などの環境は，そこに住む人びとの文化の基層をなす。和辻はその著作『風土』の中で，風土に基づいて世界の文化を三つのタイプに分けている。しめった季節風と豊かな自然の恵みに富み，人びとの受容的・忍従的な性格を特徴とするモンスーン型の風土（日本を含む東アジア・南アジア），乾燥した厳しい自然と，人びとの強い対抗心を特徴とする砂漠型の風土（西アジアや内陸の砂漠地帯），安定した気候と，人びとの合理的な生活態度を特徴とする牧場型の風土（ヨーロッパ）の三つである。

　文化の中で，たとえば食べものを獲得して生命を維持する活動は，どの民族にもあてはまる普遍性をもつ。しかし，その具体的方法については，それぞれの風土に適した独自の食文化があり，それらをいくつかの類型に分け，分析することも可能なのである。

里山の自然

　日本人は，稲作をするために村落を形成し，治水・灌漑・排

里山の風景

形・色で四季を味わう和菓子

水などの水の管理を行って水田を開いた。村の周辺には灌漑用の池が掘られ，周辺の山には薪(たきぎ)をとり，炭を焼くためにナラやクヌギが植えられ，また道具をつくる材料にするために竹林がつくられ，馬や牛の飼料になる草を刈る原っぱもつくられた。

　このように，村落の周辺に人の手が入れられるにつれて，池，クヌギ林，竹林，原っぱなど，多様な自然環境が作られ，そこに多様な生物が生息する豊かな里山(さとやま)が出現した。稲作のための土地の開墾は，人間を自然から疎外するどころか，むしろ人間の生活を風土と一体化して豊かな自然環境を生み出した。日本人の農耕文明の一つの特色は，里山の自然にみられるように，自然と人為が対立するのではなく，むしろ人間の生活と自然が融合した，豊かで多様な自然環境を形成した点にある。

日本人と自然

　日本列島は，南北約3000km，3000m級の中央山地をはじめ，山が多く，複雑な海岸線に囲まれている。夏は高温多湿で冬の寒さは厳しく，世界にもまれな豪雪地帯もある。日本の気候は四季がめぐり，台風も通過するなど，多彩で変化に富んでいる。

　そこに生活する日本人は，自然の変化に敏感で，繊細な感性と独特の生活様式を築いてきた。それは自然と人間をおおらかに歌った古代の歌集『万葉集』や，植物繊維を素材とし，植物や自然を柄(がら)とする着物，木材の木目(もくめ)を生かし障子(しょうじ)を工夫した住居，山の幸・海の幸を生かす料理，四季の風物に応じた和菓子などにも，よくあらわれている。また，水・石・植栽・飛び石などの景物(けいぶつ)を総合して，自然との一体感と調和をあらわした日本庭園にも表現されている。

　それらには，自然との調和や一体感を大切にする日本文化の特徴がうかがえ，そうした文化が日本人の自然に対する感性を，より豊かなものへと育ててきた。

❷──外来文化の受容と創造

海と島国

　日本はアジア大陸の東，太平洋の一角にある島国である。古代文明が栄えた中国に隣接しているが，ベトナムや朝鮮半島などとは異なって海を挟んでいる。海は外来文化が伝わる道となる一方，一種の障壁ともなって，日本が大陸の文化一色に染まることもなく，より独自性の強い文化を作りあげる要因となった。

　古代の日本には紀元前3世紀頃から，朝鮮半島をへて稲作，青銅器，鉄器，新しい様式の土器（弥生土器）などが伝来した。さらに，ヤマト政権によって4～5世紀に多くの渡来人が招かれ，機織・養蚕・鍍金(ときん)・彫金・象嵌(ぞうがん)・造船・建築などの技術や，漢字・律令（法律と政治制度）などの文化が伝えられ，6世紀には儒教と仏教が伝来した。

日本文化の重層性

　このように，古代の日本は中国文化の影響を強く受けたが，一方的ですべてを無条件に受容したわけではなく，たとえば宦官(かんがん)の制度は採用されず，中国式のベッドの生活などは定着しなかった。そこからは，私たちの祖先がみずからの判断を下しつつ，外来文化を選択的に受容してきたことがわかる。また，文字をもたなかった日本人は，中国の文字である漢字を積極的に受容しながら，さらに部首の一部から片かなを，草書体から平がなを発明した。これは，他の漢字文化圏にはない独自の工夫である。

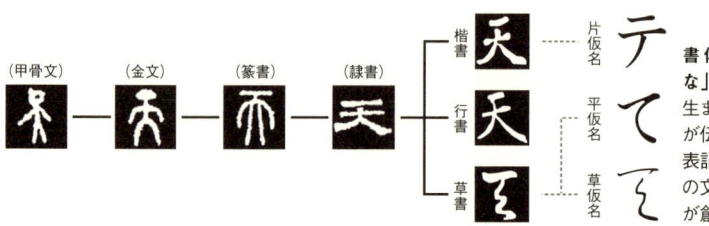

書体の変遷(へんせん)と「かな」の誕生　中国で生まれた文字「漢字」が伝わり，日本語を表記するために独自の文字である「かな」が創造された。

そこには，外来文化を受容しながら，それを自分たちの求めるものへと変化させていく力，日本文化の創造性がみられる。現代ではローマ字も使用するなど，新しいものが古いものを追いはらうのではなく，その上に層をなして蓄積していく点も，日本の文化の特徴である（日本文化の重層性）。

2　古代日本人の心

古代日本人の宗教観

　日本人のものの考え方・感じ方のルーツ（起源）について学んでみよう。

　中国大陸から文化的影響を受ける以前の古代日本人は，どのような宗教観や人間観をもっていたのだろうか。8世紀に編纂された『古事記』『日本書紀』などを手がかりに考えてみよう。

　古代の人びとは，太陽・月・星・雷・山河・沼沢・林野などの自然現象や環境，鳥や獣などの動物，植物，井戸やかまどまでも，およそ人が畏れ敬う感情をいだくものに名をつけ，神としてまつった（八百万神）。多くの自然物や人工物が，それ自体で，あるいはそれに宿る霊のために信仰の対象とされた。自然物に霊（アニマ）が宿ると信じる精霊信仰（アニミズム）は，世界の原始信仰に広くみられる。『古事記』を研究した江戸時代の国学者本居宣長〈1730～1801〉も，古代の日本人は何であれ，常識をこえて不思議な，畏れ敬うべきものを神としていたと述べている。

　このような日本古来の神の考え方は，キリスト教やイスラーム教などの一神教における，世界を無から創造した全知全能の創造神とは大きく異なる。キリスト教やイスラーム教では，世界は神による被造物とされるが，古代日本においては，世界は自然に内在する勢いによって，おのずから成立したと考えられていた。

　西洋のGodは，日本語で神と翻訳されているが，その内容まで同一と思い込むと，異文化についての理解がすれ違うことにも，注意を払うべきである。

　日本神話の中で，もっとも神聖な存在とされる太陽の女神天照大神も，唯一絶対の神ではなく，他の神がみをまつる司祭者としての役割をもっていた。天照とは，天にあって照り輝くという意味で，日の神をあらわす。天照大神は，他の神がみを

まつり，奥深い世界への通路になるがゆえにあがめられた。世界の究極的な存在は，言葉で語られるよりも，無意識のまま直観されるものであった。

歌人の西行〈1118～90〉が伊勢神宮を参拝したときに詠んだとされる，「何事のおわしますかは知らねども　かたじけなさに涙こぼるる」という歌は，そのような日本人の宗教的な心情をよくあらわしている。神が「何事」であるかを理屈でつきつめるのではなく，感じとるのである。

このような世界の究極的な根源や存在を，明確に限定しない古代日本人の宗教観は，その後の外来文化に対する排他的でない，包容的な受容態度にもつながっていった。

古代日本人の人間観と倫理観

古代日本人は，生産活動や宗教などが密接に結びついた共同体に生きていた。とくに日本文化の中核となった稲作は，治水・灌漑・排水などの水の管理から，田植え・除草・収穫まで，全体の取決めを守り，全員が協力し合うことが欠かせないものだった。彼らは，人間の存在を共同体から切り離して，独立した個人としてとらえなかった。

古代の人びとは，共同体に対して隠すところのない純粋な心（清明心）を理想とした。心の状態が「清き」「明き」ことがよいことであり，「きたなく」「くらき」ことが悪であった。「清き」とは，共同体の一員として自己中心的な私心のないこと，「明き」とは，隠しだてをしない明るさのことである。

ここでは，キリスト教の律法のような人間をこえた絶対的基準とは異なり，共同体の人びとの美的・心情的な受けとめ方によって，ものごとの善悪が決められる。

罪悪観についても今日の罪の考え方とは異なり，死などの禍をもたらし，幸福な生活をおびやかすものであれば，道徳的な罪悪から，自然の天災・災難・病気・死まで，すべて区別されずに悪と考えられた。これは個人の意志に基づく行為に道徳的な責任を問い，避けることができない自然の天災や病気な

どと区別する，今日の考え方とは異なる。また，キリスト教のように神の教えに背くことが悪であり，人間は最終的には神の前で人生の責任を負うべきだとする考え方とも異なる。

月の光や清い水などの清らかさを重んじた古代の人びとは，悪が身にふりかかったときは，それを洗い清めなくてはならないと考えた。人びとは身にふりかかった悪や不幸を洗い流すという意味で，沐浴（もくよく）など水によってけがれを洗い流して，体を清める禊（みそぎ）や，儀式や祝詞（のりと）によって禍をとり払う祓（はらえ）を行った。人形などの形代（かたしろ）に罪やけがれを乗せて川に流す流し雛・雛（ひな）流しの風習も，このような日本人の宗教観から生まれたものである。

ここには罪は人に汚れのように外からつくもので，禊・祓によってもとの清い状態に戻ることができるという，日本人の楽天的な考え方がみられる。これも人間は宿命的に罪を背負っているとされる，キリスト教の原罪観とは異なる。

このような禊・祓の考え方は，今日でも，過ぎ去ったことは「水に流す」などの表現にうかがえる。そこには，人を決めつけないゆるやかさがある反面，個人の責任や善悪の基準をあいまいにする面もあり，国際的な交流が進む今日，このような日本人の中だけで通じるうち向きの倫理観を，反省することも必要であろう。

みそぎ（椿大神社）

3 日本人と仏教

❶──仏教の伝来と受容

聖徳太子と和の精神

　日本人が大切にする和の精神とは，どのようなものだろう。
　聖徳太子〈574～622〉は，外来文化である仏教や儒教と出会い，それらをもとに，みずからの考えを深めて宗教観・政治観を確立した。聖徳太子の作とされる「十七条憲法」は，豪族の権力をめぐる私的な争いが続く中で，国家をおさめる役人としての公共の精神について教えたものである。
　第一条にはそのように政治の争いが激しい当時にあって，和，すなわち協調の精神を尊重することが説かれている。和の精神というのは，ただ周囲に同調せよという意味ではない。「和音」という言葉が，さまざまな音が調和して生まれる豊かな響きをさすように，みんなが集まってさまざまな意見を述べ合う中から，物事の正しい道理を見い出そうとすることである。和は全体への無責任な従順ではなく，議論をすることをとおして，みんなで正しい道理をみつけようとする誠実な態度をあらわす。
　その背景には，人間はみな完全ではなく，悪や誤りをおかしやすい平凡な存在（凡夫）であるという，仏教的な人間観がある。自分も他者も「ともに凡夫のみ」という自覚のもとに，自分の考えを絶対化せず，他者の意見にも耳を傾けて自己の考えを相対化し，たがいに議論しながら物事の正しい筋道（道理）を見い出すのである。
　憲法の中の十七条では，重大なことは一人で決めず，多くの人びとと意見を交換すべきだとしている。和の精神は，たがいに凡夫の自覚をもち，意見の違いを認め合いながら議論をして，理想に向かって協力し合うことの大切さを，政治を担う人びとの心がまえとして示したものである。

　凡夫の自覚　「心のなかの怒りをなくし，怒りを態度にあらわ

さないようにし，他人が自分にさからっても怒らないようにせよ。人はみなそれぞれ考えるところがあり，その心はそれぞれ自分の考えに執着する。他人が正しいと考えれば，自分はまちがっていると考え，自分が正しいと考えれば，他人はまちがっていると考える。しかし自分が必ずしも聖人であるのでもなく，他人が必ずしも愚か者であるのでもない。みなともに平凡な人間なのである《ともにこれ凡夫のみ》，正しいこととまちがっていることの道理を，だれが一人で決めることができようか。おたがいに賢かったり愚かであったりすることは，耳輪のはじまりと終わりがつながっているようである。」(『憲法十七条』第十条〈口語訳〉)

また，聖徳太子は，世俗の生活において仏教を実践するという立場から，三つの経典の注釈書(『三経義疏』)を著した。その三経は代表的な大乗経典であり，現世の平和と幸福の実現を訴える『法華経』，勝鬘夫人という女性の説法の『勝鬘経』，富豪の維摩が出家者に説法する『維摩経』である。太子は多くの経典の中から，出家中心でない在家仏教の経典を選んだ。そこには，理論より実践に重点をおく現実指向と，外来思想を主体的に選んで吸収する，選択的な受容態度があらわれている。

その一方で，太子は「世間虚仮，唯仏是真(世の中は虚しく仮のものにすぎず，仏の教えだけが真実である)」と述べ，この世への執着を離れ，仏教に帰依する姿勢をみせている。そこには仏教に傾倒しながらも，国家統一というみずからの政治上の使命に打ち込んだ，太子の誠実な態度がうかがえる。

鎮護国家の仏教

古代社会は，宗教とさまざまな知識や技術，生産活動が一体となった共同体であった。奈良時代においては，日本の仏教は世俗をこえた真理としてよりも，現世における欲望や願いをかなえる，除災招福の現世利益の教えとして受け入れられた。

医学や農業技術などの科学技術と，呪術・宗教が未分化だった当時，仏教の力で国家の平安を護ろうとすること(鎮護国家)は，政治の重要な任務であった。聖武天皇〈位724～749〉は，各地に国分寺・国分尼寺を建て，その中心として東大寺の大

人物 聖徳太子

聖徳太子は用明天皇の皇子として生まれ、19歳のときに叔母にあたる推古天皇の補佐役（摂政）となった。蘇我氏を中心とする豪族勢力に対抗して、中国から伝わった儒教や仏教を取り入れ、天皇を中心とする統一国家の建設に貢献した。主著に『三経義疏』がある。

仏を作った。また、戒律を授けて僧の資格をあたえる授戒を行なうために、中国から鑑真〈688〜763〉が招かれた。

寺院や僧侶は、国家政治の一環として統制され、おもに学問研究や、国家の繁栄や安泰を祈る祈禱を行った。南都六宗と呼ばれる、三論宗・成実宗・法相宗・倶舎宗・華厳宗・律宗も、あわせて学ばれる学問的性格の強いものであった。

その一方で、民衆とともに生きた行基〈668〜749〉は、橋をかけ、道をつくり、病人や貧しい人を収容する小屋をつくって人びとの救済につとめ、行基菩薩と呼ばれた。

❷―平安時代の仏教

最澄と衆生の救済

平安時代になると最澄〈767〜822〉と空海〈774〜835〉があらわれ、ともに中国に渡って仏教を学び、日本で新しい仏教を展開した。彼らが伝えた密教は、自然に宿る霊的な力を信じる日本の伝統と結びつき、山中での厳しい修行によって悟りをめざす山岳仏教へと発展していった。

大乗仏教においては、歴史的人物としてのブッダ（釈迦）をこえて、ブッダの説いた真理の教え（法）そのものを仏と考える。宇宙の真理そのものをあらわす仏を法身仏といい、ブッダはその真理が歴史的人物の姿をとってあらわれたもの（応身仏）とされる。人びとを救済する慈悲と真理の象徴としての仏が、平安時代の最澄や空海、さらに鎌倉時代の法然、

親鸞，道元，日蓮らによってさまざまに説かれた。

最澄は比叡山で天台宗（中国の天台宗に対して，日本天台宗とも呼ばれる）を開き，すべての衆生の救済という大乗仏教の理想（衆生済度）を追究した。伝教大師とも呼ばれる。

若き日の最澄は，世俗と結びついて形骸化した当時の仏教に満足せず，国分寺を去って，19歳で山林修行に入った。最澄は『願文』の中で，自分ばかりでなく，すべての人びとがともに救われるために修行することを誓っている。その中で，「心の荒れたつまらない最低の人間である最澄」と，厳しく自己をみつめたうえで，「悟りの味を自分一人で飲み味わうことなく，すべての衆生がすばらしい悟りの味を飲み味わうようにしたい」と，修行の決意を述べている。

最澄は『法華経』を学び，すべての人は悟りを開き，仏となる可能性（仏性）をもっている（一切衆生に悉く仏性あり）と説いた。仏になること（成仏）とは，自己への執着心（我執）にとらわれた迷いの状態を抜け出し，縁起によって成り立つ宇宙の真実にめざめ，真理そのものをあらわす仏と一体になることである。

南都六宗の法相宗が，人は生まれながらに悟りの素質の有無が定まっているという差別的な立場をとったのに対して，最澄はすべての人は平等に仏性をもつという，平等な人間観を主張した。

仏教では，真理を悟るためには，ブッダの教えを聞いたり（声聞），一人で修行したり（縁覚・独覚），他者を救済する（菩薩）など，三つの方法があるとされ，それらは迷いの川を渡って真理へと向かう三つの乗りものにたとえられる（三乗思想）。

しかし，最澄は，それらは人の能力や素質に応じて仮に三つに区別されたものにすぎず，みずからの仏性を自覚して修行すれば（発心），すべての人が一つの乗りものに乗るように等しく救われると説いた（一乗思想）。また，最澄は国宝とは高価な財宝のことではなく，真実の道を求める人の心をさすと述べ，仏教の真理を広めて無知の闇を祓い，世の中の「一隅を照らす」

人物 最澄

最澄は近江国(おうみ)(滋賀県)に生まれた。奈良の東大寺で受戒し、38歳のときに唐に渡って天台、密教、禅を学び、比叡山に延暦寺を建て、天台宗を開いた。奈良の学問仏教を批判し、大乗仏教の精神に基づき、衆生の救済をめざす菩薩道を実践する僧の育成につとめた。主著に『願文(がんもん)』『山家学生式(さんげがくしょうしき)』『顕戒論(けんかいろん)』がある。

人こそ国宝であると説いた。

教学・密教・禅・戒律をあわせて学ぶ、総合的な仏教である天台宗は、鎌倉時代に、法然・親鸞・道元・日蓮ら、今日につながる宗派の開祖を生み出す土台ともなった。

空海と即身成仏

宇宙の大いなる生命力と融合する、空海の即身成仏(そくしんじょうぶつ)の教えについて学んでみよう。

空海は高野山に金剛峯寺を建立し、真言宗を開いた。弘法大師(こうぼうだいし)とも呼ばれる。彼は無常の世に生きる人間の姿を、「生まれ生まれ生まれ生まれて生の始めにくらし、死に死に死に死んで死の終わりにくらし」と語り、人びとが真理に目覚めないまま、日々、物欲や愛欲に流され、底なしの暗闇の中に生き、死んでいくことを歎いた。

空海は、仏教の核心をなす究極的な真理は、仏教の中でも、とりわけ密教に示されていると考えた。言葉で伝えたり、学ぶことができる顕教(けんぎょう)に対して、言葉では伝え切れない神秘的な教えを密教という。その教えの中心が大日如来(だいにちにょらい)である。大日如来は法身仏(ほっしんぶつ)であり、大いなる光り輝く仏という意味で、太陽に象徴される、万物を生み育てる宇宙の生命力を意味する。

大日如来の教えは言葉に限らず、木々のざわめきや、小川のせせらぎなど、森羅万象(しんらばんしょう)の姿で語りかけているのだが、それを受け取る力のない人にとっては秘密になっている。

大日如来を命の根源とみるとき、人間が生きていること、そ

のものが大日如来の生命の発現であり，小さな自己（小我）への執着からおのれを解き放ち，大いなる宇宙の生命と一体となって生きるとき，大日如来の生命と融合してこの身のままで仏になることができる（即身成仏）。

　密教では，衆生は本質的に仏と異ならないと考え，仏と一体であることを宗教体験の中で確認する行を重視する。人が手に印を結び，口に真言（マントラ）をとなえ，心を一点に集中すれば，この三つの行い（三密）が，そのまま仏の働きになって宇宙の神秘的な生命力と一体になり，即身成仏することができる。

　大日如来の光のもとで，万物がその大いなる生命の発露としてあらわれるときは，人の欲望でさえ清らかなものになる。しかし，その欲望はふだんは私利私欲を求める小我の執着心に染まって汚れている。我執へのとらわれをぬけだし，宇宙の生命力と一体となるとき，生きとし生けるものの命はすべて肯定され，大日如来の命の中にいだかれて生きる大いなる楽しみ（大楽）を味わうことができる。

　密教の奥深く，言葉で述べ尽し，伝え切ることができない真理は，さまざまな儀式や曼荼羅という色彩豊かな図画によって象徴的に伝えられる。

　曼荼羅は，そのような真理を図画に表現したもので，真理の悟りへといたる心のプロセスをあらわす胎蔵界曼荼羅と，真理についての知恵の完成をあらわす金剛界曼荼羅とがある。そこに示された宇宙の真実の姿とは，すべての生命の象徴である大日如来を中心に，さまざまな菩薩や神が慈悲と知恵をもってあらわれる，生命に満ちた神秘的な世界である。

　密教の根本経典『大日経』には，「現実世界に働きかけることが究極の目的である」という理想が説かれている。空海は書道などの芸術にも通じ，灌漑用の満濃池の改修なども行った。また，人は「みなひとしく仏子である」との信念から，庶民のための最初の学校（綜芸種智院）もつくった。その多才で幅広い活動は，のちに各地で弘法大師が活躍したという大師伝説が，

人物 空海

空海は讃岐国（香川県）に生まれた。京都にのぼり漢学を習うが、心の救いを求めて奈良で仏教を学び、四国各地で修行した。30歳のときに、最澄とともに唐に渡って密教を学び、高野山に金剛峯寺を建て、真言宗を開いた。宇宙に広がる生命の根源を象徴する大日如来への信仰を説いた。主著に『三教指帰』『十住心論』がある。

庶民のあいだに生まれることにつながった。

❸―鎌倉時代の仏教

末法思想と浄土信仰

　平安時代も半ばをすぎると、飢饉や疫病・戦乱があいつぎ、人びとは不安と苦しみに打ち沈んでいった。さらに、仏教の教えがすたれて、世の中が破滅的な状況になるという末法思想が、現実味をもって人びとに迫った。末法思想とは、ブッダの死後、仏の教え・修行・悟りの三つがある正法、教えと修行だけが残る像法をへて、最後に教えだけが残る末法になって、世の中が衰えるというものである。人びとは末法の世になったと信じ、貴族から庶民まで、阿弥陀仏の救いによって、死後に極楽浄土に往生することを願う浄土信仰が広まった。

　阿弥陀仏とは、無限の寿命と光をもつ仏という意味で、西方極楽浄土にあって、無量の寿命をもち、無限の光を放ち、すべての人を闇から浄土へと救い取ると信仰されていた。

　病人や貧民を助けて市聖と呼ばれた空也〈903～972〉は、各地を回り、仏の名をとなえる念仏の教えを広めた。また、源信〈942～1017〉は、「厭離穢土、欣求浄土」（汚れたこの世を厭い、死後に極楽浄土に往生すること）を説き、極楽に往生するための方法として、心の中に仏の姿を想い描く観想念仏を重んじ、その教えを『往生要集』にまとめた。

法然の専修念仏

　仏教が庶民に広く定着したのは、鎌倉時代からである。浄土宗の開祖である法然〈1133～1212〉は、幼い頃に武士の父を夜討にあって失う。「仇討ちをしてはならぬ。憎しみは憎しみを生む。敵を憎むことをすてて出家し、高き立場より敵をもいだきて、ともどもに救われる道を求めよ」という父の遺訓に従って出家し、比叡山で真剣な求道の日々をすごした。

　あらゆる経典を深く学んだ法然は、もし、従来の教えのように、寺院や仏像を作ることや経典の研究、戒律を守るなどの修行が救いの条件ならば、生活するだけで精一杯の庶民は救われないと考えた。さらに漁や狩りで生計を立てる海辺や山地の民や、武士のように、殺生が避けられない人びとは、地獄に落ちるしかない。

　法然は思い悩んだ末に、一心に阿弥陀仏の名をとなえれば、救いを得ることができるという、中国の浄土宗の善導の教えに出会った。阿弥陀仏は、その前世で修行をしているときに、衆生を救済するために、念仏をとなえた者はすべて極楽に往生させようという誓い（本願）を立てたとされる。法然は、この末法の世ですべての人が救われる唯一の道は、すべての衆生を救おうとする阿弥陀仏の本願を信じることであると考えた。そして、他の修行はやめて、ひたすら仏の救いを信じて「南無阿弥陀仏」と念仏をとなえれば（口称念仏・称名念仏）、すべての人が極楽往生できると説いた（専修念仏）。南無阿弥陀仏とは、阿弥陀仏に帰依するという意味である。

　法然が開いた浄土宗の念仏の教えは、広く民衆に浸透した。念仏は、すべての衆生を必ず救おうとする仏の力（他力）をたのむものだから、男女の性別や、身分や職業にかかわらず、誰でもが救いの対象になる。

　念仏は社会の差別に苦しむ人びとにも大きな救いとなったが、それまでの仏教の側からは、念仏以外の修行を否定するものだと非難されて、法然やその弟子の親鸞たちは流罪になった。

　また、時宗を開いた一遍は、踊りながら念仏をとなえる踊

漁民たちに説法する法然（『法然上人絵伝』）平安時代，仏教は庶民にも浸透していった。しかし，狩りや漁などの「殺生」を生業とする人びとは，その罪や地獄を恐れていた。そのような人びとに，法然は差別がない念仏の救いを説いた。

り念仏を広めた。一遍は「生ぜしも一人なり，死するも一人なり」と語り，漂泊の旅を続け，遊行上人・捨聖と呼ばれた。

二河白道の話「ある旅人が西にむかって何千里もの道を歩いていた。すると忽然として大きな二つの河に出会った。一つは南へと流れる火の河で，もう一つは北へと流れる水の河である。その河は深くて底がない。その二つの河の間に一筋の白い小道があって，対岸の西へとのびている。火の河はその道に炎を吹きよせ，水の河は波浪を打ちよせてやむときがない。しかも，旅人のうしろからは盗賊や猛獣たちが迫ってきた。旅人が恐れおののいていると，西の対岸のほうから『一心になってこちらに来なさい。私はあなたを守ってあげよう』という仏の声がした。旅人はその声を一心に信じて白い小道を進み，岸辺につくことができた。そして多くの災難を逃れ，善い友人と出会って喜びと楽しみはかぎりなかった。」（『選択本願念仏集』〈口語訳〉）

親鸞の絶対他力

師の法然の教えを受けついで，浄土真宗の開祖となったのが，弟子の親鸞〈1173～1262〉である。若き日の親鸞は，真剣に修行する日々を送りながらも，迷いを離れることのできない自分の罪深さに絶望した。もう地獄に落ちるほかはないと覚悟したとき，法然と出会い，自分の力に頼るのではなく，すべての衆生を必ず救おうという阿弥陀仏の本願（他力）にまかせ切る，絶対他力の信仰を得た。

仏の本願とは，罪悪が深く，煩悩の激しい衆生を救うという仏の誓いである。仏の本願が罪深い自分にさえおよんでいると気づいたとき，親鸞にとって念仏はもはや救われるための手段

ではなく，仏の救いに感謝する報恩感謝（ほうおんかんしゃ）の念仏になった。

親鸞は「善人でさえ往生できるのだから，まして悪人はいうまでもない（善人なおもて往生す，いわんや悪人おや）」と述べ，おのれの自力を頼みとする善人よりも，おのれの悪に絶望し，仏の力にすがる悪人こそ，阿弥陀仏の救いの対象としてふさわしいという，悪人正機（あくにんしょうき）の教えを説いた。

他力の信仰の立場からは，阿弥陀仏の救いの力にまかせ切らず，自力に頼って修行や善行を積もうとする人（善人）よりも，自分の罪悪や煩悩に絶望し，ひたすら仏の力に頼る人（悪人）こそ，仏の本願にかなう救いの対象になる。

しかし，悪人正機の教えは，「悪いことをしてもかまわない」という無責任な教えではない。そのような誤解に対して，親鸞は「薬があるからといって，毒を好んではならない」と戒めている。おのれの悪を自覚し，救いようのない悪人としての自己を見つめる絶望の果てに，そのような悪人をも救う仏の慈悲にすがろうとする回心（えしん）が起こる。回心とは，ここではおのれの自力の心を捨て，仏の他力にすがることである。

自己の悪の自覚がなければ，仏にすがる心は生まれず，また，仏の慈悲の働きかけがなければ，自己の悪に気づかず，絶望することさえない。人におのれの悪をみつめさせ，自力への絶望を転機にして他力の信仰へと導くものは，仏の慈悲の働きである。おのれの悪に絶望することすらも，人びとを救う仏の不思議なはからいであることを知るとき，仏の絶対他力への信仰が生まれる。

すべては阿弥陀仏のはからいによる，おのずからの働きであり，親鸞はその仏のはからいのままにまかせること（自然法爾（じねんほうに））に，絶対他力の信仰を見い出した。自然法爾とは，おのずからそうなる

山越（やまごえ）阿弥陀図

人物 親鸞

　親鸞は京都に生まれた。幼い頃父母に死別し，出家して比叡山で20年間修行をした。しかし，心の苦悩を解決することができず，29歳のとき，下山して法然に出会い，他力念仏の教えに帰依した。念仏停止の弾圧を受けて越後（新潟県）に流されるが，そこで在家仏教の道を確信して妻帯した。その後20年にわたり関東，北陸，奥羽を布教して歩き，浄土真宗の祖となった。主著に『教行信証』があり，弟子の唯円がその教えを筆録した『歎異抄』がある。

（自然），法としてそうなる（法爾）という意味で，仏のはからいにいだかれて，すべてをゆだねた境地をさす。

　すべての人には心がある。人が苦悩して心が混乱するとき，その同じ心によって，苦悩する心を鎮めることができるだろうか。かえって，あせりや混乱が深まるのではないだろうか。そうした煩悩に対して，宗教は人間をこえた「何か」が不可欠だと考える。親鸞はその「何か」を，阿弥陀仏の救いの力に見い出した。他力の信仰は，どんなにつまらない自分であっても仏は見捨てないと信じ，仏の他力に生かされていることに感謝しながら，力強く生きる宗教的な生き方である。

道元と禅の精神

　厳しい坐禅の修行をとおして，我執を脱落させる禅宗の教えについて学んでみよう。

　栄西〈1141〜1215〉は中国に留学して臨済宗を伝え，また，喫茶の習慣をもたらし，書画や建築などの文化にも影響をあたえた。道元〈1200〜53〉は中国で師の如浄から，「都に住むな，国王や大臣に近づくな，深山幽谷に住み，求道の者を教化せよ」と教えられ，越前（福井県）の山深くに永平寺を建立して，曹洞宗を開いた。

　道元は，「坐禅は大師釈尊（ブッダ）がまちがいなく道を得る妙術として，伝えてくださったものである」と述べ，坐禅の

修行を中心にする自力の教えを説いた。道元は末法思想や仏の他力にすがる念仏の教えを否定し，教養や身分を問わず，「人は誰でも，仏法を悟るべき器（能力をそなえたもの）である」と説いた。

　禅の教えは自力の修行による悟りをめざすが，その自力とはおのれの力を誇る高慢な心ではない。むしろ，そのような我執を捨て，すべての人にそなわる仏性に目覚め，それを発揮する力を意味する。

　禅宗では「不立文字（ふりゅうもんじ）」，すなわち，文字を立てる概念的な思考によって，ものごとを分別しないことを原則にする。日常生活は，さまざまな思慮や分別のうえに成り立っているが，禅はそのような分別を捨て去って無心になり，坐禅に打ち込んで，今，ここにおける自己の存在に徹するのである。

　道元は身を正して，ただひたすらに坐禅に徹底せよと説いた（只管打坐（しかんたざ））。そして，悟りを先にみて，そのための手段として坐禅をすることを厳しく否定した。ブッダが坐禅によって真理を悟ったのであるから，坐禅の実践のほかに悟りはありえない。坐禅の修行をすること（修（しゅ））自体が，そのまま悟りの実現（証（しょう））なのである（修証一等（しゅしょういっとう））。

　道元は，「自己を習うとは，自己を忘れることである」と説いている。坐禅に徹して，みずからの心と身体への執着を捨て，おのれを忘れ，一切のはからいを振り捨てて無心になるとき，仏の命と出会うことができる（身心脱落（しんじんだつらく））。「自己を忘れるということは，万法（まんぽう）に証せられることである」，すなわち，小さな自己にこだわる我執を捨て去ることは，みずからが大きな仏の命に生かされていることが証されることである。

　道元は心を鏡にたとえている。鏡は曇りなくそれ自身が無であるからこそ，万物をありのままに映し出すことができる。人間もそのようにおのれを忘れて無に徹したとき，はじめてその心に万物を生かす仏があらわれ，悟りの風景が出現する。

　道元は，仏とは万物を生かす命であり，山河大地がそのまま仏の命のあらわれであると説く。そして，「わが身も心もはな

人物　道元

　道元は京都の上級貴族の家に生まれた。幼くして父母に死別し、比叡山に入った。しかし、宗派内の権力の争いに失望して山をおり、栄西のいる建仁寺で禅を学んだ。24歳で宋に渡って天童山の如浄に師事し、坐禅の修行に打ち込み、悟りを開いた。越前に永平寺を建て、曹洞宗を開いた。主著に『正法眼蔵』がある。

ち忘れ、すべてを仏の家に投げ入れ、仏の方から働きかけられ、それにそのまま従っていくとき、力をも入れず、心をも費やせず、生死を離れて仏になる」と説いている。自己を忘れて無になった心に、はじめて山が山として、河が河としてありのままに映り、現世において仏の命と一つになることができる。

　禅宗では坐禅はもとより、廊下の水ぶきから庭の掃除、食事の支度まで、生活のすべてが修行とされる。禅は今、この瞬間を無心になって生きることといえる。現代人は、試験の点数や仕事の儲けのように、結果というものにあまりにも執着し、学ぶこと、働くこと、生きること自体の大切さを見失っていないだろうか。禅の精神は、今、ここにおける命の一瞬一瞬を、無心になって生き抜くことの大切さを教えてくれる。

> **水をゆく魚、空を飛ぶ鳥**　「魚が水の中をゆくとき、どこまでいっても水にかぎりはない。鳥が空を飛ぶとき、どこまでいっても空にかぎりはない。だが魚も鳥もいまだかつて水と空を離れたことがない……もし鳥が空を出ればたちまち死に、魚が水を出ればたちまち死ぬ。水が命であり、空が命であることがわかる。鳥が命であり、魚が命である。命が鳥であり、命が魚である。このことは、人が万物のなかで生きることにもあてはまる。われわれが毎日修行しつつ悟ることも、われわれの命もまたこのようである。」(『正法眼蔵』〜「現成公案」〈口語訳〉)

法華経の行者：日蓮

　仏教の教えに基づいて、現実の社会を改革する実践の教えについて学んでみよう。

　日蓮〈1222〜82〉は、「すべての人びとの同一の苦しみは、す

べて日蓮一人の苦しみなのである」という宗教的な自覚のもとに、『法華経』の信仰を広め、社会を救うために積極的に行動した。彼は日蓮宗を開き、天変地異などの危機に見舞われている日本を救うこと(立正安国)こそ、自己の使命であると考えて、熱心な布教活動を行った。

　日蓮によれば、他の経典によっては往生や成仏が不定であるが、時と場所をこえて、つねに衆生を救おうとする久遠実成の仏を説く『法華経』こそは、すべての人の救いを約束する唯一の教えである。

　久遠の仏とは、無限の過去から未来へとつらなる業となって働き、衆生の救済を続けている、宇宙に広がる永遠の仏の命をさす。仏の働きによって衆生はこの世に生かされ、衆生は仏に連なる仏性をもっている。法華経は、すべての衆生には真理を悟って仏になる素質(仏性)がそなわっていると説く。法華経の教えを学べば、みずからの仏性に目覚め、仏の命の働きと一体となって、成仏して真理と一体となることができる。

　このような救いの教えのすべてが、『妙法蓮華経』という題目に象徴されている。妙法蓮華経とは、正しく優れた教えである仏法の華としての経典という意味で、法華経をさす。「南無妙法蓮華経」ととなえること(唱題)自体が、仏の救いのあらわれである。

　日蓮は、「私の心の中の仏性が呼び、呼ばれてあらわれたものが仏である。かごの鳥が鳴けば、空飛ぶ鳥が呼ばれて集まるように、また空飛ぶ鳥が呼べば、かごの鳥も出てこようとするように、口に妙法蓮華経をとなえれば、私の仏性も呼ばれて必ずあらわれたまう」と説いている。題目をとなえることは、『法華経』に説かれた、すべての人にそなわる仏性を目覚めさせ、宇宙に遍在する仏の命の力を呼びおこす、宗教的な実践といえよう。

　日蓮は、鎌倉幕府の執権北条時頼に『立正安国論』を献じて、法華経を広めて国家の安泰をはかるべきだと説いた。しかし、他の宗派を非難する激しさや、幕府の政策を批判したため、伊

人物 日蓮

日蓮は安房国（千葉県）で，漁師の家に生まれたと伝えられる。出家して比叡山をはじめ，各地で修行をした。『法華経』こそ末法の世にもっともふさわしい経典であると確信し，日蓮宗を開いた。他宗や幕府への批判によって伊豆や佐渡への流罪などの迫害を受けるが，『法華経』の布教に生涯をかけた。主著に『立正安国論』『開目抄』がある。

豆や佐渡への流刑など，厳しい弾圧を受けた。しかし，このことが「教えを広める者は，難にあう」という『法華経』の言葉にあうため，日蓮は試練にあうたびに，仏の教えを不断に実践する「法華経の行者」としての自覚を深めていった。

民衆に広まる鎌倉仏教

鎌倉時代の新しい宗派の開祖たちは，衆生の救済という大乗仏教の精神に基づき，その教えを民衆に親しみやすいように工夫をして広めた。とくに，一つの明確な教えを選び（選択），誰もが実践できるやさしい行を勧め（易行），それに専念するところに（専修），民衆に広まった鎌倉時代の新しい仏教の特徴がみられる。

大乗仏教はブッダの慈悲の精神を受け継ぎ，衆生の救済を目的にする。鎌倉仏教は，我執にとらわれた迷いの人生から衆生を救済し，慈悲を施し，宇宙の真理の教えそのものである仏と一体となって生きる道を説いた。

無常の文学

仏教は，この世ははかなく無常なものであるという無常観を日本人に教えた。日本人は無常観を心情的に受けとめ，この世は移り変わる幻のようにはかなく，むなしいものであるという感慨をいだいた。

歌人の西行は各地を漂泊しながら，散りゆく桜に人生のはかなさを重ねて，多くの花の歌をよんでいる。「願わくは　花の

下にて春死なん　そのきさらぎの望月のころ（願えるならば，2月の満月の頃，咲き誇る桜の木のもとで春に死にたい）」という，辞世の歌にその心情があらわれている。

　鎌倉時代には，鴨長明〈かものちょうめい〉〈1155頃～1226〉の『方丈記〈ほうじょうき〉』や，吉田兼好〈よしだけんこう〉〈1283頃～1352〉の『徒然草〈つれづれぐさ〉』などの随筆が書かれ，無常の人生のありさまを考察している。

　兼好は，人びとが人生の無常を忘れて利欲に迷う様を，次のように語っている。「蟻のごとく集まりて，東西に急ぎ，南北に走る人，身分の高きあり，低きあり，老いたるあり，若きあり……いったい何事をしようというのか。生きることを貪り，利を求めてやむ時なし」。

　名利〈みょうり〉におぼれていても，やがて老いと死が一瞬もとどまることなく，速やかにやってくる。名利に迷うのは，「いつまでも常住ならんことを願って，人生も世の中も，一切絶えず変化する道理を知らぬ」からである。

　兼好は，このように無常な人生の中で地位や名誉に執着することのおろかさを戒めると同時に，無常なればこそ，人生の一瞬一瞬を真剣に生きる心がけの重要さを説いている。また，散りゆく桜の花や，明け方に見える有明の月にこそ，しみじみとした趣があると述べ，移ろいゆく自然や人生のはかなさの美をめでる心を求めた。

　ここには仏教の無常観を，人生の無常をしみじみと感じ入る心情である無常感として受けとめた，中世の日本人の繊細な感性があらわれている。

4 儒教とさまざまな思想

❶—江戸時代の儒教

封建社会と儒教

社会秩序と人間関係を尊重する日本人の生き方の伝統を形成した，近世の儒教の倫理思想を学んでみよう。

戦国時代の内乱が終わり，江戸幕府によって260年にわたって続く安定した封建社会が作られた。幕府は各人がみずからの身分にふさわしく生きることによって，社会全体の秩序が保たれる，封建社会の枠組みを作った。

この時代には，自己の社会的な立場(職分)をわきまえ，社会秩序を重んじる儒教の道徳が広まった。儒教の道徳をとおして，社会秩序を尊重し，人間関係を重んじる封建社会の人間像が形成されていった。

社会秩序と理の思想

幕府は封建的な社会秩序を支える理論として，新しい儒学である朱子学を採用した。戦乱の時代が終わったあとで，朱子学は信仰や武力ではなく，道徳や礼儀によって社会秩序を作り，

湯島の聖堂学問所 孔子など儒教の祖をまつる聖堂付属の学問所で，当初は林羅山の子孫である林家の私塾であった。1797(寛政9)年に昌平坂学問所となり，幕府の役人養成所となった。

人びとが人格的な修養を積んで社会秩序に参加することを教えた。

　朱子学は、禅宗の僧たちの教養として学ばれていたが、それを学問として独立させたのが、藤原惺窩〈1561〜1619〉である。その弟子の林羅山〈1583〜1657〉は幕府に用いられ、朱子学をとおして、身分秩序に基づく封建社会にふさわしい人間のあり方を説いた。その私塾であった湯島の聖堂付属の学問所は、のちに昌平坂学問所として、武士のための幕府の公式の学問所になった。

　朱子学は、宇宙には万物を貫く法則である理があると考える。人の心の本性は、このような天からあたえられた理であり（性即理）、心情に流されずに理に従うとき、心は本来のあり方を実現する。世の中に天が高く地が低いという、万物を上下に分ける理法があるように、人間の社会にも、君臣・父子・兄弟・夫婦など、上下の身分秩序が理法として定まっている（上下定分の理）。

　林羅山は、みずからの感情や欲望を抑えるつつしみ（敬）をもち、つねに理を追究する厳しい態度（居敬窮理）をもつべきだと説いた。散漫な心情の動きをおさえて心を理に集中し、心の中に理を保ち、理に従う心の主体性を確立する（存心）ために修養が必要とされる。林羅山は、個人の感情や欲をつつしんで社会秩序としてあらわれる理に従う、主体的な心を保持すること（存心持敬）こそ、封建社会に生きる人間にふさわしい態度であると説いた。

さまざまな儒学者たち

　藤原惺窩に始まる朱子学の流れは、京学と呼ばれる。その流れをくむ木下順庵〈1621〜98〉の門下には、中国語や朝鮮語に通じ、朝鮮との外交に活躍した雨森芳洲〈1668〜1755〉、幕府の政治に参与し、『西洋紀聞』などを著して、西洋の文化と合理的思考にも理解を示した新井白石〈1657〜1725〉、幕府に仕えて徳川吉宗の侍講をつとめた室鳩巣〈1658〜1734〉らが

人物　林羅山

林羅山は江戸時代初期の朱子学者である。京都に生まれ，藤原惺窩から朱子学を学び，師の推薦によって幕府の侍講としてつかえた。徳川の四代の将軍につかえ，林家は代々幕府に登用された。徳川綱吉の援助によって，上野忍岡の私塾が移されて湯島聖堂の学問所となり，のちに幕府公式の学問所になった。主著に『春鑑抄』『三徳抄』がある。

いる。

　南学と呼ばれる派は土佐の南村梅軒〈生没年不詳〉に始まるとされ，その一人に山崎闇斎〈1618～82〉がいる。彼は厳しい修養を積んでつねに心に敬をもち，人間社会の基本的な秩序である五倫に従って生きるべきだと説いた。また，日本の神がみや天皇を尊ぶ神道を取り入れ，神道の天皇崇拝と儒教の封建道徳をあわせた儒家神道（垂加神道）を唱えた。

　その弟子の佐藤直方〈1650～1719〉は，日本の神がみだけを中心に考えることに反対し，「自分が生まれた国や父母を，薬売りのようにわがままに自慢するのでは，天下の公理とはいえない」と述べ，家や国をこえた普遍的な宇宙の理（天理・公理）に基づいて考えるべきだと説いた。

　社会の秩序を重んじる朱子学の理の思想は，封建的な身分制度を支える理論となり，武士階級を中心に江戸時代の社会秩序を維持しようとする人びとに，広く受け入れられていった。

中江藤樹：孝

　すべての人を愛し敬う道徳を説いた，庶民の儒教について学んでみよう。
　中江藤樹〈1608～48〉は祖父のもとで武士として育てられたが，故郷の母に孝行を尽すために，武士の身分を捨てて近江（滋賀県）に帰った。そこで，藤樹書院と呼ばれる塾を開いて農民の教育につとめ，人びとから，のちに近江聖人と慕われた。
　藤樹は，朱子学が身分秩序の形式にとらわれていると批判し，

一人ひとりの心の内面に，人の生き方の根本を求めた。人間の心のうちには，道徳の原理である孝(こう)がある。孝は親から先祖へ，さらに宇宙の生命の根源にまでさかのぼって，自分をこの世に生み，育んだものへの感謝の心である。中江藤樹は，「わが身は親より受け，親の身は天地より受け，天地は宇宙の本体から生まれるから，わが身は宇宙の本体の分身変化したものである」と述べ，天地の万物は，宇宙から生まれたものとして，同根一体であると説いた。

そのように，人の命のもとをたどれば，親から先祖へ，さらには宇宙の生命の根源までさかのぼるから，すべての人は同じ生命の根源から生まれた同胞である。日常生活においては，孝はすべての人を同胞として愛し敬うこと（愛敬(あいけい)）となってあらわれる。真心から人と親しむことが愛であり，他者を敬い，軽んじないことが敬である。人はみな，天地から生まれた同胞として，たがいに人として愛し敬うべきなのである。

晩年の藤樹は陽明学を学び，知行合一(ちこうごういつ)を説く，その実践的な道徳に共鳴した。陽明学は，一人ひとりの生き生きとした心の活動の中に理があるという，心即理を説く。人はみずからの心に善悪を判断する力（良知良能(りょうちりょうのう)）をそなえており，良知を発揮して事物に働きかけ，世の中に正しい道理を実現していくべきである（致良知(ちりょうち)）。藤樹は，そのために日常の具体的な場面において，時・処・位(じ・しょ・い)（時と場所と身分）に応じて，良知を活発に働かせる道徳の工夫を行うことが大切であると説いた。

朱子学が客観的な社会規範を重んじたのに対して，陽明学は良知を活発に働かせる主体的な実践を重んじた。

その門人の熊沢蕃山(くまざわばんざん)〈1619〜91〉は，岡山藩の池田光政(みつまさ)に仕えて，治山治水(ちさんちすい)に成果をあげ，無計画な山林の伐採が洪水や干ばつをもたらすと説いて，自然環境の保護の先駆とされる。また，淵岡山(ふちこうざん)〈1617〜86〉は郷里の会津で，陽明学を広めた。

大坂の町奉行の元与力大塩平八郎(おおしおへいはちろう)〈1792〜1837〉も陽明学を学び，洗心洞(せんしんどう)という塾で門人を教えた。天保の飢饉のときには，みずからの書籍を売り払って苦しむ庶民を救済し，幕府に救済

人物 中江藤樹

　中江藤樹は近江国(滋賀県)に生まれた。父は帰農していたが、米子藩の武士であった祖父の養子となり、伊予国(愛媛県)の大洲藩に仕えた。しかし、故郷の母に孝養を尽すために脱藩して近江に帰り、藤樹書院を開いて庶民に儒教を教えた。また晩年は陽明学を知って共鳴し、その教えを広めた。主著に『翁問答』がある。

人物 伊藤仁斎

　伊藤仁斎は京都の商家に生まれた。少年の頃から学問を好み、朱子学をはじめ広く学ぶが、20代に学問にゆきづまって精神的に苦しんだ。やがて孔子の仁の教えに目覚め、名を仁斎と改め、古義堂を開いて庶民を教え、『論語』『孟子』の原典を熟読する古義学を唱えた。主著に『童子問』がある。

策を訴えたが受け入れられず、ついに無策な幕府と私腹をこやす商人に抗議して、一門をあげて蜂起した(大塩平八郎の乱)。
　また、松下村塾で明治維新に活躍する多くの青年を教えた吉田松陰〈1830〜59〉も、陽明学の影響を受けた。知行合一をとなえる陽明学は、社会の現実と向き合い、社会的な実践をめざす人びとの精神的な支えとなった。

伊藤仁斎：愛と誠

　人を愛せば人からも愛されるという、愛の道徳について学んでみよう。
　伊藤仁斎〈1627〜1705〉は、京都の商家に生まれた。生きる道を求めて学問に打ち込み、古義堂と呼ばれる塾を開いて町人に儒教を教えた。若き日の仁斎は、朱子学に満足のいく答えを見い出せず、精神的な苦闘の末に、孔子の『論語』こそ、人間の生きる道を明らかにした「宇宙第一の書」であるという確信にいたった。そして、朱子などの後世の学者の解釈を退け、『論

語』や『孟子』を原典の言葉に忠実に読んでいく古義学をとなえた。このように,儒学の原点である孔子や孟子の原典に立ち返って,その真意を研究しようとする学派を古学派という。その代表的なものが,山鹿素行の古学,伊藤仁斎の古義学,荻生徂徠の古文辞学である。

　仁斎は孔子の教えの根本は,仁であると考えた。仁はもっとも偉大な徳であり,人間の心の中に働く生き生きとした愛の心情である。心の内面から満ちあふれる愛がすみずみまでゆきわたり,すべての人をつつみ込んで,人びとが心情的に融和して一体となることが,仁の理想である。仁斎は,「われよく人を愛せば,人またわれを愛す」と述べ,人がたがいに愛し合うことこそ,人間の本来のあり方だと説いた。

　このような仁や愛を実現するために,偽りや飾りのない,真心である誠が大切である。誠は私心のない真実無偽の心であり,自己に対しても,他人に対しても偽りを持たない純粋な心情である。誠は自分を偽らない忠と,他人をあざむかない信を実践することによって身につく。誠によって人間関係が信頼できるものとなり,真実の愛が成り立つのである。

　愛と誠に基づく,人びとの心情的な融和を大切にする伊藤仁斎の教えは,日本人の伝統的な倫理観につながるものである。

　　愛に満ちた心　「慈愛の心があらゆるものと一体となってゆきわたり,自分の内から外に広がり,あらゆるところにゆきわたり,ほんの少しも残忍で薄情な心がない,まさにこれを仁というのである。こちらには心をかけるが,あちらには通じないというのは仁ではない。一人だけには心をかけるが,十人にはおよばないというのは仁ではない。ほんのわずかの時間のうちにもあり,眠っているあいだにも通じ,心がつねに愛から離れず,心に愛が満ち,心と愛がまったく一つになっている,まさにこれが仁である。だから徳のなかでは人を愛することが最も大切であり,人の心を傷つけることほど悪いことはない。」(『童子問』〈口語訳〉)

山鹿素行：武士の道

　自己の人格を磨き,道徳的な模範となる武士の人間像につい

人物　荻生徂徠

荻生徂徠は江戸に生まれた。父は5代将軍徳川綱吉の侍医であったが，父が上総国（千葉県）に流罪となったのに従い，貧苦の中で勉学に励んだ。やがて江戸に戻って塾を開き，31歳のときに柳沢吉保の政治顧問に抜擢された。合理的な視点から政治や経済を論じ，幕府の政策に助言をした。また，古代中国の政治制度を文献学的に研究する古文辞学を唱えた。主著に『弁道』『弁名』がある。

て学んでみよう。

山鹿素行〈1622～85〉は，江戸で儒学や兵法を教えた。彼は儒教の原典の精神に立ち返るため，『論語』や『孟子』などの原典を忠実に読む古学を唱えた。

素行は，儒教の道徳に基づいて，封建社会の支配者としての武士の心構え（士道）を説いた。日々の仕事に忙しくて道徳を学ぶ暇がない民衆にかわって，武士は民衆の指導者となって人の道を教え，人の道を乱す者を罰して，社会全体の秩序を守る責務をもっている。武士は社会の道徳的な指導者として，自分には厳しく，志気を高め，分別や清廉さをそなえ，他人には寛大で，包容力のある，高貴な人格を養うために，精神の修養につとめなくてはならない。

一方で，佐賀の鍋島藩士の山本常朝〈1659～1719〉は，鎌倉時代以来の，主君のために命を投げ出して戦う武士道を守ろうとして，『葉隠』の中で「武士道というは，死ぬことと見つけたり」と説いた。

荻生徂徠：安天下の道

人びとの生活を安定させる政治の意義を説いた思想について学んでみよう。

荻生徂徠〈1666～1728〉は，若い頃，貧しい生活の中で独学で学問に励み，やがて幕府の政策顧問となった。徂徠は，仁とは個人の心情的な道徳ではなく，民衆が安心して暮らせる世

の中をつくる為政者の心がけであると説いた。

　彼は「人の道とは，一人についていうものではなく，必ず億万人の全体についていうものである」と述べ，民衆が飢えや盗賊におびやかされることなく，安心して暮らせるような社会制度をつくる安天下(あんてんか)の道を説いた。

　人間はつねに他者と助け合い，共同で生活する社会的な存在である。荻生徂徠は個人を米と豆にたとえ，米が豆になるも，豆が米になることはできないが，社会で分業すれば，米は米として，豆は豆として役立ち，それぞれの能力を生かしながら世の中に貢献することができると説いている。そのように，民衆一人ひとりが分業しながら，全体で安心して暮らせる世の中を作るために，政治上の制度や政策を実施することが，政治を担う者の責務である。

　元禄時代に赤穂藩の浪士が，吉良義央(よしなか)の屋敷に討ち入り，主君の浅野長矩(ながのり)の仇討ちをしたとき，徂徠は仇討ちは私情であり，掟を破って世の秩序を乱したからには，幕府は罰するべきであると主張した。その一方で，川越で貧しい農民が病で動けない母親をやむなくおきざりにして流浪したときには，親不孝者を罰しようとする主君に対して，それは農民の生活苦を放置した藩の無策が原因だとして赦すべきだと説いた。いずれの場合も徂徠は，安天下の道を行う為政者の責務の立場から判断を下している。

　安天下の道は，古代中国の王である聖人が世の中をおさめ，人民の生活を安んじること（経世済民(けいせいさいみん)）を目的として，人為的につくられた社会制度である（先王(せんのう)の道）。それは，礼・楽・刑・政の制度に示されている。礼楽とは礼儀と音楽で，人民を自然に感化させる風俗習慣である。刑政は刑罰と政治の制度や政策であり，強制力をそなえたものである。徂徠は先王の道を明らかにするために，古代中国の孔子・孟子以前の『六経(りっけい)』などの儒学の古典を詳しく読み，古代の言葉を正確に解釈する古文辞学を唱えた。

　このように，徂徠は政治を道徳から独立させて実証的に考察

するとともに、政治を人為的な制度や政策とすることで、人間が主体的に社会秩序を作り、変革する可能性を示して、近代的な学問への道を開いた。その門下には、商品経済を重んじて経世済民を唱えた太宰春台〈1680〜1747〉、漢詩を研究した服部南郭〈1683〜1759〉らがいる。

社会的存在としての人　「たがいに親しみあい、愛しあい、生みあい、育てあい、助けあい、養いあい、正しあい、救いあうのは、人の本性から生まれた行為である……だから、人の道とは一人についていうものではなく、かならず億万人をあわせた社会の全体についていうものである。いま天下を眺めてみれば、群れをつくらずに孤立して生活できる者がいるだろうか。武士、農民、職人、商人はたがいに助けあって生活している。そうしなければ、生きることができないのである。盗賊でさえ、かならず仲間がいる。だから億万人を一つの社会にまとめることができる者が君主である。億万人を一つにまとめて、親しみ、愛しあい、生み育てる人の本性を十分に発揮させるのが、先王の道である。」(『弁道』〈口語訳〉)

❷―江戸時代の民衆の思想

石田梅岩：商人の道

　商業や農業にいそしみ、みずから働いて生活することに人間としての誇りを見い出した、民衆の思想について学んでみよう。
　江戸時代の中期から、商品の流通が活発になり、人びとの消費も活発になって、商業の重要性が高まった。武士の建前の文化に対して、世俗の人情や利益を肯定する、町人文化が生み出

心学の講義　石田梅岩は京都の呉服屋で番頭をつとめながら、人の道を平易に説く心学をおこした。自宅を塾にして「聴講自由・席料無料」の看板をかかげ、その講義には多くの庶民が集まった。塾には女性の席も設けられた(図の右下の部分)。

された。そこには，封建社会の身分制度のもとで下位におかれた町人の自己主張の高まりがみられる。

　商売にいそしむ町人の中から，実生活に基づいた新しい思想が生まれた。石田梅岩〈1685～1744〉は，幼い頃から京都の商家で奉公をしながら，独学で神道・儒教・仏教などを広く学び，それらに商人としての生活の経験を合わせて，町人としての生き方を説いた。

　彼は学問とは心を磨くためのものであると考え，みずからの学問を心学と呼んだ。そして，『都鄙問答』を著し，自宅で塾を開いて平易な言葉で庶民に心学を教えた。梅岩の塾は無料で，女性の席も設けられたため，多くの民衆に広まった。

　江戸時代においては，商人の身分は低く，商売の営利活動は人の道にそれた卑しい行為とみなされていた。梅岩は，「商人の利益は武士の俸禄と同じである」といい，商売による利益の追求は正当なものであると主張した。売り手から買い手へと品物を流通させる商売は，世の中に貢献する大切な役目をもっている。

　梅岩は，「先も立ち，われも立つ（相手も自分もたがいの生活が成り立つ）」という互助の精神に，商売の意義があると説いた。

　また，梅岩は人間の生き方として正直と倹約を重んじた。正直とは，「自分のものは自分のもの，他人のものは他人のもの，貸したものは受け取り，借りたものは返す」という，公正な態度である。倹約とは単にものを節約するだけでなく，ものを大切にし，その値打ちを最大に生かすことである。倹約によって生まれた余剰を人びとのために施せば，世の中を助けることができる。

　さらに，梅岩は「士農工商」という身分制度を，人間の上下ではなく，職業の別による分業ととらえた。各人がそれぞれ自分の職業や持ち分に満足し（知足安分），おのれの職務に励むことによって，世の中が運営されていく。

　町人出身の学者には，学校をつくって梅岩の教えを広めた手島堵庵〈1718～86〉，天文学や暦に通じた西川如見〈1648～

1724〉，思想史的な研究を行った富永仲基〈1715～46〉，仏教や迷信を批判して，霊魂の存在を否定する無鬼論を説き，合理的な考え方を貫いた山片蟠桃〈1748～1821〉らがいる。

近松門左衛門：義理と人情

　江戸時代には，歌舞伎や人形浄瑠璃が民衆の人気を集めた。人形浄瑠璃の脚本を書いた近松門左衛門〈1653～1724〉は，『心中天網島』『曾根崎心中』などで，義理と人情の相克に苦しむ町人の生きざまを描いた。義理は他者とのかかわりの中で行うべき道であり，人情は人の自然な情愛である。近松の作品には，好きな女性といっしょになりたいという人情と，その恋を貫けば恩人や友人を裏切ることになるという義理との葛藤に苦しむ主人公が，女性とともに心中するというストーリーが描かれている。

　また，井原西鶴〈1642～93〉も世の中を浮世と呼び，恋や富を求める享楽的な町人の姿を描き，町人文学を確立した。

二宮尊徳：農民の思想

　人間の生活の根本である農業の意義を説いた思想について学んでみよう。
　二宮尊徳〈1787～1856〉は相模（神奈川県）の農家に生まれ，幼い頃に両親を亡くし，貧しい中で勤労と勉学に励んで家を再興した。やがて農業の指導者としての手腕を買われ，幕府や藩に任用されて，全国をまわって飢饉や天災によって荒廃した，貧しい農村や藩の立て直しに尽した。そして，農民として誇り高く生きるための心構えと生活態度を説いた。

　尊徳は，すべての人間の営みの根本である農業は，自然の営みである天道と，人間の働きである人道とが合わさって成り立つと考えた。天道は日照，雨，暑さや寒さなど，変わることのない自然の営みである。人道は田畑の草を刈り，堤を築き，橋をかけるという人間の日々の努力によって保たれる。

　農業は自然の営みである天道に，人間の主体的な努力である

人道が合わさって成り立つ。天道のままにまかせておけば，田畑は荒廃するから，人間は天に感謝しつつ，毎日，勤勉に働くことをおこたってはならないのである。

人間の生き方も同じで，情欲のままに放置すれば生活は成り立たなくなる。人道は欲望を抑え，感情を制して努力を重ねることによって成り立つ。怠惰やぜいたくを戒め，自分の収入にあった合理的な生活設計を立てる分度を行い，それによって生まれた余剰を他の人びとに貸したり，将来のために蓄える推譲を実践して，生活を安定させる努力をしなくてはならない。二宮尊徳はこのような分度・推譲の実践を説いて，農民に自立を求めた。

また，尊徳は自分が今，ここに生きているのは自然や親や先祖のおかげであるから，その恩に応えなければならないという報徳思想を説いた。報徳とは，自然や親や先祖の徳に，みずからも徳をもって報いることである。借りたものに礼をそえて返すのも報徳であり，養育してくれた親に孝行を尽すのも報徳である。ここには，他者から受けた恩に感謝し，それに報いるという日本人の伝統的な倫理が根づいている。

安藤昌益：万人直耕の理想社会

すべての人が大地を耕して平等に生きる，ユートピアの思想について学んでみよう。

安藤昌益〈1707頃〜62〉は，八戸（青森県）で医師を営みながら，『自然真営道』『統道真伝』を著し，武士の支配する封建社会を痛烈に批判した。彼は，土を万物を生み出す根源であると考え，大地の生産活動を活きて真なるものであるという意味で土活真と呼んだ。自然界では万物がたがいに関連し合い，一体となって活発に運動している。

『自然真営道』 1899（明治32）年に，その稿本が発見された。

昌益はそのような自然の生成の運動に従って，すべての人が直接田畑を耕して，

人物　二宮尊徳

　二宮尊徳は相模国（神奈川県）に生まれた。裕福な農家だったが、幼い頃に父母を亡くし、川の氾濫で田畑を失い、貧困の中で勤勉に努力して家を再興した。農業指導の手腕を買われ、小田原藩や諸国の大名に迎えられ、荒廃した貧しい農村の復興にあたり、晩年は幕府に登用されて、農地の開拓も指導した。

　自給自足する万人直耕の世界を理想とした。すべての人が自然の活きて真なる生成の活動（活真）にのっとり、大地を耕して、衣食住を自給自足する平等な理想社会は、自然世と呼ばれる。それは、万人が農業にいそしんで大地を耕す、身分差別のない平等な社会である。

　その一方で、みずから耕さず、農民の作った米をむさぼり食う武士を、昌益は「不耕貪食の徒」と呼んで厳しく批判した。そして、武士が農民を搾取するために作った人為的なつくりものの社会を、法世と呼んで否定した。

　法世は武士が農民を支配するために作った、差別と搾取の世界である。さらに昌益は、儒教や仏教や神道は、為政者が民衆を支配するための道具であり、法世を正当化するものにすぎないと説いた。

　安藤昌益の思想は、江戸時代にはほとんど知られることはなかったが、1899（明治32）年に学者の狩野亨吉によって、その著作が再発見され、封建社会の矛盾をあばいたその鋭い批判精神が注目された。そして、カナダの外交官ノーマンの書いた『忘れられた思想家』で紹介され、広く知られるようになった。

❸——国学と日本人の心

国学の始まり

　古代から受け継がれた、日本人の伝統的なものの考え方・感じ方を明らかにする国学について学んでみよう。

江戸時代の中頃から,『古事記』や『万葉集』など日本の古典を研究して,儒教や仏教の影響を受ける前の古代の日本人のものの考え方を知り,日本人の生きる道（古道）を明らかにする国学がおこった。

　国学の先駆者とされる契沖〈1640〜1701〉は,『万葉集』を実証的に研究して,『万葉代匠記』を著した。契沖を受け継いだ荷田春満〈1669〜1736〉は,古典を理解するために,古語の本来の意味を明らかにしようとした。賀茂真淵〈1697〜1769〉は『万葉考』『国意考』を著し,『万葉集』に表現された古代の日本人の精神を,男性的でおおらかな気風の「ますらおぶり」と呼び,また,素朴で力強い「高く直き心」とも呼んだ。真淵は古代人の精神は,平安時代の女性的な「たおやめぶり」や,中国から伝わった儒教や仏教の理屈っぽい「からくにぶり」にとって代わられ,失われてしまったと歎いた。幼くして失明した塙保己一〈1746〜1821〉は,真淵から国学を学び,『群書類従』を著し,歴史や古典を実証的に研究した。

本居宣長：もののあわれ

　本居宣長〈1730〜1801〉は,伊勢（三重県）松坂で生まれた。京都で医学を学ぶとともに,和歌や古典にも関心をもった。賀茂真淵に出会って教えを受けたことがきっかけとなり,本格的に国学の研究に打ち込んで,国学を大成した。

　宣長は儒教や仏教に影響された理屈っぽい心を,「からごころ」（漢意）と呼んで,非難した。そして,「人の生まれつきの心こそ,真心である」と述べ,うわべを飾った不自然な心を捨て,生まれつきの,ありのままの自然な心情（真心）に従って生きるべきだと説いた。

　真心は花鳥風月などの美しい自然に触れて,その美しさにしみじみと感動する「もののあはれ」を知る心である。宣長は,「世の中のさまざまなことを,目でみるにつけ,耳で聞くにつけ,身でふれるにつけ,そのよろずのことの心を味わい,そのよろずのことの心を自分の心で理解する」ことが,もののあわれを

人物 本居宣長

　本居宣長は伊勢松坂（三重県）に生まれた。小児科医を開業しながら，日本の古典文学を研究した。34歳のときに賀茂真淵に出会って『古事記』の研究に目覚め，日本人の古来の道を解明する国学を大成した。主著に『古事記伝』『源氏物語玉の小櫛』『玉勝間』がある。

知る心であると説いている。また，「あはれ」とは，「みるもの聞くものふれるものに心が感じてでる嘆息の声」であるとも説明している。

　宣長は『古今和歌集』に表現された，美に感動する女性的でやさしい「たおやめぶり」を評価した。また，和歌や『源氏物語』などの文芸の本質を，恋や美に感動する「もののあはれ」にあるとした。

　文芸は，ものに感じる心を素直に表現するものであり，心情の発露をすなおに味わえばよく，それを道徳的に判断するべきではない。『源氏物語』の主人公光源氏と多くの女性との恋愛は，そこに表現された恋の美しさを味わえばよいものであり，光源氏はもののあはれを知る「心ある人」なのである。

　このように，自然のままの心情を重んじる宣長は，『古事記』や『日本書紀』に描かれた，人為を加えない，おのずからなる道を惟神の道と呼び，日本人の生き方の理想とした。日本は，天照大神に始まる神代のままの古代人の道を受け継ぎ，神に従い議論をしない国とされる。このような考えは，平田篤胤〈1776～1843〉に受け継がれ，神の子孫である天皇を中心にした古代の道に返えるべきだという復古神道を生み，幕末の尊王攘夷思想に影響をあたえた。

　　　道ならぬ恋　「道ならぬ恋は人のすることではなく，もっとも戒しむべきことである……だが，心ではあくまでしてはならないと思いながら，それをおさえることができないほどの強い情熱に動かされるのが好色の道であり，そこでいけないことだと知りながら，道ならぬ恋にのめりこむことも起こるのである

……人はだれでも聖人ではないのだから，悪いこともするだろうし，それを心に思うこともあるだろう。善いことばかりを考え，行うのが人ではない。歌はそのような自然な人の心に由来するのだから，その中に道ならぬ恋を詠んだ歌がまじるのも当然である。」(萩原延寿訳「排蘆小船」『日本の名著21』所収,中央公論社)

❹―神道の思想

神道の神がみ

　神道は，古代から伝えられた神話の神がみを信仰する，日本固有の民族宗教である。奈良・平安時代には，仏教の影響を受けて，仏が日本の神がみの姿をとってあらわれたと考える本地垂迹説が説かれ，神仏習合の思想が生まれた。山伏となって山中を歩いて修行する修験道も，古来の山岳宗教をもとに，神仏習合の思想から生まれた。山伏がとなえる六根清浄（六つの感覚を汚れをはらって清らかにする）という言葉は，仏教でも神道でも説かれる。

　その後，鎌倉から室町時代にかけてはそれとは反対に，日本固有の神がみが仏の姿であらわれたという反本地垂迹説が説かれ，日本固有の神がみを信仰する伊勢神道や吉田神道が生まれた。江戸時代になると山崎闇斎が儒教と神道をあわせた垂加神道を説き，また，平田篤胤は仏教や儒教をまじえずに，純粋な日本の固有の神の道を説く復古神道をとなえた。

　神道は神がみの子孫である天皇を中心とする国家観を生み出し，幕末の尊王攘夷思想に影響をあたえた。さらに明治以後は，歴史や文化を天皇を中心に理解する皇国史観につながった。

❺―洋学と幕末の思想

西洋文化との出会い

　日本人の西洋文化との出会いは，16世紀半ばのポルトガル人による鉄砲の伝来と，宣教師フランシスコ゠ザビエル〈1506頃～52〉によるキリスト教の布教に始まる。宣教師たちは天文学・医学・地理学などの学問や，活字印刷術などを伝えた。そ

の後，江戸幕府の鎖国政策により唯一貿易を許された長崎から入ってくるオランダ語の書物によって，西洋の学問を研究する蘭学がおこった。

蘭学医の前野良沢〈1723〜1803〉と杉田玄白〈1733〜1817〉は，人体の解剖に立ち合って，西洋の医学の正しさを知り，苦心の末にオランダ語の解剖書を訳して『解体新書』を著した。

『解体新書』

蘭学は，やがてヨーロッパの学問を含むという意味で洋学と呼ばれた。ドイツ人の医師シーボルト〈1796〜1866〉は，長崎に鳴滝塾を開き，西洋の学問を教えた。そこで学んだ高野長英〈1804〜50〉は，渡辺崋山〈1793〜1841〉とともに，蛮社（尚歯会）を作って西洋の学問を研究した。幕府がアメリカの商船モリソン号を砲撃したとき，高野長英は『戊戌夢物語』を，渡辺崋山は『慎機論』を著して，幕府の遅れた鎖国政策を批判したために処罰を受けた（蛮社の獄）。

幕末から新しい時代へ

洋学を通して西洋の合理的な知識がもたらされるに従って，しだいに日本の遅れた現状が明らかになり，西洋文化を取り入れて日本を改革しようとする気運が高まった。アヘン戦争で中国がイギリスに敗れたことに衝撃を受けた佐久間象山〈1811〜64〉は，「東洋道徳，西洋芸術（技術）」を唱え，東洋の精神を保ちながら，西洋の科学技術を積極的に導入し，国防力を高めるべきだと主張した。

また，吉田松陰は故郷の萩（山口県）の松下村塾で教え，藩ごとに分裂した封建体制をこえて，天皇を中心にすべての民衆が結集する「一君万民論」を唱え，明治維新に活躍する久坂玄瑞，高杉晋作，伊藤博文，山県有朋らの青年に影響をあたえた。

横井小楠〈1809〜69〉は，ペリーの来航を契機に開国論を

となえ，新しい日本のあり方について説いた。また，土佐を脱藩した坂本竜馬〈1835～67〉は，「日本を今一度洗濯いたし申し候」と述べ，旧い幕藩体制や封建制度をこえて，近代的な統一国家をめざして動いた。

　藤田東湖〈1806～55〉，会沢正志斎〈1782～1863〉らは，水戸藩の『大日本史』の編纂をもとにおこった水戸学の立場に立って，天皇を中心にした国家の正しい秩序を説く大義名分論をとなえ，尊王思想を主張した。大義とは大いなる正義，名分とは君臣の名と上下の区分という意味で，天皇を君主，将軍以下を臣下とする君臣関係を正すことで，国の正しいあり方が実現するという思想である。

　ペリー来航と開国の要求など，外国勢力の圧迫という危機的な状況の中で，尊王思想は外国人を排斥しようとする攘夷論と合わさって尊王攘夷論となり，幕末の志士に強い影響をあたえた。しかし，西洋諸国の圧倒的な科学技術と軍事力を前にして，攘夷が不可能であることが明らかになるにしたがい，幕府への批判が高まって尊王倒幕論へと移っていった。

5　日本の近代化と新しい思想

❶―啓蒙思想と自由民権運動

明治維新と文明開化

　西洋文明を取り入れながら，日本の近代化をめざした人びとの思想を学んでみよう。

　明治維新後，明治政府は日本の独立を守るために，西洋の文化を積極的に取り入れ（文明開化），富国強兵・殖産興業をスローガンに日本の近代化を進めた。このような中で，西洋の近代思想を吸収して，封建的な古い制度や習慣を打ち破り，理性的な人間のあり方を広めようとする啓蒙思想家があらわれた。

　福沢諭吉〈1834～1901〉,「哲学」などの用語を訳した西周〈1829～97〉，ミルの著作を『自由之理』として翻訳した中村正直〈1832～91〉，一夫一婦制度を唱え，学校制度の確立にあたった森有礼〈1847～89〉，大学教育の基礎をつくった加藤弘之〈1836～1916〉，法学者の津田真道〈1829～1903〉らは，明六社を結成して西洋の文化や思想を紹介し，民衆の啓蒙につとめた。

福沢諭吉：独立自尊

　身分や家柄ではなく，一人の人間として独立して生きることに，誇りを見い出そうとした福沢諭吉の啓蒙思想について学んでみよう。

　福沢諭吉は，豊前（大分県）中津藩の下級武士の子として生まれた。少年時代から身分の低い武士の家柄ということで差別を受け，つらい思いを味わった。同じ理由で才能がありながら不遇だった父を思って，「門閥制度は親の敵でござる」と語り，封建的な身分制度に反対し続けた。

　福沢は『学問のすゝめ』の中で，「天は人の上に人を造らず，人の下に人を造らずと云えり」と述べている。これは，アメリ

福沢諭吉（左）と『学問のすゝめ』（右） 福沢諭吉は豊前（大分県）中津藩の下級武士の子として生まれた。大坂の緒方洪庵の適塾でオランダ語を学び、その後に英語を独修し、通訳として幕府の渡米使節団に加わって咸臨丸でアメリカに渡った。帰国後、慶應義塾を作り、明六社にも参加し、啓蒙思想家として活動した。『学問のすゝめ』は、1872（明治5）年に刊行された。

カの独立宣言の一節である、「All men are created equal」をもとにしているとされる。

福沢諭吉は西洋の自然法思想をもとに、人間は生まれながらに平等な権利をもっているという、天賦人権論を唱えた。天賦人権とは、ヨーロッパの自然権の思想を儒教の天の観念を使って、天が万民にあたえた不可侵の権利として、わかりやすく表現したものである。新しい時代の人間は、一人ひとりが人間の尊厳をもつことを自覚して、政府や他人に頼らず、個人として独立して生きていかなければならない。彼は「独立とは自分で自分の身を支配し、他人に頼る心のないことである」と説き、独立自尊の精神を唱えた。

> **独立自尊** 「独立の気力のない者は、国家を思うことも切実ではない。独立とは自分で自分の身を支配し、他人にたよる心がないことである。自分で物事のよしあしを判断して誤らずに行動する者は、他人の知恵にたよらずに独立している。自分で心身を働かせて個人の生計を立てる者は、他人の財産にたよらずに独立している……独立の気力のない者は、かならず人にたよる。人にたよる者はかならず人を恐れる。人を恐れる者はかならず人にへつらう。つねに人を恐れてへつらう者は、しだいに面の皮が鉄のように厚くなり、恥ずべきことを恥じず、論ずべきことを論じず、人さえみればただ腰をかがめるばかりである……このような人間は立てといえば立ち、舞えといえば舞い、その従順なことは家で飼っている痩せ犬のようである。」（『学問のすゝめ』〈口語訳〉）

自分の力で生計を立てて独立して生活するためには、実際の日常生活に役立つ実学を学ぶ必要がある。実学とは、数学や物理学などの近代科学をはじめ、商売や家計の収支の計算まで、

人物 中江兆民

中江兆民は土佐(高知県)に生まれた。長崎に留学してフランス語を学び,24歳で政府の司法留学生としてフランスに渡った。ルソーの社会契約論を紹介し,主権在民の民主主義の思想を広め,自由民権運動に影響をあたえた。主著に『三酔人経綸問答』『一年有半』がある。

実生活に役立つ知識や技能をさす。福沢は,「一身独立して一国独立す」と述べ,すべての国民が独立の精神に目覚め,合理的な思考や実用的な技術を身につけて職業に励むことが,文明を進歩させ,国家の独立を守ることにつながると説いた。資源が少なく,国土も狭い日本で生きていくためには,一人ひとりが実学を学んで文化や産業を発展させていくことが,現在でも必要であろう。

晩年の福沢は,アジアの植民地化を進める西洋の勢力に対抗するため,国家と民衆が協調して富国強兵を進める官民調和を説き,また,自由独立の気風のない遅れたアジア的文明から抜け出して,西洋の近代国家の仲間入りをする脱亜論を主張した。

中江兆民：自由民権運動

自由・平等に生きる人間の権利を求めた先人について学んでみよう。

明治10年代から人民の自由と権利を求め,選挙や国会の開設などの,民主的な政治改革を要求する自由民権運動が起こった。福沢諭吉ら明六社の思想家たちは,政府と国民が調和するイギリス流の穏健な民主主義を説いた。一方,中江兆民〈1847～1901〉や植木枝盛〈1857～92〉らは,フランス流の急進的な民主主義を主張し,主権在民の原則や政府の圧政に対する抵抗権を主張した。

中江兆民は土佐(高知県)に生まれ,自由民権運動の理論的な指導者となった。ルソーの『社会契約論』の要旨を訳した

『民約訳解』を著し,「東洋のルソー」と呼ばれた。彼は『三酔人経綸問答』の中で, 二種類の民権を説いている。一つは支配者が上から人民に恵みあたえる恩賜的民権であり, もう一つは人民が革命によって支配者を倒して取り戻した恢復的民権(回復的民権)である。中江兆民は, 当時の天皇を中心とした立憲君主制との衝突を避けるため, あたえられた恩賜的民権を大切に育て, その内容を高めて恢復的民権へと成長させていくべきだと説いた。

また, 兆民は「日本に哲学なし」と喝破し, 日本人には自分自身の哲学というものがなく, 確固とした主義・主張をもたないために, 目先のことにとらわれ, 議論は場当たり的で深みがなく, 高い理念がないために, 常識をこえて偉大なことをなすことができないと批判した。

> **日本に哲学なし**　「わが日本, 古より今にいたるまで哲学なし……そもそも国に哲学がないのは, あたかも床の間に掛け物がないようなものであり, その国の品位が劣ることは免れない。カントやデカルトは実にドイツ, フランスの誇りである。この二国の床の間の掛け物である。これはこの二国の人民の品位におのずから関係している……哲学なき人民は何事をなしても深い意味がなく, 浅薄さを免れない……自分自身で造った哲学がなく, 政治には主義がなく, 政党の争いもその場だけで継続性がない, その原因は実にここにあるのだ。こざかしくて目先の知恵はあるが, 偉大なことを打ち建てるには不適当な理由である。きわめて常識に富んだ人民ではあるが, 常識をこえて何かをなすことはとうてい望むことができない。」(『一年有半』)〈口語訳〉

❷―キリスト教と日本人

キリスト教の受容

キリスト教の信仰のもとに, 正義と平和を求めて生きた先人について学んでみよう。

明治時代に公認されたキリスト教は, とくにプロテスタントを中心に伝道活動が盛んになった。新島襄〈1843〜90〉は, 京都に同志社を開いてキリスト教教育につとめ, 植村正久

人物　内村鑑三

内村鑑三は高崎藩（群馬県）の武士の家に生まれた。札幌農学校に入ってキリスト教に入信し，23歳で渡米して神学を学んだ。布教活動をしながら，足尾銅山鉱毒事件では財閥を批判し，日露戦争では非戦論を主張し，キリスト者として社会正義を貫いた。主著に『余は如何にして基督信徒となりし乎』『代表的日本人』がある。

〈1857～1925〉は東京神学社をつくって伝道師を育成した。小崎弘道〈1856～1938〉はキリスト教青年会（YMCA）をつくり，山室軍平〈1872～1940〉は貧しい民衆を救う日本救世軍をつくった。

新渡戸稲造〈1862～1933〉は，日本と世界の交流のために，「太平洋の橋とならん」ことを志し，英文で『武士道』を著して，日本人の精神と文化を世界に紹介した。

内村鑑三：二つのJ

内村鑑三〈1861～1930〉は，高崎藩（群馬県）の武士の家に生まれた。武士道や儒教の教えを受けて育ったが，16歳のときに，クラークによるキリスト教教育の雰囲気を残す札幌農学校（北海道大学の前身）に入学し，そこでキリスト教に入信した。

熱心な愛国者であった内村は，日本が神の説く正義にふさわしい国になることを願った。彼はイエス（Jesus）と日本（Japan）の二つのJのために生涯をささげる決意をし，「われは日本のために，日本は世界のために，世界はキリストのために，すべては神のため」をみずからの信条とした。人類は連帯して存在しており，それぞれの国家の価値は，人類の中でその役割を果たし，人類全体の繁栄に奉仕するところにある。内村は日本が正義を貫き，世界の平和と繁栄のために貢献する国家になることを願った。

また，信仰は教会の儀式や制度によるのではなく，一人ひとりが神の前に立ち，聖書の言葉を読むことによって心の中にあ

たえられるものだと考えて、無教会主義を唱えた。

　武士の家に育った内村は、おのれの利益や打算を捨て、勇気・正直・清廉(せいれん)を重んじる武士道の精神こそ、キリスト教の教えを生かすものと考え、「武士道に接木(つぎき)されたるキリスト教」を理想とした。そして、社会正義を重んじ、人びとのために献身する道義的精神に貫かれたキリスト教をめざした。

　このような信念から足尾銅山鉱毒事件では、鉱毒を流す会社を新聞で批判し、日露戦争のときには、「神がわれわれに命ずるものは絶対的平和であり、どのような場合にも剣をもって争ってはならない」と説き、絶対平和主義を貫いた。

　国民が戦争の勝利の喜びにわき立つ中で、何万もの人間が殺し合う戦争のおろかさを訴え、「戦争は実に人を禽獣化（鳥や獣のように）するものである」と述べて徹底的な非戦論を唱えた。内村は他の国を敵視する偏狭な愛国心を批判し、キリスト教の信仰のもとに正義を貫き、世界の平和のために貢献する国家になることを願う、真の愛国者であろうとした。

❸—国粋主義と国家主義

国粋主義：日本の伝統を尊ぶ

　日本の伝統的な文化と道徳の価値を、再発見しようとした思想について学んでみよう。

　明治政府が西洋の文化を導入して文明開化を進める欧化政策を進めたのに対して、明治20年代から、日本の伝統的な文化を見直し、それを保存しようとする国粋主義を唱える人びとがあらわれた。「粋」とは、まじりけのない純粋なものという意味で、国粋主義は日本の伝統的な文化の美点を守ろうとする考え方である。

　国粋主義は、本来は各国がその伝統的な文化を生かして、人類の発展に貢献しようという考え方であった。しかし、国家に最高の価値をおく国家主義の台頭とともに、やがて日本の優越を説く独善的、排他的な思想へと変質していった。

教育勅語の捧読（『ヨイコドモ 下』より）

　徳富蘇峰〈1863～1957〉は雑誌『国民之友』を作り，一般の民衆の立場から西洋文化を受け入れ，民衆による近代化を進めようとする平民主義を主張した。彼は，のちに国家に最高の価値を認める国家主義（ナショナリズム nationalism）に転じた。三宅雪嶺〈1860～1945〉は雑誌『日本人』を作り，日本民族が真・善・美の分野において人類の文化の向上に寄与するべきだという，普遍的な視点から日本文化の優秀性を説いた。
　陸羯南〈1857～1907〉は，新聞『日本』を発刊して，日本の伝統の優れた点を訴え，西村茂樹〈1828～1902〉は『日本道徳論』を著して，仁義・忠孝を重んじる伝統的な儒教道徳の意義を主張した。志賀重昴〈1863～1927〉は，日本の山岳や自然の特徴を『日本風景論』にまとめた。
　美術の分野では，岡倉天心〈1862～1913〉が友人の美術研究家フェノロサ〈1853～1908〉とともに奈良や京都をめぐって，寺院や仏像を調査し，その価値を再発見した。また，天心は英文で『茶の本』などを出版し，日本独特の美や文化を世界に紹介した。

教育勅語と国家主義

　1890（明治23）年に，明治政府は伝統的な儒教の教えをもとに，天皇を中心とする近代国家における国民の心得を定めた『教育勅語』を発布した。そこでは，伝統的な儒教の忠孝の徳が重んじられ，天皇への忠誠が国民に求められた。国民は天皇

に仕える臣民とされ、忠孝という家族に基礎をおく儒教の道徳が、国家の政治的な体制に移し変えられた。このような天皇を中心とする国民道徳は、国民を一つにまとめるためには役立ったが、やがて排他的な国家意識を生み、国家に最高の価値をおく国家主義へと進んでいった。

北一輝〈1883～1937〉は、『日本改造法案大綱』によって急進的な国家主義を唱え、天皇と国民を直結する国家の改造を主張した。昭和に入ると、いきすぎた国家主義は外国を侵略して資源と市場を獲得しようとする軍国主義と結びつき、しだいに国家に対する国民の批判力を失わせ、国民を戦争へとかりたてる要因の一つとなった。

❹―人間解放の思想

人間の尊厳を求めて

明治期に近代化が進む中で、貧困と過酷な労働条件に苦しむ労働者、男尊女卑の差別を受ける女性、差別に苦しむ被差別部落の人びと、公害で田畑を奪われた農民など、国家の繁栄の陰で犠牲になり、苦悩する民衆の中から人間の尊厳に値する生き方を要求し、人間解放を求める思想や運動が生まれた。貧しさや差別に苦しむ民衆のために立ち上がり、すべての人が人間らしく生きられる社会を実現しようとした先人の思想について学んでみよう。

幸徳秋水：社会主義の思想

明治の半ば頃から、日清〈1894～95〉・日露〈1904～05〉の戦争をきっかけに、日本の産業は急速に発展した。それにともなって貧しい労働者の生活の向上や、労働条件の改善を求める労働運動が起こり、社会主義思想が広まった。日本フェビアン協会を設立した安部磯雄〈1865～1949〉、社会主義をめざして国際的に活動した片山潜〈1859～1933〉らは、キリスト教の人道主義の立場から、議会を通じて労働者の地位を向上させ、社

幸徳秋水と社会民主党の人びと
前列の中央が幸徳秋水。その右は片山，左は安部。1901（明治34）年につくられた日本初の社会主義政党である社会民主党は，政府によってただちに解散を命じられた。

会主義を実現しようとした。

　若い頃，中江兆民の自由民権運動に影響を受けた幸徳秋水〈1871～1911〉は，堺利彦〈1870～1933〉とともに平民社を設立して『平民新聞』を発刊し，日露戦争に反対して行動的な社会主義の立場をとった。彼は『社会主義神髄』の中で，近代社会がもたらした貧困・罪悪・暗黒の原因は資本主義の矛盾にあるとし，それを解決する道として社会主義をとなえた。また，『廿世紀之怪物帝国主義』では，外国への侵略を企てる帝国主義的な政策を，「いわゆる愛国心を経とし，いわゆる軍国主義を緯とする」ものとして厳しく批判した。

　1901（明治34）年に，安部磯雄・片山潜・幸徳秋水・木下尚江〈1869～1937〉らは，日本初の社会主義政党である社会民主党を結成したが，政府はその日に解散を命じた。1910（明治43）年に起きた，天皇暗殺を企てたとされる大逆事件で，社会主義を弾圧しようともくろむ政府によって，幸徳秋水は首謀者にしたてあげられ処刑された。近年，幸徳秋水をはじめ，この事件で処刑された人びとの名誉を回復しようとする運動が行われている。

　マルクス経済学者の河上肇〈1879～1946〉は，ヒューマニズム（人道主義）の信条から『貧乏物語』を著し，すべての人がぜいたくをつつしみ，貧しい人を救う心がけをもつ人心の改造

によって,「貧乏の退治」をめざそうとした。しかし,やがてそのような心情的な倫理の限界に気づき,科学的な社会主義の研究に進んだ。

女性解放の運動

明治になっても封建的な習慣のもとで,男尊女卑の風潮はなくならなかった。女性解放運動は明治期前半に,岸田俊子〈1863〜1901〉や景山(福田)英子〈1865〜1927〉らが自由民権運動に参加して,男女の同権を訴えたことに始まる。平塚らいてう〈1886〜1971〉は雑誌『青鞜』を刊行し,女性の自立と社会的な地位の向上を唱えた。彼女は「元始,女性は実に太陽であった。真生の人であった。今,女性は月である。他によって生き,他の光によって輝く病人のような蒼白い顔の月である」と述べ,女性の自立への目覚めを呼びかけた。やがて,大正デモクラシーの高まりの中で,らいてうは市川房枝〈1893〜1981〉,奥むめお〈1895〜1997〉らと新婦人協会を作り,女性の参政権を求める運動を行った。彼女たちは「新しい女」と呼ばれ,世間一部からは奇異の目でみられながらも,女性解放運動を進めた。第二次世界大戦後に男女平等の普通選挙が実現し,その後,らいてうは平和運動に打ち込んだ。

『青鞜』 青鞜社の機関誌で,月刊。写真は1911(明治44)年9月刊行の創刊号の表紙。「元始,女性は実に太陽であった」の記事が掲載されている。

差別とのたたかい

江戸時代の封建的な身分制度の底辺におかれた人びとは,1871(明治4)年の「解放令」によって,法律上は差別から解放されて平等になった。しかし,社会的・経済的・精神的な差別は残った。被差別部落の人びとは,差別からの解放を求めて団結し,部落解放運動を起こして,1922(大正11)年に全国水平社を結成した。西光万吉〈1859〜1970〉が起草した水平社宣言は,「人の世の冷たさがどん

人物 田中正造

　田中正造は栃木県の名主の家に生まれた。栃木県の県会議員，さらに第一回衆議院選挙に当選し，足尾銅山鉱毒事件について，演説や帝国議会で質問を行った。政府がとりあわなかったため，議員を辞職して明治34年に死を覚悟して明治天皇に直訴した。その後も谷中村を貯水池にする計画に農民とともに反対し，鉱毒事件とたたかい続けた。

水平社の宣言文と
荊冠旗の碑

なに冷たいか，人間をいたわる事が何であるかをよく知っている吾々は，心から人生の熱と光を願求礼賛する。水平社はかくして生まれた。人の世に熱あれ，人間に光あれ」と呼びかけて，世間の偏見と差別を打ち破り，人間性の原理に基づく絶対の解放を求めた。

公害とのたたかい

　明治時代に栃木県で起きた足尾銅山鉱毒事件は，日本で最初の公害事件とされている。銅山の精錬所から流れ出た鉱毒が渡良瀬川に流れ込み，魚は死に絶え，田畑は不毛となり，農民たちの生活は困窮をきわめた。県内選出の衆議院議員田中正造〈1841～1913〉は，帝国議会で「民を殺すは国家を殺すなり」と訴え，足尾銅山の操業停止を求めたが聞き入れられず，処罰を覚悟して，明治天皇への直訴を試みた。その後も，正造は農民の先頭に立って生涯をかけて村人とともに，鉱毒問題の解決の

ためにたたかい続けた。

吉野作造：民本主義

　大正時代には憲法を擁護し，普通選挙を求める大正デモクラシーと呼ばれる民主主義的な運動が高まった。政治学者の吉野作造〈1878～1933〉は，大日本帝国憲法（明治憲法）の定める天皇主権との衝突を避けるために，主権は天皇にあっても，それを運用する目的は，人民の幸福と利益にあるという民本主義を説いた。人民の幸福と利益を実現するために，議会で人民自身の意見を重んじて政策を決定するべきである。そのために吉野は，議会に民衆の意見を反映させる普通選挙を実施し，議会が政府を監督できるように議会から首相を選び，内閣が議会の信任に応えない場合は，内閣の不信任を議決できる議院内閣制を唱えた。

　また，憲法学者の美濃部達吉〈1873～1948〉は，天皇に統治権があるとする天皇主権に対して，統治権は法律上の人格（法人）である国家にあり，天皇はそれを行使する機関であるという天皇機関説を唱えた。そして，天皇は議会の意向を重んじて国民のために統治するべきであると説いて，大正デモクラシーの気運を高めた。

　しかし，軍部の台頭とともに天皇を絶対視する考えが強まり，天皇機関説は天皇を中心とする国体（政治体制）に反するものであると批判され，美濃部達吉は貴族院議員を辞職し，その著作は発禁処分になった。

❺──近代的自我の目覚め

ロマン主義の文学

　政治的・社会的な権利を求める自由民権運動の動きは，明治期の中頃には，個人の内面の独立を求める思想へと向かい，文学を通して日本人の近代的な自我の確立が模索された。自己を束縛する古い社会の風習や制度との葛藤に苦しみながら，日本

人物 吉野作造

　吉野作造は宮城県に生まれた。若い頃にキリスト教的人道主義を身につけ、東京帝国大学で政治学の教授をつとめながら、政治について多数の論説を発表した。そして民本主義という用語で民主主義の理念を広め、大正デモクラシーの指導的役割を果たした。論説に「憲法の本義を説いて其の有終の美を済すの途を論ず」がある。

人の近代的な自我の確立を求めた文学者たちの思想について学んでみよう。

　ロマン（浪漫）主義の文学は、人間の自然な感情や情熱を肯定することによって、社会の束縛から自我を解放し、精神の自由と独立を求めた。北村透谷〈1868～94〉は、現実の中で肉体がもつ外部生命に対して、自我が心の中にもつ精神的な内部生命を重んじ、「実世界」を離れ、心の内部の「想世界」に自由、愛、幸福、信仰を求めた。

　与謝野晶子〈1878～1942〉は歌集『みだれ髪』で、「やわ肌のあつき血潮にふれもみで、さびしからずや道を説く君」とうたい、官能的な恋愛の情熱を大胆にうたいあげ、人間の感情を縛る古い封建的な道徳に挑戦した。

　また、日露戦争のときには戦地の弟を思い、「ああおとうとよ君を泣く、君死にたまうことなかれ……親は刃をにぎらせて、人を殺せとおしえしや、人を殺して死ねよとて、二十四までをそだてしや」とうたって、戦争反対の気持ちをあらわした。当時の常識であった「名誉ある戦死」を、「けものの道に死ぬ」ことだと批判した歌は、国家主義の人びとから国家をないがしろにする危険思想として非難され、この歌を発表した『明星』は発売禁止の処分を受けた。

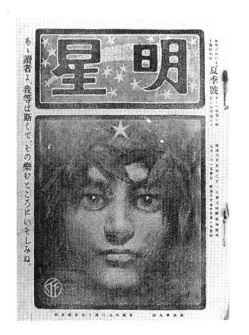

『明星』　与謝野晶子の「君死にたまうこと勿れ」が掲載された1904（明治37）年9月号の表紙。絵は藤島武二の作。

夏目漱石：自我をめぐる苦悩

　夏目漱石〈1867～1916〉は若い頃に，官命によってイギリスに留学し，現地の人とうまくつきあえず，自信を失って精神的な不安に苦しんだ。この体験から漱石は他人のまねをし，他人に迎合する他人本位の生き方をすれば，自分を見失って不安になるだけだと考えた。漱石は他人本位とは自分のつくった酒を人に飲んでもらって，その品評を聞いて無理やりそうだと思い込むような，人まねみたいなものだと述べている。

　そこで，みずからの内面的な要求に従って自分が主体になり，わが道を切り拓く自己本位の生き方が必要になる。それは人間は自分のために生きるべきだという，個人主義の考えである。漱石は『私の個人主義』の中で，「自己の個性の発展をなしとげようと思うなら，同時に他人の個性をも尊重しなければならない」と述べ，自分の主張する個人主義とは，自己と他者の個性をともに尊重するものであると説いた。

> **私の個人主義**　「今まではまったく他人本位で，根のない浮草のように，そこいらをでたらめに漂っていたから，駄目であったということにようやく気がついたのです。私のここに他人本位というのは，自分の酒を人に飲んでもらって，後からその品評を聴いて，それが理が非でもそうだとしてしまういわゆる人真似をさすのです……私は自己本位という言葉を手に握ってからたいへん強くなりました……自分が主で，他が賓（客）であるという信念は，今日の私に非常な自信と安心を与えてくれました。」（『私の個人主義』）

　しかし，現実の人生の中では，自我の要求の前にはさまざまな障害が立ちはだかり，それらと戦って自己の欲求を貫くことには，必然的にエゴイズム（egoism 自己中心主義）がともなう。小説『こゝろ』の主人公は，下宿のお嬢さんへの愛と，彼女を慕う友人への友情の板挟みに悩み，友人を出し抜いてお嬢さんに結婚を申し込み，友人を死へと追いやる。漱石はそうした他人との衝突が避けられない人間のエゴの相克の中で，自我の追求とエゴイズムの克服という矛盾した課題に直面した。

　漱石は，エゴイズムが渦巻く人間関係に，生涯苦悩し続けた。

人物 夏目漱石

　夏目漱石は，東京牛込(うしごめ)に生まれた。漢文や英文学を学び，旧制の松山中学，第五高等学校で英語を教える。33歳のとき，官命でイギリスに留学するが，自信を失って精神衰弱になり苦しんだ。東京帝国大学の英語教師をやめて文筆活動に専念し，近代的な自我の追求とその苦悩を描いた。主著に『三四郎』『それから』『門』『行人』『こころ』『明暗』がある。

人物 森鷗外

　森鷗外は島根県の津和野で，代々続く典医(てんい)の家に生まれた。医学を学んでドイツに留学し，西洋の近代的人間観に触れた。45歳で陸軍の軍医総監になり，仕事が終わってから深夜に文学の創作活動を続けた。人間をつねに社会的な立場や使命との結びつきの中でとらえ，内面的な自我の欲求と社会的な義務との葛藤を描いた。主著に『舞姫』『阿部一族』『高瀬舟』がある。

　人間はうちに相手への敵意を秘めながら，表面では笑みを浮かべて，かろうじて日常生活の均衡を保っている。それは，相撲で力士が四つに組み，うちには相手への対抗心をはらみながらも，力の均衡によってかろうじて体勢が保たれているようなものだと，漱石は述べている。

　その均衡が破れるや力士が激しく攻め合うように，人間はエゴイズムをむき出しにして醜く争う。晩年の漱石は，天があたえた運命のままに自分を委ねる「則天去私(そくてんきょし)(天に則り私を去る)」の境地に憧れた。それは人間の宿命ともいえるエゴイズムを，天の立場から諦念(ていねん)と冷静さをもって受け入れるという心境かもしれない。

森鷗外：諦めの境地

　森鷗外(もりおうがい)〈1862〜1922〉は代々続く医者の家の家長や，陸軍の軍医総監として社会から課せられた社会的な責務と，文学や芸術に打ち込む自我の内面的な欲求との葛藤に苦悩した。彼は役

森鷗外の墓（東京都三鷹市禅林寺）

所の仕事を終えたあと，深夜に机に向かって文学に打ち込んだ。

ドイツ留学の体験をもとにした『舞姫』では，主人公は留学先で知りあった踊り子への恋を貫くか，帰国して高い地位につき，家族や国家の期待に応えるかの板挟みに苦悩する。やがて，主人公は帰国を決意し，絶望した踊り子は正気を失うという悲劇的な結末を迎える。

　森鷗外は人間の生きる意味を，その時代や社会の状況の中で，当人にあたえられた任務や使命とのかかわりを通してとらえた。彼は『阿部一族』や『興津彌五右衛門の遺書』などの歴史小説において，運命の中で最後まで自分にあたえられた使命や立場を貫いて生きる人間像を数多く描いた。そして，歴史や運命の中で自己の立場や使命を冷静に引き受ける態度を，諦念（諦め・レジグナチオン resignation）と呼んだ。

　諦念とは，ただ消極的に運命に身をまかすことではなく，自分が投げ込まれた運命を自分のものとして引き受け，その運命がおのれの立つ場であると覚悟して懸命に生きることである。森鷗外はそのような諦念に，人間の生きる道を求めた。

　その一方で，『妄想』では人生の舞台で演じる役割を降りて，赤く，黒く塗られた役者の顔を洗い，素顔の自分をみつめ直したいとも語っている。また『かのやうに』では，国家も，道徳も，宗教も，すべては虚構（フィクション）かもしれないが，それらが実在する「かのように」振舞わねば社会は成り立っていかないと述べている。そのような，さめた目をもちながらも，みずからの義務を果たし，明治のエリートの道を走り続けた鷗外だが，死の直前には墓石に社会的な名誉や肩書きを抜きにして，本名の森林太郎だけを刻むように遺言した。そこに，鷗外の最期の心境をうかがい知ることができる。

「人生への疑問」：芥川龍之介『侏儒の言葉』より

芥川龍之介は，人生に対する疑問を鋭く描いた小説家である。彼は『侏儒の言葉』の中で，「人生」と題してつぎのようなアフォリズム（警句）を書き残している。

「人生は一箱のマッチに似ている。重大に扱うのは莫迦莫迦しい。重大に扱わなければ危険である」

「もし，遊泳を学ばない者に泳げと命じる者があれば，何人も無理だと思うであろう。もし，またランニングを学ばない者に駆けろと命じる者があれば，やはり理不尽だと思わざるをえまい。しかし，われわれは母の胎内にいたとき，人生に処する術を学んだであろうか？　しかも胎内を離れるが早いか，とにかく大きい競技場に似た人生の中に踏み入るのである。人生は狂人の主催になったオリンピックに似たものである。われわれは人生と闘いながら，人生と闘うことを学ばねばならぬ」

彼の投げかけた人生への疑問に，われわれはどのように応えるべきだろうか。

芥川龍之介

舞台の役者　「生まれてから今日まで，自分は何をしているのか。終始何物かに策うたれ駆られているように学問ということにあくせくしている……自分のしている事は，役者が舞台へ出てある役を勤めているに過ぎないように感ぜられる……勉強する子供から，勉強する学校生徒，勉強する官吏，勉強する留学生というのが，皆その役である。赤く黒く塗られている顔をいつか洗って，一寸舞台から降りて，静かに自分というものを考えて見たい，背後の何物かの面目（かおかたち）をのぞいて見たいと思い思いしながら，舞台監督の鞭を背中に受けて，役から役を勤め続けている。この役がすなわち生だとは考えられない。背後にあるある物が真の生ではあるまいかと思われる。ただしそのある物は目を醒まそう醒まそうと思いながら，またしてはうとうとして眠ってしまう。」（『妄想』）

理想主義の文学

大正デモクラシーの自由な雰囲気の中で，武者小路実篤

〈1885～1976〉，志賀直哉〈1883～1971〉，有島武郎〈1878～1923〉らによって雑誌『白樺』が創刊され，白樺派の理想主義の文学が生まれた。武者小路実篤は個人の個性を伸ばすとともに，すべての人の生長を願う人道主義を唱え，「自分は一個の人間でありたい。誰にも利用されない，誰にも頭をさげない，一個の人間でありたい」（『一個の人間』）と語っている。

また，「俺は殺されることが嫌いだから，人殺しに反対する。自分の殺されることが好きな人間，自分の愛するものの殺されることの好きな人間，かかる人間のみ戦争を賛美することができる」（『戦争はよくない』）と語り，徹底した人道主義の立場から戦争に反対した。

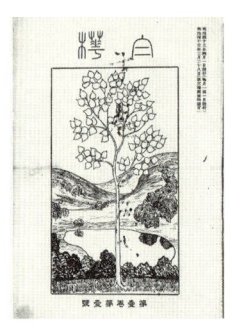

『白樺』 1910（明治43）年に武者小路実篤・志賀・有島らによって創刊された。理想主義文学の中心となったが，1923（大正12）年に廃刊。

❻―日本人の伝統に根ざした思想

西田幾多郎：純粋経験の世界

明治時代の終わりになると，西洋思想を吸収しながら東洋思想や日本の伝統を生かして，独自の哲学を確立した思想家があらわれた。日本人の伝統に基づいて西洋思想を吸収し，独自の思想をつくりあげた先人について見てみよう。

西田幾多郎〈1870～1945〉は，若い頃から坐禅をしながら西洋哲学を研究し，『善の研究』を著した。彼は西洋の近代哲学が，自我を中心におき，認識する自我（主観）と，認識される対象（客観）を対立させる点を批判した。ありのままの体験においては，私たちが美しい音楽に心を奪われたり，画家が絵を描くことに没頭するときのように，自我と世界とが一体となっている。そこには自己と客体を分ける分別は，まだ働いていない。このような自己と世界を分けて考える以前の，主客未分の渾然一体となった根源的な経験を，西田は純粋経験と呼んだ。

人物 西田幾多郎

西田幾多郎は，石川県に生まれた。読書と参禅を通して自己の内面をみつめながら哲学的な思索をした。41歳でその結晶である『善の研究』を完成し，京都帝国大学の教授となって，東洋の伝統的な無の思想に基づく純粋経験の思想を確立した。主著に『善の研究』『無の自覚的限定』『働くものから見るものへ』がある。

　日常の小さな自我を抜け出して，その根底にある自己と世界が一体となった純粋経験に没入するとき，真の実在と出会うことができる。純粋経験の中で働く実在は，知識では真理として，感情では美として，意志では善となって，私たちの心にあらわれる。宇宙の統一的な実在が，一人ひとりの意識において分化し，発展し，あらわれるのである。純粋経験に自己を没入させ，その根底からわきあがる実在の働きに従い，真・善・美の価値を創造していくところに真の人格が実現する。

　晩年には，西田はこの実在を絶対無と呼んだ。それは，有るものの否定としての無ではなく，相対的な有と無の対立をこえ，すべての有るものを生み出す根源としての無である。この絶対無の場所において，無はみずからを限定して多くの個物となり，たがいに対立・矛盾しながらも，全体としては同一なるものにとどまりながら自己を表現する（絶対矛盾的自己同一）。ここには，西田の禅の体験が大きく影響している。

> **善：万物一体の境地**　「自己の真摯なる内面的要求に従うということ，すなわち自己の真人格を実現するということは，客観に対して主観を立て，外物を自己に従えるという意味ではない。自己の主観的空想を消磨しつくしてぜんぜん物と一致したるところに，かえって自己の真要求を満足し真の自己を見ることができるのである……主客相没し（主観と客観の対立が消え），物我相忘れ，天地唯一実在の活動あるのみなるにいたって，はじめて善行の極致に達するのである。物が我を動かしたのでもよし，我が物を動かしたのでもよい。雪舟（室町期の水墨画家）が自然を描いたものでもよし，自然が雪舟を通して自己を描いたものでもよい……我が見る世界を離れて我はない。天地同根

万物一体である。」(『善の研究』)

和辻哲郎：人の間の倫理

　「人の間」と書く人間には，どのような意味が含まれているのだろうか。そのような視点から倫理を考察した思想を学んでみよう。

　和辻哲郎は，人間のあり方を個人に求める西洋の個人主義的な倫理学を批判し，『人間の学としての倫理学』において，人と人の間の関係から人間のあり方を考察した。

　「人間」という言葉は「人の間」と書くように，もともとは「世の中」を意味し，やがて，その世の中に生きる「人」をさすようにもなった。和辻は，そのような人間を，家庭・仲間・職場・社会における，人と人との関係の中で生きる間柄的存在としてとらえた。

　個人と社会の中の存在という二つの側面をもつ人間は，社会への埋没から抜け出して，個人として独立すると同時に，社会の中に参加して，社会の発展のために貢献する。個人が社会を否定して独立するとともに，その自己を否定して社会のために貢献するという二重の否定の働きの中に，人間のあり方がある。

　このように個人と社会が対立し，たがいを否定しつつ，ともに発展していくという，個人と社会の弁証法的統一の運動の中に，人間の倫理がある。和辻は個人だけが突出すると，利己的な個人主義に陥り，個人を否定すると，国家を絶対視する全体主義に陥ると警告し，個人と社会が相互にかかわりあい，ともに発展していくところに人間の生きる道筋としての倫理を求めた。

　　人の間としての人間　「人間とは『世の中』であるとともに，その世の中における『人』である。だからそれは単なる『人』ではないとともに，また単なる『社会』でもない。ここに人間の二重性格の弁証法的統一（個人と社会の対立しつつ統一する運動）がみられる。人間が人である限り，それは個別人としてあくまでも社会と異なる。それは社会でないから個別人であるのである……しかも人間は世の中にある限り，あくまでも人と人

人物 和辻哲郎

和辻哲郎は、兵庫県に生まれた。京都帝国大学や東京帝国大学で倫理学を教えた。45歳のとき『人間の学としての倫理学』を発表し、個人を中心にした西洋の近代思想を批判し、人を他者との間柄的存在としてとらえ、共同体を重んじる倫理学を説いた。主著に『風土』『人間の学としての倫理学』『倫理学』がある。

との共同体であり、社会であって、孤立的な人ではない。それは孤立的でないからこそ人間なのである。従って相互に絶対に他者であるところの自他が、それにもかかわらず共同的存在において一つになる。社会と根本的に異なる個別人が、しかも社会の中に消える。人間はかくのごとき（個人と社会という）対立的なものの統一である。この弁証法的な構造を見ずしては人間の本質は理解せられない。」（『倫理学』）

日本の伝統思想の再発見

江戸時代には、町人に「いき（粋）」と呼ばれる美意識が流行した。九鬼周造〈1888～1941〉は『いきの構造』を著し、日本人の伝統的な美意識の一つである「いき」を哲学的に分析した。「いき」な振舞いの中には、恋や美を貫こうとする意気込み（意気地）、艶かしい美しさ（媚態）、こだわりのない、きっぱりとした気風（諦め）などの要素がある。抜き衣紋に着くずして首筋を見せたり、冬に素足で下駄を履くのも「いき」である。

「いき」な振舞いの中には、恋をまっとうしようとする意気込みとともに、いつまでも恋に連綿としない、きっぱりとした諦めも必要である。その反対が「野暮」である。

西田幾多郎とも交友のあった鈴木大拙〈1870～1966〉は、若い頃から禅に打ち込み、禅についての書物を海外で英文で出版し、日本文化と禅の思想を世界に紹介した。歴史学者の津田左右吉〈1873～1961〉は、『古事記』や『日本書紀』を文献学的に研究し、それらが当時の天皇を中心とする国家を正当化するという意図のもとに編纂されたことを明らかにした。

❼──民衆の伝承と自然環境の保存

柳田国男：常民の思想

　柳田国男〈1875～1962〉は、「日本人とは何か」という根本的な問いの答えを見つけるために、地方の村に伝わる伝承や習俗や方言を収集して研究し、日本の民俗学を打ち立てた。彼は、地方の文化を伝承してきた無名の民衆を常民と呼び、彼らの昔話・習俗・信仰の中に、日本人固有のものの考え方や生き方があると考えた。岩手県の遠野地方に伝わる伝承をまとめた『遠野物語』では、山の神や河童などの話を記録し、『先祖の話』では死んだ先祖の霊が子孫を見守るという、日本人の伝統的な祖先崇拝を明らかにした。

　柳田は民俗学を、民衆に伝承されてきた日本人の本来の精神を探究するものという意味で、新国学と呼んだ。

　柳田に学んだ国文学者の折口信夫〈1887～1953〉は、文学や芸能の起源を、民衆に伝承された神の物語に求めた。折口は、神の原像は外の世界からやってくるものと考え、これを客人を意味する「まれびと」と呼んだ。そして、海のかなたの不老不死の常世国から、豊穣をもたらす神が「まれびと」として村を訪れ、ふたたび去っていくという伝承から、神への信仰が生まれたと考えた。

柳宗悦：民芸運動

　柳宗悦〈1889～1961〉は、無名の職人が熟練した手仕事でつくり出した日用品に美を見い出し、それを民芸と名づけた。民芸とはそれまで美の対象とされなかった民衆の日用品に、固有の美があるという考え方である。柳は、各地を旅行して民芸品を収集し、日本民芸館で公開して、広く紹介した。また、朝鮮を旅行したときには、朝鮮の民芸の美への理解を深め、当時の日本による朝鮮支配を批判した。

人物 柳田国男

　日本民俗学の創始者。兵庫県に生まれ，農商務省の役人をしながら，地方の村をめぐって伝承・習俗・信仰についての資料を集め，日本民族の歴史と文化を探究した。主著に『遠野物語』『先祖の話』がある。

人物 柳宗悦

　柳宗悦は東京に生まれ，東京帝国大学で文学を学び，白樺派にも参加した。民衆の日用品の美を保存する民芸運動をおこし，日本民芸館を設立した。朝鮮美術にも深い理解を示し，日本による朝鮮の支配を批判し，朝鮮時代（李朝）の光化門の取り壊しに反対した。また，沖縄の文化を調査し，江戸時代の木喰（もくじき）の仏像を紹介した。主著に『民芸四十年』がある。

人物 南方熊楠

　南方熊楠は，生物学者，博物学者，民俗学者である。和歌山県に生まれた。アメリカに渡り，さらにイギリスの大英博物館で地衣（ちい）や菌類の調査を行い，考古学や人類学を独習した。帰国後は，粘菌類を研究し，柳田国男と交流して日本の民俗学にも取り組んだ。明治40年には政府の神社合祀令への反対運動をおこし，鎮守の森の保存を訴えた。

南方熊楠：自然環境の保存

　生物学者の南方熊楠（みなかたくまぐす）〈1867～1941〉は，昔から神社のまわりに聖域として保存されてきた鎮守（ちんじゅ）の森を守るために，明治政府が出した神社合祀（ごうし）令（神社を統合して数を減らす政策）に反対する運動を行った。地方の小さな神社が廃止されれば，そのまわりの鎮守の森が伐採されて，動植物などの貴重な自然が失われ，神社に伝えられてきた民衆の信仰と伝統文化も失われる。熊楠の運動は，日本で最初の自然環境保護運動とされている。

❽──戦後の日本の思想

民主主義と平和の思想
　ジャーナリスト出身で，戦後に政治家としても活躍した石橋湛山〈1884～1973〉は，戦前にすでに『大日本主義の幻想』を著し，軍備の増強と植民地の獲得をめざす当時の政府や軍部の政策を大日本主義と呼んで批判し，平和を守って経済的・文化的な発展をめざす小日本主義をとなえた。
　戦後になると政治学者の丸山眞男〈1914～96〉が，『超国家主義の論理と心理』を著し，日本人一人ひとりが責任ある主体としての個人を確立できなかったことが，責任の所在があいまいなままに，超国家主義の流れに飲み込まれた要因であると分析した。
　日本人としてはじめてノーベル賞を受賞した物理学者の湯川秀樹〈1907～81〉は，科学者の立場から平和を呼びかけ，1955年の核兵器廃絶を訴えたラッセル・アインシュタイン宣言にも署名して参加した。また，『ヒロシマノート』『オキナワノート』などを書いて戦争と平和の問題にも取り組んだ作家の大江健三郎〈1935～　〉は，哲学者の鶴見俊輔〈1922～2015〉らと「九条の会」をつくり，平和憲法の大切さを訴えている。

文化論・社会論
　評論家の加藤周一〈1919～2008〉は，『日本文化の雑種性』で，古くから中国・朝鮮や西洋などの文化を取り入れて形成されてきた日本の文化を雑種文化と呼び，海外の文化を摂取・消化して独自の文化を創造していく日本文化の積極的な意義を見い出した。
　文芸評論家の小林秀雄〈1902～83〉は，『無常といふ事』を著し，時の流れのかなたに過ぎ去った過去を，まざまざと「思い出す」ことによって無常を見つめようとする，日本人の独特の無常観について分析した。フランスに滞在して思索を続けた哲学者の森有正〈1911～76〉は，『遙かなノートル・ダム』などの

エッセーで，自己の思索の世界に沈潜しながら，その深まりをとおして西洋文化と向き合い，個人の経験の深まりから文化の伝統が生み出されると論じた。

評論家の吉本隆明〈1924〜2012〉は『共同幻想論』で肉体から派生した意識が織りなす世界を幻想と呼び，個人の意識をさす自己幻想から，人間関係を生み出す対幻想，国家や社会をさす共同幻想まで論じた。

作家の石牟礼道子〈1927〜2018〉は，熊本で起こった公害の水俣病を取り上げた『苦海浄土』で，工場から排出された有機水銀を含んだ魚を食べて水銀中毒になった人びとの苦しみと怒りの声を伝えた。会社との交渉で，「銭は一銭もいらん。そのかわり会社のえらか衆の上から順々に，水銀を飲んでもらおう」という住民の怒りの声をとおして，公害の恐ろしさと，豊穣な自然の恵みのもとに生きる人びとの生活の尊厳を訴えた。

❾―戦争と平和

富国強兵と軍国主義

日本の文化は長い歴史の中で，たえず外来文化との出会いを通じて発展してきた。古代における中国・朝鮮などアジアの文化的影響や，16世紀に伝えられたヨーロッパの文化（南蛮文化）など，日本は海外の文化から多くのことを学び，それを消化・吸収することによって独自の文化をつくりあげてきた。明治時代になると，政府は富国強兵の政策を掲げて，欧米の科学技術の導入に力をそそぎ，アジアの中で一番早く近代化をなしとげた。しかし，その後しだいに軍事力を増強し，欧米の列強（強国）と争って，アジアで植民地を獲得しようとする軍国主義の道を歩んだ。

軍国主義の台頭とともに思想や言論が統制され，学校でも日本が「万世一系の天皇がおさめる神国」であるという，独善的で，排他的な国家主義の思想が教えられた。このような中で，国民のあいだにアジアを蔑視する風潮，とりわけ中国や朝鮮の

人びとに対する偏見や差別の意識が生まれ，アジアへの侵略戦争に歯止めをかける批判力が失われていった。

日本の戦争責任の問題

　戦争を起こせば人は戦争の加害者にも，被害者にもなる。

　日中戦争や太平洋戦争など，日本と中国や欧米諸国との戦争は，はかり切れない悲惨さをもたらした。多くの日本人が兵士として戦場で命を落としただけでなく，多くの市民が犠牲になった。

　太平洋戦争の末期には，日本各地へのアメリカ軍による爆撃が行われ，1945（昭和20）年3月10日の東京大空襲では，アメリカ軍の空襲によって，一晩でおよそ10万人の市民が焼死した。1945年4月には，沖縄本島にアメリカ軍が上陸して島が戦場となり，およそ10万人の住民が犠牲になった。同年8月6日には広島に，9日には長崎に，世界ではじめての原子爆弾が投下され，多くの人びとが犠牲になった。

　このように，多くの犠牲者を出した戦争の悲惨な事実は，これから先も私たちが長く記憶にとどめ，未来の人びとへと語り継ぎ，世界に訴えていかなければならない。

　しかし，同時に忘れてはならないのは，日本が戦争の加害者でもあったという歴史的な事実である。日本は台湾を50年間，朝鮮半島を35年間にわたって植民地として支配した。朝鮮の

学徒出陣　太平洋戦争が激しさを増した1943（昭和18）年には，それまで徴兵が猶予されていた大学や専門学校の学生も戦場へとかり出された。多くの学生が前線や特攻隊などに送られて戦死した。写真は同年，明治神宮競技場で催された出陣学徒の壮行会。各学校の旗を先頭に，学生が銃をかついで行進している。

『きけわだつみのこえ』：戦争で死んだ若者たちの声

『きけわだつみのこえ』は，第二次世界大戦のとき，戦争にかり出されて死んでいった学生たちの手紙や遺書をまとめたものである。その中に，戦争の末期に特攻隊員として戦闘機で出撃し，23歳で沖縄の海で死んだ佐々木八郎という青年の手紙が残されている。

彼は東京帝国大学で経済学を学び，また，宮沢賢治の文学を愛して，「世界ぜんたいが幸福にならないうちは，個人の幸福はありえない」という賢治の理想に共鳴する青年だった。人間が敵と味方に分かれて争う戦争のさなか，彼はこのように書いている。

「僕の気持ちは，もっとヒューマニスティック(人間的)なものなのだ。憎まないでいいものを憎みたくない，そんな気持ちなのだ。……そして正しいものにはつねに味方をしたい。そして不正なもの，心おごれるものに対しては，敵味方の差別なく憎みたい。好悪愛憎，すべて僕にとっては純粋に人間的なものであって，国籍が異なるというだけで人を愛し，憎むことはできない。……単に国籍が異なるというだけで，人間として本当は崇高であり美しいものを尊敬することをおこたり，醜い卑劣なことを見逃すことをしたくないのだ」。

戦争のさなかでさえ，このように人間への愛と理性を失わなかった人間は，他の国にも多くいたことだろう。彼は「人間の人間としての美しさへの愛」を，みずからの理想にしたいと語っている。私たちは，このような戦争で死んでいかなければならなかった人びとの残した声を忘れず，戦争の悲劇を心にとめ，世界の平和のために議論し続けなければならない。

学校では，朝鮮語を禁止して日本語を強制し，創氏改名を行うなど，朝鮮の人びとの誇りを踏みにじる同化政策を行った。また，国内の労働力の不足を補うために，朝鮮・中国から多くの人びとを徴用・動員して，炭坑などで過酷な労働を強いた。当時，植民地であった朝鮮や台湾の女性を慰安婦として戦場の慰安所で働かせた。中国や東南アジアでは，日本軍の侵略によって戦争にまき込まれ，多くの人びとが犠牲になったといわれている。

第二次世界大戦後，日本はアジア各国に対し，国家間の賠償・謝罪を行った。しかし，元慰安婦たちや動員された人びとが，

被害を受けた個人への補償を求めて，日本政府や日本の企業に対して訴訟を起こすケースは，今なお続いている。

ドイツのヴァイツゼッカー元大統領〈1920〜2015〉は，第二次世界大戦中のナチスの非人道的な行為を反省し，「過去に目を閉ざすものは，結局現在にも目をひらかなくなります。非人間的な行為を心に刻もうとしないものは，またそうした危機に陥りやすいのです」と語っている。

未来に向けて，アジアの人びとと対等な立場で信頼関係を築いていく上で，また，二度と人びとを戦争の惨禍にまき込まないために，日本の戦争責任の問題は忘れてはならない課題である。

平和への貢献と愛国心

人類の平和に貢献できる国家の一員としての，誇りと愛国心について考えてみよう。

第二次世界大戦後，日本は永久平和をめざす民主国家として再出発した。日本国憲法の第9条では，戦争と武力の行使の永久放棄，戦力の不保持を宣言している。日本は，戦争の悲惨さと平和の大切さを身をもって体験した国として，人類の友好的な対話を進め，人類全体の平和と共存を実現するために，積極的に貢献する使命をになっている。

しかし，今なお，世界の各地では民族紛争，地域紛争，テロが起こっている。紛争を生み出す一つの要因は，たがいに相手を敵視する，偏見に満ちた排他的な民族主義である。自民族や自国の文化のみを絶対視し，他の文化を「遅れている」とか，「劣っている」とか決めつける自文化(自民族)中心主義(エスノセントリズム ethnocentrism)は，人間を無用な争いにかりたて，争いをエスカレートさせる要因になる。

私たちは，祖先が長い歴史の中で築きあげてきた自国の伝統と文化に誇りをもつと同時に，同じように築かれた他国の伝統と文化に対しても敬意を払うべきである。自国だけを優れたものとする排他的で偏狭な愛国心を抜け出し，世界の人びととの

東京オリンピックの閉会式
1964（昭和39）年，第18回オリンピック東京大会が開かれた。東京は1940（昭和15）年に一度開催が決まっていたが，日中戦争と第二次世界大戦のために中止となった。「世界は一つ」のテーマのもとに，オリンピック東京大会は日本の国民に平和の時代を実感させ，大きな感動をあたえた。

　平和な共存を願う，世界に開かれた成熟した真の愛国心を身につけたいものである。

　そして，日本人としての誇りをもつと同時に，地球に生きる人類という共同体の一員としての自覚をもち，地球という視野に立って，平和で民主的な人類社会の倫理を確立していかなければならない。

第4章 現代の倫理的課題

1 科学技術の発達と生命

❶―科学技術と生命倫理

　生命は、かつては自然の摂理に従うものと考えられてきた。しかし、1953年にワトソンとクリックが生命の設計図ともいえる遺伝子（DNA）の二重らせん構造を発見してから、生命の神秘を解明する生命科学が発達した。

　現在は、分子生物学や医学の進歩のもとで、最新の生命工学（バイオテクノロジー）や先端医療を使って、人間の意志によって生命を操作できるようになった。かつては「神の手」や「自然の摂理」に委ねられていた生命の誕生と死、人間や他の生物の身体や能力を、人間がみずからの意志でかなりの範囲でコントロールできるようになった。

　今、私たちはバイオテクノロジーや先端医療の分野で、人間の意図的な操作によってどこまで生命に手を入れ、管理することが許されるのだろうかという問いに直面している。このような問題について、哲学・宗教・道徳・法律などの分野の知識を総合して、倫理的な判断をくだす学問を生命倫理（バイオエシックス）という。

　私たちは改めて人間の尊厳とは何かを考え、生命への畏敬を見つめ直し、生命倫理について考えてみる必要がある。

❷―遺伝子の操作

　生命科学はDNAの構造を解明し，2003年には人間の遺伝子情報の全体（ヒトゲノム）の解読が完了した。今や，人間が遺伝子を組み換えることによって，遺伝子レベルで生物を作り変えることが可能になっている。

　生物の一部から遺伝子を含む核を取り出し，それを核を取り除いた受精卵，または未受精卵に移植することによって，完全に同じ遺伝子組成をもつ個体（クローン）をつくる技術が進歩した。

　1996年にイギリスで「ドリー」と名づけられたクローン羊が誕生した。クローン技術によって品質の優れた家畜をふやしたり，絶滅しつつある生物を保存することもできる。

　現在，クローン技術を使って人間のクローンを作ることは，倫理に反するとされて世界で禁じられており，日本でも2001（平成13）年のクローン技術規制法によって禁止されている。

　しかし，提供された卵子に患者の遺伝子を移植したクローン胚から，いろいろな臓器に成長することが可能な胚性幹細胞（ES細胞）を作り，拒絶反応のない移植用臓器を作ることも可能であることから，研究目的のヒトクローン胚の作成の是非について議論されている。

　現在では，人の皮膚などの体細胞に遺伝子や化学物質を組み入れて，身体のさまざまな部分に変化する能力をもつiPS細胞（人工多能性幹細胞）の研究も進み，再生医療のあらたな可能性を広げている。

　また，遺伝子組み換え技術によって，害虫や病気や寒さなどに強く，日もちのよい農作物なども作られている。これは農薬などの使用量を減らすという利点はあるが，その一方で，遺伝子組み換え食品の人体への影響や安全性について，まだ十分に確認されていないという意見もある。

❸―生殖医療の課題

　生殖医療の分野は，人間の卵子と精子を体外で受精させる体外受精の技術によって，めざましい進歩をとげた。1978年に世界初の「試験管ベビー」と呼ばれた体外受精児が誕生し，不妊の治療が進んだ。さらに男女の産み分けや，受精卵を第三者の代理母の胎内に移して出産する代理出産も可能となった。しかし，日本では原則として認められていない。海外では卵子を提供した遺伝上の母と，出産した代理母のあいだで，親権や養育権をめぐって訴訟が起こるケースも出ている。

　また，自分がどのような遺伝子をもっているかを判定する遺伝子診断を受ければ，将来，自分がかかる可能性がある病気を推測し，予防することに役立てることができる。

　しかし，遺伝子情報が明らかになることによって，就職や結婚で差別されたり，生命保険の加入で排除される問題が起こり得る。遺伝子診断によって，受精卵の段階で遺伝的な疾病を検査する受精卵診断が可能になったが，それが命の選別につながるのではないかという批判も出ている。

　生まれる前に子どもの遺伝病や障害の有無，性別を診断する出生前診断(しゅっしょう)には，受精卵診断(着床前診断(ちゃくしょう))と胎児診断とがある。現在は，重い遺伝病の可能性がある場合に限り，受精卵

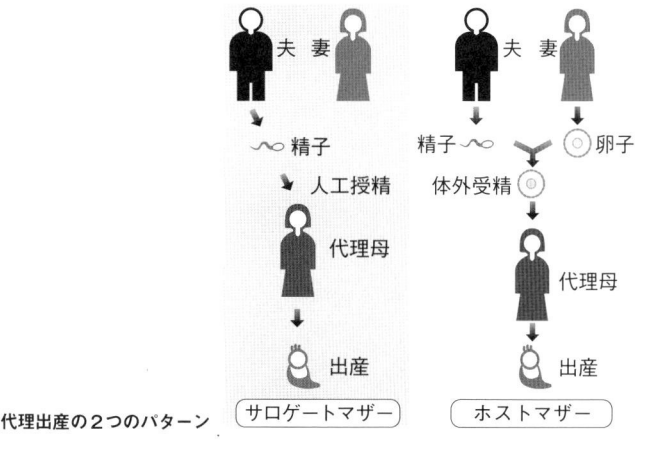

代理出産の2つのパターン

診断を認める方向にある。

また，将来は特定の遺伝子を組み入れて，親が望む身体の特徴や才能をそなえた子ども（デザイナー＝ベビー）を生むことも可能になるだろう。私たちは人間の生命や身体を，どこまで操作の対象としてよいのかについて慎重に議論しなければならない。

❹──脳死と臓器移植

かつて，死の判定の基準は心臓死とされ，心臓の停止，呼吸の停止，瞳孔の拡散が死の三兆候であった。これに対して，脳全体が回復不可能な機能の停止に陥る状態を脳死という。脳死状態になれば，脳の機能はもとには戻らず，自発的な呼吸ができなくなり，やがて体内の酸素が不足して心臓が停止する。

しかし，人工呼吸器の発達によって体内に酸素を強制的に送り込み，脳死の状態でもしばらくのあいだ心臓を動かすことができるようになった。そこで，脳死状態の人から心臓や肝臓などの臓器移植を行うことが許されるかが議論された。

日本では，1997（平成9）年に臓器移植法が成立し，生前に本人が臓器提供の意思を書面で示し，家族の同意があるという

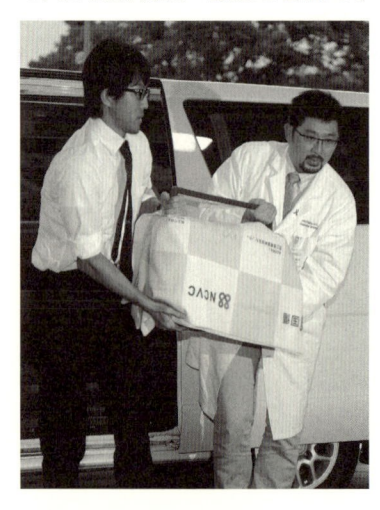

移植のためボックスで運ばれる臓器
脳死の人から，臓器移植を待ち望んでいる人への「命のリレー」が行われている。

条件のもとに脳死を人の死と認め、脳死の状態から移植ができるようになった。

また、臓器の提供者（ドナー）と提供を受ける人（レシピエント）の情報を結び、医学的に必要性の高い人から順番に提供をしていくために、日本臓器移植ネットワークが作られた。これは移植コーディネーターが、ドナーとレシピエントの橋渡し役を果たすための社団法人（現、公益財団法人）の組織である。

その後、日本では臓器移植が増えなかったため、2009（平成21）年には臓器移植法が改正され、脳死を人の死と認め、本人の意思表明がなくても、家族の同意があれば臓器移植ができることになった。また、それまでできなかった15歳未満の子どもの臓器提供についても、家族の同意があれば可能になった。これについては、脳の回復力の大きい子どもの脳死判定の難しさや、親の虐待によって亡くなった子どもからの臓器移植をどのように防ぐかという問題も出されている。

臓器移植が必要な患者やその家族にとっては、臓器移植は生きるための唯一の道である。その一方で臓器を提供する人やその家族には、脳死状態であってもまだ心臓が動き、あたたかい体温がある限り、死とは思えないという感情や意見もある。

いずれにしても、これらのことは自分や家族の死をどのようにとらえるかという、一人ひとりの死生観が問われる問題であるから、できるかぎり本人の生前の意思表示（リヴィング＝ウィル）の尊重のもとに判断されるべきであろう。また、臓器移植を受ける人を公正に選ぶためのルールや、ドナーの人権を守り、ドナーの家族の心のケアをするなど、多くの課題がある。

❺―安楽死と尊厳死

今までの医療は、患者の命をできるだけ長く維持することを目的としてきた。しかし近年は、患者が人生の残された時間を、できるだけ人間らしく有意義に過ごすことを大切にする生命の

オランダで安楽死法に反対する人びと 2001年、オランダ上院は安楽死法を可決した。上院前には安楽死に反対する人びとが集まり、「天命は神のみが決めること」と書いたプラカードを掲げて訴えた。オランダ国内の世論調査では、多くの人が安楽死を容認し、合法化への要望が強かった。しかし、キリスト教系団体などには、反対意見が根強い。

質（QOL クオリティ＝オブ＝ライフ）の考え方が広まっている。

　ここには、「自分の人生を自分の意思と責任で」という考えがある。そのためには、患者自身の意思を尊重し、自分でみずからの生命や治療処置についての最終判断が行えるように配慮されるべきである。医療の現場において、インフォームド＝コンセント（医師の十分な説明を受けた上での同意）や、インフォームド＝チョイス（情報を十分に得た上での、患者による治療法の選択）という考え方が必要である。

　たとえば、不治の末期がんの患者などに対して、本人のリヴィング＝ウィルや家族の同意に基づいて、人工呼吸器などの延命措置を行わず、人間らしい自然な死を迎えさせる尊厳死の考え方がある。ここでは「自分の意思」がもっとも重要とされ、たとえ家族であっても本人の意思を代行することは認められないのが原則である。

　また、末期患者を苦痛から救い、安らかな死を迎えさせるために、薬物投与などの手段を用いて積極的に死を早める安楽死の是非も議論されている。しかし、日本をはじめ世界の多くの国では認められていない。

　人は、いつか死を迎える。私たちが最期まで人間らしい尊厳をもって生きてゆくためには、今までの医療に加えて末期の患者を身体的・精神的・社会的に支え、苦痛をやわらげる症状緩和ケアを専門に行うホスピスなど、終末期医療（ターミナル＝ケア）を充実させることが必要である。

　私たちが、自分の死のあり方を真剣に考えることは、まぎれ

もなく自分の人生を、つまり「どのように自分が人間らしく生き、そして死を迎えるか」を考えることでもある。生命倫理の問題は、人間の生とは何か、死とは何か、人間の尊厳とは何かなど、人間の生き方そのものが大きく問われているのである。

2 　地球環境問題と私たち

❶─科学技術と自然の関わり

　17世紀の近代科学の誕生と，18世紀のイギリスの産業革命以来，科学技術の発達によって，私たちの生活は物質的に豊かで，快適で，便利なものになった。しかし，その一方で自然環境の破壊と汚染という大きなマイナス面を生み出した。

　1950〜60年代から世界各地で大気汚染・水質汚濁・土壌汚染などの公害が社会問題になった。二酸化炭素などの温暖化ガスによる地球温暖化によって，気候の変動や海面の上昇や地表の砂漠化が進行している。

　その一方で，途上国では熱帯雨林の伐採が進んで，二酸化炭素を吸収する森林の面積が減少し，先進国では酸性雨による森林の立枯れが起こっている。また，フロンガスなどによるオゾン層の破壊も問題になっている。

　人間はより快適で便利な生活を追及するあまり，他の生物ばかりか，人類の生存そのものをおびやかすような，深刻な環境問題を引き起こしている。

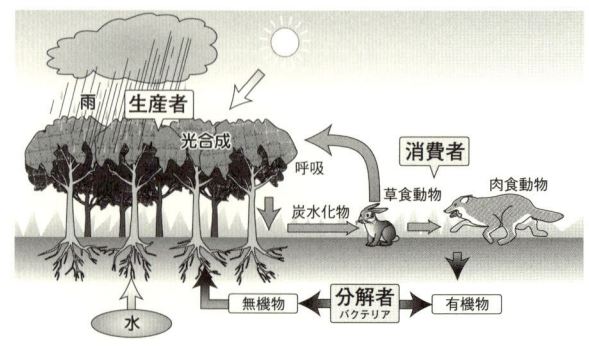

生態系の仕組み

❷─環境倫理の考え方

　私たちは今まで自然を富や利益を引き出すための，資源とエネルギーの貯蔵庫と見なして，開発を進めてきた。人間は，自然をみずからの繁栄のための道具や手段として考え，豊かな生活のために自然を利用することは，人間の特権であるとしてきた。

　しかし，そのような人間中心主義の考えに対して，人間を自然の一員としてとらえ，地球に生きるさまざまな生物の種や，自然の生態系そのものに生存の権利を認めるべきだという，自然中心主義の考え方が生まれた。このような環境倫理は大きくつぎのような三つの考えからなる。

　第一は，地球は宇宙空間に浮かぶ一つの完結した生態系であり，その有限な生態系の保護をめざす地球の有限性，地球全体主義の考えである。

　地球の自然は，さまざまな物質が循環し，その中で生物が連鎖しながら生存する生態系（エコシステム）を形成している。生態系のバランスを壊し，自然を無制限に利用することは，人類を含めすべての生物の生存をあやうくする。

　私たちは，地球の生態系の中に人間の生活を組み入れ，自然の循環の営みと調和した生活スタイルへと変換して，自然との共生をはかる必要がある。経済学者のボールディング〈1910〜93〉は，宇宙に浮かぶ地球の生態系を「宇宙船地球号」とたとえた。

　第二は，私たちがエネルギーや資源を消費する活動は，未来の人びとにも影響をおよぼすから，未来の世代にも責任を負うべきであるという世代間倫理である。たとえば，地球温暖化は化石燃料の使用によって二酸化炭素の排出量が増え，地球の平均気温が上昇し，砂漠化や海面上昇が進んで，未来の世代の生存に深刻な影響をおよぼす。

　環境の破壊や自然の枯渇は，現在の世代が加害者になって未

来の世代が被害者になるという,世代にまたがる時間差をもった構造的な問題である。

第三は,人間のみならず地球上の多様な生物や,それをはぐくむ生態系そのものに価値と生存の権利を認める自然の生存権の考えである。

経済学者のシューマッハー〈1911～77〉は,今まで人類が有限な地球環境という事実を無視して,ひたすら経済活動の拡大だけをめざしてきたことを批判している。彼によれば,そのような物質至上主義の根底には,人間の利己心や貪欲さがあるが,それらはそれ自体では自己抑制の原理を欠いているために,放置すれば無限に拡大し続け,自然の生態系や人間性の破壊を引き起こす。

シューマッハーは,「スモール＝イズ＝ビューティフル」と唱え,地球の自然環境と調和した節度のあるサイズの生活に改めることによって,真の豊かさをめざす英知をもつべきだと主張している。

私たちは地球の生態系の中に人間の生活を位置づけ直し,自然と調和した真に豊かな生活スタイルを考えていく必要がある。

❸─国際社会と環境問題

環境問題は,国境を越えて国際社会が全体で取り組まなければならない問題である。1992年に開かれた国連環境開発会議(地球サミット)では,「持続可能な開発」が目標に掲げられた。それは,環境保護と開発とを両立し,未来にわたって持続することが可能な経済活動のあり方をめざすものである。地球サミットでは,生物多様性条約や気候変動枠組み条約などが結ばれた。

地球温暖化への対策として,2015年のCPO21でパリ協定が結ばれ,すべての参加国が温室効果ガスの削減計画を作って実施し,5年ごとに見直していくという枠組みが合意された。

しかし，国際会議では環境保護を進めようとする先進国と，経済発展を優先して先進国に追いつこうとする途上国とのあいだで，意見が対立している。途上国からは，かつて環境破壊を行って経済的な豊かさを手にした先進国が，これから開発を進める途上国に一方的に環境保護を求めるのは，身勝手であるという意見が出されている。

また，近現代の個人主義的な考え方の中では，今の世代の豊かさの追及のみを中心にして，未来の世代に対する責任という意識が希薄であった。私たちは，現在の生活を営むと同時に，未来の世代の生存可能性についても責任を負い，人類の生き残りを真剣に考えるべきときにきている。

❹──日常の生活とリサイクル

私たちは，今まで物質的に豊かな生活こそが幸福の条件と思い，資源とエネルギーを浪費して商品を大量生産・大量消費し，同時にプラスチックなど自然の環境に戻らない廃棄物を大量に廃棄してきた。これからは，ものを使い捨てにする浪費的な生活態度を改め，節約したシンプルな生活に満足する，節度ある自己充足的な生活スタイルへと切り換えなくてはならない。

大量消費の使い捨て社会を克服するために，廃棄物の発生を抑さえるリデュース，使用済みの部品を再利用するリユース，不要になったものを再生して繰り返して利用するリサイクルの三つのRが進められている。市民から資源ごみとして回収されたものを，再利用する施設やシステムの整備が，国や地方自治体，企業などに求められている。

同時に，私たち一人ひとりが日常生活の中で，「自分ができることを少しずつ広げていく」という気持ちをもって，できることから実行していきたいものである。むだ使いや浪費を戒める「もったいない」という言葉があるが，ノーベル平和賞を受けたケニアの環境保護活動家ワンガリ＝マータイは，来日した

ときに、この「もったいない」という日本語を知り、世界に広く紹介した。私たちは日常生活の中で浪費をつつしみ、資源やエネルギーを無駄なく循環させる循環型社会への転換をはかる必要がある。

　また、環境に配慮した商品を求めるグリーン＝コンシュマーの運動のように、市民が消費の意識を変えることで、企業のもの作りも変わってくる。グリーン＝コンシュマーの運動は、1988年にイギリスで環境に配慮した店や商品を紹介した『グリーン＝コンシュマーガイド』が刊行されたことをきっかけに、広まった。地球サミットで提唱された「地球規模で考え、足元から行動を」ということを、一人ひとりが実践することが求められている。

3 情報社会とその課題

❶——情報の受け手としての自覚

　現代は情報化が進み，私たちは世界から一瞬にして大量の情報を手に入れることができる。衛星放送によって世界のニュースをみたり，インターネットや携帯電話で，世界の人びとと情報をやりとりすることができる。現代は，そのような大量の情報をもとに組織や人が行動し，情報の入手がより重要になっている情報社会である。

　情報化の進展にともなって，新しい問題が生まれている。あまりにも大量の情報に接するために，私たちはどれが真実であり，どれが重要であるかを判断することが難しくなっている。また，マス＝メディアの流す情報をすべて真実と思い込んだり，報道されない事実には，目を向けようとしない傾向もある。

　私たちはテレビが映し出す映像の面白さや迫力に目を奪われ，現実よりもテレビの生み出す本当らしいイメージを信じるようになる。メディアに媒介された映像が，実際に体験された現実よりも真実らしさをもち，メディアが再構成した映像を無批判に受け入れ，あたかも本当の出来事のように思い込む。

　アメリカのジャーナリストのリップマンは，今から半世紀前にすでにメディアが情報を意図的に操作し，人びとに一定のイメージを植えつけて，世論操作を行う危険性を指摘している。

　このような中で，私たちは情報の受け手としての自覚をもつ必要がある。メディアの流す一つの情報はある視点から見たものであり，けっして現実のすべてを伝えるものではないことに気をつけなければならない。さらに情報そのものが意図的にゆがめられたり，あやまっている場合もある。

　私たちはできるだけ自分自身で見聞きして調べたり，また，いろいろな立場から伝えられた複数の情報を総合して，真実を確かめて判断する態度をもつことが大切である。情報は，私た

ちが主体的に活用してこそ意味があるものになる。

❷―情報の発信者としての自覚

　私たちは，情報の受け手であるし，同時に情報の発信者でもある。
　コンピュータ＝ネットワークの普及にともなって，ネットワーク上に悪意をもって情報を発信する者もあらわれている。発信者が特定しにくいという匿名(とくめい)性を利用して，個人を中傷する書き込みをしたり，ホームページを勝手に書きかえたり，また，個人のプライバシーにかかわる情報が流されたり，漏洩(ろうえい)することもある。さらに，銀行のオンラインシステムを不正に操作したり，コンピュータ＝ウィルスを流す事件も起こっている。
　私たちは一人ひとりが情報の発信者としての自覚をもって，情報の扱いについての責任をもち，情報社会のモラルを身につけることが必要である。また，知る権利に基づいて国民の生活にかかわる公共の情報については情報公開を進めるとともに，個人情報保護の観点から個人のプライバシーを保護しなければならない。民主社会において，情報を扱う際に人権への配慮を行うことは，もっとも基本的なことである。

❸―現代人のコミュニケーションの変化

　情報化が進展する中で，人間がたがいの意志を伝えるコミュニケーションの形態が大きく変化した。かつては，人と人が直接対面して話すことが中心だったが，今ではインターネットや電子メールをとおして話すことが多くなった。ホームページを開設することによって，個人が不特定多数の人たちに情報を発信することもできる。さらに，大量の情報を一方的に流すという従来のマス＝メディアの限界をこえて，双方向性（インタラ

クティブ）のコミュニケーションも可能になった。このようなコンピュータ＝ネットワークによる新しいコミュニケーションの可能性は，世界の人びとが情報を共有し，市民がネットをとおして対話する，民主的なネットワーク社会の形成を進めている。

　しかし，その一方で私たちはネットを媒介にした便利で，わずらわしさのない会話に慣れるあまり，実際に他者と向き合って語るコミュニケーション能力が低くなっている。また，不特定多数の目にさらされる自分のホームページやブログへの反応に敏感になり，他者の書き込みを恐れるあまり，「空気を読む」と呼ばれるような，他者への同調の傾向が強くなる。

　そのような周囲への同調圧力のもとで，他者に好かれる「いい人」を演じる過剰な適応を行うあまり，人前で自分の意見を主張することができなくなる。自分の気持ちを言葉で伝えることができないストレスがたまると，「キレ」て攻撃的な行動に走りがちな傾向もあらわれてきた。とくに，現代の青年の対人関係の能力低下が問題になっており，対面的な場におけるコミュニケーション能力の育成が課題となっている。

❹──仮想現実の問題

　情報化の進展は，人間が対象をとらえる認知の枠組みにも影

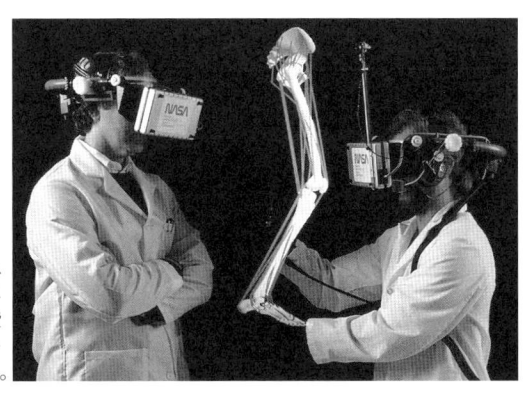

医療現場でのバーチャル＝リアリティ　人間の足を立体的に写し，外科手術の演習に利用している。実際には危険なことや，費用のかかる分野の研究や訓練には，バーチャル＝リアリティは大いに役立っている。

響をあたえている。コンピュータによってつくり出される仮想現実（バーチャル＝リアリティ）の世界は，コンピュータ＝グラフィックス（CG）の映像によって，人間の目や耳などの感覚に働きかけ，現実を疑似体験させるものである。仮想現実の世界は，さまざまな分野で利用されている。

その反面で，ボタン一つですべてが自分の思い通りになるので，現実と虚構との境を見失い，現実の出来事や人間関係にうまく対応できない人間を生み出す心配もある。さらに，人間の心を操作するマインド＝コントロールの手段として悪用される危険性もある。情報社会では，現実の社会への適応能力を高める教育や訓練がより必要とされている。

❺──情報リテラシー

情報化社会では，情報ツールを利用して必要な情報にアクセスする機会をもつ者と，もたない者との情報格差（デジタル＝デバイド）が生まれる。このような格差はコンピュータなどの操作に慣れていない高齢者と若者のあいだや，先進国と途上国のあいだに見られる。情報メディアを使いこなして情報を収集・活用する能力を身につけ，さらに必要な情報を選び取り，その真実を確かめる批判力を養う情報教育（情報リテラシー）の普及が必要である。

情報社会では，手軽にさまざまな情報を「知る」ことができる。そのためうっかりすると「知る」ことを「考える」ことととり違え，受身的に知ったことをいかにも自分で考えたかのように思い込みやすくなる。一方的に情報にあやつられることなく，情報をもとに主体的に「考える」ことが，情報社会における私たち一人ひとりの課題である。

4 国際化と異文化理解

❶—異文化との出会い

　文化とは，人間が自然に働きかけて作り出し，社会で共有され，伝達されてきた言語・学問・宗教・芸術・技術・社会制度・生活様式などを広くさす。世界の民族は，みずからにあたえられた環境に適応しながら，多様な文化を歴史的に形成してきた。

　人は誰でも自分が生まれ育ち，慣れてきた文化に親しみをもつ。異文化に出会うと違和感を感じ，心の安定が崩れてカルチャーショックと呼ばれる心理的な動揺を体験することもある。

　そのようなとき，私たちは親しんできた文化や習慣がもたらす精神的な安定を守るために，異文化を奇異なものとしたり，常識をはずれたものと思い蔑視することもある。そこから異文化への誤解や差別などの文化摩擦が生まれる。

❷—自文化中心主義の克服

　異文化への誤解や差別は，私たちが慣れ親しんだ自文化のみ

横浜の中華街　幕末の横浜開港後，中国から多くの人がやってきて，明治期以降，中国人街を形成した。私たちは，日本の中でも，他国の人たちや文化に触れる機会が増えてきている。

を優れたものと考えて絶対視し、他の文化を劣ったものとする自文化中心主義（エスノセントリズム）から生まれる。自文化中心主義は、自文化を唯一の基準とみなして他の民族の文化を差別したり、排除し、さまざまな民族の対立や争いを引き起こす原因になる。

　かつての人類の歴史の中では、支配する立場にある民族が、支配される民族や少数派の民族（マイノリティ）の文化を、自分たちの文化に同化・吸収する同化政策によって、国家を統一しようとした。しかし、さまざまな文化はその地域や民族の中で長い歴史をかけて形成された、独自のかけがえのない個性をもつものであり、人類の文化の豊かさをあらわすものである。

　国際連合は、2007年に先住民族の権利に関する宣言を議決し、先住民族の文化と伝統を尊重し、彼らの権利を保障することを訴えた。日本では、2019年のアイヌ施策推進法によって、アイヌを日本の先住民族として認め、アイヌの文化と伝統を守り、アイヌの人びとの誇りが尊重される社会の実現をめざすことが定められた。また、かつて琉球王国として独自の文化を築いた、沖縄の伝統や文化を守ろうとする人びともいる。

　私たちは自文化中心主義を抜け出して、すべての民族の文化には、それぞれ固有の価値があるという文化相対主義の立場に立つ必要がある。一つひとつの文化が、人類の文化の豊かさを形成するものであり、絶対的な基準をもとに多様な文化に優劣をつけ、序列化することはできない。自文化の尺度で一方的に異文化を評価するのではなく、自民族の文化や伝統に誇りをもちながらも、同時に他民族の文化の独自性を尊重する多文化共生・多文化主義の社会が求められている。

❸——文明の衝突から文明の共生へ

　世界の近代化は欧米の科学技術の普及に負うところが大きかったが、その反面で欧米の文化や宗教についての考え方を基

準にし,その他の文化や宗教を異質なものと見なす傾向を生み出した。明治時代から西欧の文化を導入することによって近代化を進めた日本でも,欧米の文化を優れたものとし,アジアの文化を遅れたものと考える偏見が生まれた。

　パレスチナ出身のアメリカの文学研究者・文明評論家のサイード〈1935～2003〉は,その主著『オリエンタリズム』の中で,「西洋」と「東洋」を対立的に考える枠組みそのものが,近代の西欧のアジアへの片寄った見方から生まれたと批判した。西欧は「東洋」を自分たちとは異なったエキゾチック(異国的)なものと見ることで,自分たちの文化を文明化が進んだ優れたものと見なした。

　サイードは,このような西欧から見た東洋に対する差別的な考え方を,オリエンタリズムと呼び,そのような思考の枠組みが,西洋によるアジアの植民地支配や人種差別にも結びついたと批判した。

　イスラーム諸国が国際社会に登場してきたとき,イスラーム教に基づく文明などの非西洋的文明と,ヨーロッパ文明との衝突は避けられないという文明の衝突について論じられた。しかし,同じ地球に生まれ,豊かな自然に生きる人間が作り出す文化には,人間としての深い共感がともなうものである。

　私たちは,世界の多様な文化を,自文化を基準にして固定的なイメージで一方的に決めつけるステレオタイプ的な見方をや

同時多発テロで破壊されるニューヨークの世界貿易センタービル　2001年9月11日,ハイジャックされた飛行機がビルに突っ込み,ビルはまもなく崩れ落ちた。

め，それぞれの文化の個性を認めながら，異文化の理解を深める必要がある。文化の違いを地球に生きる人類の文化の豊かさとしてとらえ，対話を通して文明の共生をめざすことは，われわれ人類の大きな課題である。

❹—人類と宗教

　人類の精神が目覚める歩みにおいて，私たちの祖先がみずからの生命の不思議さを自覚し，命を生み出したものに感謝と畏敬(けい)の心をいだき，また，その命を失う死への恐れや悲しみを感じ始めたときから，宗教が生まれたのであろう。

　古代の日本人は自然のすべてのものに神が宿ると考え，八百万(やおよろず)神を信仰した。また，日本の先住民族であるアイヌは森や川など自然そのものが神であると信じ，それを畏敬の念を込めてカムイと呼んだ。沖縄の人びとは海のかなたにある国ニライカナイから神がやってくると信じた。

　世界の宗教は，さまざまに説かれているが，命の根源に対する畏敬と感謝の心が込められている点では，人類に共通する普遍的な文化といえよう。

❺—寛容の精神

　世界のさまざまな文化には，今なお宗教が重要な要素として存在している。宗教を中心にして人びとの人生観や価値観，伝統や生活の様式が形成されている地域も多くある。同時に，無宗教の人びとも存在する。

　私たちは，特定の宗教だけを絶対視する偏狭な精神を克服し，さまざまな宗教を人類の文化として尊重する寛容の精神をもつべきである。世界の文化が共存するためには，宗教に対するそれぞれの人の態度を，たがいに尊重し合うことが必要である。

5　世界の平和と人類の福祉

❶―世界の平和

　18世紀に，哲学者のカントは『永遠平和のために』を書いて，国際機関の設立や常備軍の廃止を提案して，永久平和を訴えた。人類は，それから二度の世界大戦を経て，現在も民族紛争やテロと戦いながら国際平和の道を模索し続けている。平和は，人間が人間にふさわしい生活を送るための基盤であり，すべての人は平和の中で生きる平和的生存権をもつと考えられている。
　その平和をおびやかし，争いを生み出す要因となるものには，集団の排他的な心理から生まれる差別や抑圧，富の配分の不平等と貧困，人権の意識の低さなどがある。

❷―排他的・差別的な人間の心理

　争いを生みエスカレートさせる要因の一つには，異質な者を排除しようとする，人間の心理がある。
　人間が集団を形成すると，そこに「ウチ」と「ソト」の差別の意識が生まれる。共通の文化や伝統をもつ仲間のウチの集団は，自分たちとは異なる文化や伝統をもつ他者を異質なソトの集団として排除しようとする傾向をもつ。ソトの集団を異質なものとして排除することによって，ウチの集団の同一性を主張し，結束を高めようとする。哲学者のベルクソンは，そのような排他的な集団を閉じた社会と名づけている。
　他者の集団への差別には，自分たちの集団を正当化しようとする心のメカニズムが潜んでいる。ウチの集団の優位性を主張するために，ソトの集団が劣っていると決めつけ，差別や蔑視を行う。

そこでは，自分たちがもつ悪や弱点などのマイナスのイメージを他者に投影し，他者を攻撃することによって自分たちの正しさを主張するスケープゴートの心理が働いている。スケープゴートは，他人の罪を身代わりとなって背負う者のことで，『旧約聖書』に由来する。このような閉ざされた心が，戦争や民族紛争をエスカレートさせる要因となっている。

❸―貧困の克服

　民族紛争やテロを引き起こす，もう一つの大きな要因は，途上国の人びとの貧困である。貧困の苦しみや生活への絶望感が，社会に対する不満となり，その吐け口として反政府勢力のテロや異民族への差別や攻撃となってあらわれる。
　北半球の先進国と，南半球の途上国との経済格差の問題である南北問題は，国際社会が解決すべき大きな課題である。人口の2割を占める北の先進国が膨大な資源やエネルギーを消費し，その一方で，人口の8割を占める南の途上国の多くの人びとが貧困に苦しんでいる。
　たとえば，途上国で生産されるトウモロコシがエネルギー源であるバイオエタノールに加工されて，先進国へ輸出され，貧しい人びとの食糧としていきわたらないという問題が起こっている。また，先進国の資金が投機マネーとなって穀物を買い占め，穀物価格の上昇を引き起こして，途上国の人びとの生活を苦しめることもある。
　国際連合をはじめ，各国のODA（政府開発援助）による途上国への資金援助が行われ，日本ではその一環としてJICA（国際協力機構）による青年海外協力隊も活動している。また，民間のボランティアによるNGO（非政府組織）やNPO（非営利団体）の活動も，途上国の支援に欠かせないものとなっている。

❹―NGOの活動

　NGOなどによる市民の活動が，途上国での医療・衛生・教育・農業や，貧しい人びとの経済的自立の支援を行っている。

　ノーベル平和賞を受賞した国境なき医師団（MSF）は，1971年にフランスで結成されたNGOで，世界各地で医療活動を行い，日本からも医師が参加している。

　対人地雷の製造と使用の廃止を求める地雷禁止国際キャンペーン（ICBL）は，1992年に結成された地雷禁止運動のNGOで，その呼びかけで97年に対人地雷禁止条約（オタワ条約）が結ばれた。しかし，この条約にはアメリカ・ロシア・中国などの軍事大国は締約していない。

　また，途上国の製品を適正な価格で購入して，その売上げを現地の人びととの経済的自立に役立てるフェアトレードの運動も行われている。バングラデシュの貧しい女性に無担保で融資を行って，経済的な自立を支援するグラミン銀行の取組みも注目されている。これは，経済的な自立をめざす女性の自助グループをつくり，たがいが融資の保証人になることによって連帯を深め，グループで支援しあって経済的な自立の道を模索するものである。

　このような市民の支援と工夫によって，貧困や病気や劣悪な環境に苦しむ人びとを救い出す努力が，全世界で広まっている。

❺―人権意識の高まり

　戦争は人間の命を軽んじ，人間の尊厳を踏みにじるものであるから，世界平和を守るためには世界の人びとに人権を守る意識を高めることが必要である。

　国際連合では，1948年に『世界人権宣言』を採択し，66年にはそれを具体化して義務づけた『国際人権規約』を採択した。

これは，世界人権宣言を具体化して実施を義務づけたもので，社会権規約（A規約）と自由権規約（B規約）がある。その後も，1965年に人種の相違による優越主義は科学的に誤りであり，道徳的・社会的に非難されるべき不当なものであるとする『人種差別撤廃条約』，79年に男女の固定的な性的役割分業の考えの打破をめざす『女性差別撤廃条約』，89年に18歳未満の子どもを対象に，親の保護を受ける権利，教育を受ける権利，意見表明の権利などを定めた『子どもの権利条約』が採択され，差別を受けてきた少数派の民族や，社会的に弱い立場におかれた女性や子どもの人権の意識を高める努力がなされてきた。

しかしその一方で，貧しい途上国では貧困から親に捨てられたり，家出をして路上で生活するストリート＝チルドレン，家庭の貧しさから学校に通えずに，児童労働を強制される子どもたちや，売春組織で働かされる少女たち，反政府組織に連れ去られて強制的に兵士として使われるチャイルド＝ソルジャー（少年兵），また，男性中心の社会風習の中で差別や虐待を受け

少年兵の姿

児童労働　ネパールのカーペット工場で働く子どもたち。

る女性など，子どもや女性の人権が守られない現状が問題になっている。

　また，政治的な迫害を受けたり，内乱や環境の悪化によって母国を逃れて，他国で困難なキャンプ生活を強いられる難民の救済も課題になっている。国連難民高等弁務官事務所（UNHCR）を中心に，難民への救済事業が行われている。さらに先進国においても不況の影響で失業した人びとや，ホームレスになった人びとへの社会的な支援を行い，社会全体ですべての人びとの人権を守る努力が必要とされている。

❻——バリアフリーとノーマライゼーション

　私たちの身のまわりには自分には不自由がなくても，高齢者や妊娠している女性，車いすを使用している人，目や耳の不自由な人，異なる言語をもつ人びとには，バリア（障壁）となるものが存在している。バリアフリーの社会とはそのような障壁を取り除き，誰でもが不自由なく生活を送れるように，生活環境を整備した社会をさす。

　また，障害のある人もない人も，高齢者も子どもも，男性も女性も，すべての人が同じ市民として共に生活できるノーマライゼーションの考え方も大切である。

　これは最初は知的障害のある人を施設などに隔離するのではなく，一般の市民とともに生活できるようにしようという考え方であった。しかし，今日ではノーマライゼーションは，もっと広く解釈され，すべての人が共生することが正常な社会のあり方なのであるという認識を広めることを目的としている。

　このような共生社会を阻むものには，段差や狭い出入口など，物理的なバリアだけでなく，差別や特別視など，人びとの行動や心理的な側面のバリアもある。多様な人びとが共生するためにはみずからの心の壁を突き破って，自分と異なる境遇の人とも言葉を交わし，心のバリアを乗りこえて心のコミュニケー

ションを行う前向きな気持ちが必要である。

　このような開かれた態度は，私たちの身のまわりから国際社会まで必要である。たがいを人として対等に認め合い，すべての人が平等に生きることができる社会を実現するためには，私たちの心のバリアフリーが求められている。

❼―人類の福祉

　福祉の福も祉もともに幸せのことをさすが，祉という字には，幸せが神によって毎日の生活に止（と）められるという意味がある。現代の福祉は，かつて神に祈願した幸せを，社会の人びとが協力し，社会全体で実現しようとする考えである。
　人間が地球のどこに生まれても幸せに平和に暮らせる世界を作ることは，人類の大きな課題である。貧困や差別をなくし，衛生や教育を普及させて人類の福祉を増進することが，紛争やテロの要因を減らし，世界の平和を実現する道でもある。
　これからの国際社会では特定の個人や企業の利益，ナショナル=インタレスト（国益）のみを追求するのではなく，世界の人びとに利益が公平にいきわたる，公正で平和な国際社会の枠組みを構築する必要がある。そのためには，企業や国家にのみ問題の解決をまかせるのではなく，私たち一人ひとりが地球に生きる一員として，国境をこえて自由に議論し，人類の未来について語り合うことが必要であろう。

エピローグ　命の星に生きる

　果てしない宇宙のかたすみで，およそ46億年前に地球が生まれ，そして40億年前に地球上に最初の生命が誕生した。大きな宇宙に比べれば，地球はとるに足らない小さな存在である。
　しかし，地球は大気・水・適度な日光と温度など，生命が育つ環境に恵まれた奇跡的な生命の星である。かつて，月に着陸

月から見た地球 1969年，アメリカ合衆国の宇宙船アポロ11号は月に着陸し，人類は初めて月面に立った。ある宇宙飛行士は，「自分がここに生きている。はるかかなたに地球がポツンと生きている……かくも無力で弱い存在が宇宙の中で生きているということ，これこそなんの説明もなしに，神の恵みだと実感できた」と語っている。

したアメリカの宇宙船アポロの宇宙飛行士は，月面から地球をながめたとき，暗闇の真空の宇宙空間が広がるなかで，青く輝く地球だけに生命が存在することの神秘と不思議さに心を打たれたと語っている。

　私たちの命は奇跡的な生命の星である地球によってあたえられた，贈り物なのである。

　地球に生命が誕生してから，今まで無数ともいえる多様な生物が生まれてきた。その中で，人類の祖先があらわれたのは，わずか500万年ほど前からにすぎない。しかし，この地球の生命の歴史の中で人間だけが命の神秘と価値に目覚め，命の尊さを自覚する精神をもつにいたった。さらに，その生命をもたらす地球や宇宙の存在を，驚異の念をもって見つめるようになった。

　人間は命を守り，成長させることが善であり，命を傷つけ，破壊することが悪であることを知っている唯一の生きものである。人間だけが倫理や道徳をもっていることは，命の価値を自覚する唯一の存在としての，命に対する責任のあらわれといえよう。

　人類の平和な共存を実現し，地球の環境を守ることは，命に目覚めた人間の責任であり，「生命の星」地球に生まれた人類の使命ではないだろうか。

索引

人名

●あ
アインシュタイン 105,106
アウグスティヌス 67,68
芥川龍之介 243
アサンガ 79
アダム＝スミス 133
アドルノ 172
安部磯雄 234,235
アマーティア＝セン 134
雨森芳洲 210
新井白石 210
有島武郎 244
アリストテレス 17,32-37,69
アルベルティ 86
安藤昌益 220
アンネ＝フランク 165,166

●い
イエス＝キリスト 61,65,88,94
イグナティウス＝ロヨラ 90
イザヤ 60
石田梅岩 218
石橋湛山 250
石牟礼道子 251
市川房枝 236
一遍 200,201
伊藤仁斎 213,214

●う
ヴァスバンドゥ 79
ヴァルダマーナ 73
ウィトゲンシュタイン 181,182
植木枝盛 229
ウェッブ夫妻 132
植村正久 230
ヴォルテール 114
内村鑑三 231

●え
栄西 203
エピクテトス 39
エピクロス 40-41
エラスムス 88
エリクソン 8,9
エレミヤ 60
エンゲルス 128
エンペドクレス 21

●お
オーウェン 127
王陽明 50,51
大江健三郎 250
岡倉天心 233
荻生徂徠 215,216
奥むめお 236
折口信夫 248

●か
ガウタマ＝シッダールタ 73
景山（福田）英子 236
荷田春満 222
片山潜 234,235
加藤周一 250
加藤弘之 227
鴨長明 208
賀茂真淵 222
ガリレオ＝ガリレイ 96,182
カルヴァン 89,90
河上肇 235
鑑真 195
ガンディー 160,161
カント 18,115-119,277
韓非子 44

●き
キケロ 38
岸田俊子 236
北一輝 234
北村透谷 239
木下順庵 210
木下尚江 235
行基 195
キルケゴール 146-149,153
キング牧師 163,165

●く
空海 195,197,198
空也 199
陸羯南 233
九鬼周造 247
グロティウス 108
クーン 182

●け
契沖 222
ケプラー 95
源信 199

●こ
孔子 41-44,213,214
幸徳秋水 235
小崎弘道 231
小林秀雄 250
コペルニクス 95

●さ
西行 191
最澄 195-197
サイード 275
坂本竜馬 226
佐久間象山 225
佐藤直方 211
サリヴァン 11
サルトル 156,157
サン＝シモン 128
サン＝テグジュペリ 83

●し
ジェームズ 142

シェリング 125,126
志賀直哉 244
シーボルト 225
シュヴァイツァー 162,163
朱子（朱熹） 50
荀子 47-49
聖徳太子 193-195
ジョン＝レノン 171
親鸞 196,200-203

●す
杉田玄白 225
鈴木大拙 247
スピノザ 103

●せ
世親 79
セネカ 39
ゼノン 38,39

●そ
荘子 53,54-56
ソクラテス 22,23-27,31

●た
高野長英 225
太宰春台 217
田中正造 237
タレス 20
ダンテ 85

●つ
津田真道 227

●て
ディドロ 114
デカルト 100-103
手島堵庵 218
デューイ 143-145
デリダ 183

●と
道元 196,203-205
ドゥルーズ 184
徳富蘇峰 233
トマス＝アクィナス 69
トマス＝モア 88
富永仲基 219

●な
中江兆民 229
中江藤樹 211-213
中村正直 227
夏目漱石 240,241
ナーガールジュナ 79

●に
新島襄 230
西周 227
西川如見 218
西田幾多郎 244,245
西村茂樹 233
ニーチェ 149-151
日蓮 196,205-207

新渡戸稲造 231
二宮尊徳 219-221
ニュートン 96,182

●は
ハイデッガー 153-156
パウロ 65,66,68
バークリー 100
パース 142
パスカル 90,92-94
服部南郭 217
バーナード＝ショウ 132
塙保己一 222
ハーバマス 173-175
林羅山 210
ハンナ＝アーレント 180-181

●ひ
ピコ＝デラ＝ミランドラ 86
ヒューム 100
平田篤胤 223,224
平塚らいてう 236

●ふ
フィヒテ 125,126
フェノロサ 233
フォイエルバッハ 13
福沢諭吉 227-229
フーコー 175-177
藤原惺窩 210
フッサール 154
ブッダ 73-78,80,81,195
プラトン 28-32
フランクル 14
フランシスコ＝ザビエル 224
フーリエ 128
フロイト 184
プロタゴラス 22
フロム 16,172

●へ
ヘーゲル 120-126,130
ベーコン 97-99
ヘシオドス 19
ペテロ 65
ペトラルカ 85
ヘラクレイトス 20
ベルクソン 29,168,169,277
ヘルマン＝ヘッセ 16,160
ベルンシュタイン 132
ベンサム 136-138

●ほ
ボーヴォワール 158
法然 195,200,201
墨子 51,52
ボッカチオ 85
ボッティチェリ 86
ホッブズ 109-111

ボードリヤール　183
ポパー　142,144
ホメロス　19
ホルクハイマー　172

●ま
前野良沢　225
マキァヴェリ　87
マザー＝テレサ　167
マックス＝ウェーバー
　　　　　　　　　90
マハーヴィーラ　73
マルクス　128-130
マルクス＝アウレリウ
　ス　39
マルクーゼ　172
マルチン＝ブーバー
　　　　　　　　　12
丸山眞男　250

●み
ミケランジェロ　86
南方熊楠　249
南村梅軒　211
美濃部達吉　238
三宅雪嶺　233
宮沢賢治　169,170,253
ミル　138,139,227

●む
無着(無著)　79
武者小路実篤　243
ムハンマド　70,71
室鳩巣　210

●め
メーテルリンク　136
メルロ＝ポンティ
　　　　　　158,159

●も
孟子　45-47,49
毛沢東　131
モーセ　59,60,70,71
本居宣長　190,222,223
森有礼　227
森有正　250
森鷗外　241,242
モンテスキュー
　　　　　　111,114
モンテーニュ　90,91

●や
ヤスパース
　　　　　18,151-153
柳田国男　248,249
柳宗悦　248,249
ヤハウェ　60
山鹿素行　214,215
山片蟠桃　219
山崎闇斎　211,224
山室軍平　231

●ゆ
湯川秀樹　106,250

●よ
横井小楠　225
与謝野晶子　239
吉田兼好　208
吉田松陰　213,225
吉野作造　238,239
吉本隆明　251

●ら
ライプニッツ　104
ラッセル　106
ラファエロ　86
ラーマクリシュナ　58

●り
リオタール　183
リースマン　146
リップマン　269
竜樹　79

●る
ルソー　14,112-115,229
ルター　88-90

●れ
レイチェル＝カーソン
　　　　　　105,106
レヴィ＝ストロース
　　　　　　176,177
レヴィナス　178,179
レオナルド＝ダ＝ヴィ
　ンチ　85,86
レーニン　131

●ろ
老子　53-54
ロック　100,110,111
ロールズ　134,135

●わ
渡辺崋山　225
和辻哲郎
　　　185,186,246,247

事項名

●あ
愛
　12,21,52,62,66,68,75,
　93,152,167,212,214,253
愛敬　212
愛しながらの戦い
　　　　　　　　153
ICBL　279
アイデンティティ
　　　　　　　　8,9
アイデンティティの拡
　散　9
アイデンティティの危
　機　9
愛の闘争　153
iPS細胞　258
愛別離苦　74
アウフヘーベン　123
アガペー　62
悪　26,48,137,192,283
悪人正機　202
足尾銅山鉱毒事件
　　　　　　232,237
アタラクシア　40
アートマン　73
アナムネーシス　29
アニミズム　190
アパテイア　38
アヒンサー　161
阿弥陀仏　199-203
阿羅漢　78
「あらたな野蛮」　173
アルケー　20
「あれか，これか」
　　　　　　　　148
アレテー　26
アンガージュマン
　　　　　　　　158
安天下の道　216
安楽死　262

●い
イエズス会　90
いき(粋)　247
生きがい　14,15
「生きられた身体」
　　　　　　　　158
イスラーム教
　　　70-72,77,162,190
伊勢神道　224
一乗思想　196
一切皆苦　74
一神教　60,190
イデア　28-32
遺伝子　257
遺伝子診断　259
イドラ　98
異文化　273
イリア　178
因果法則　98,100
因縁　74,75,79,170
インフォームド＝コン
　セント　262
インフォームド＝チョ
　イス　262

●う
ヴィザージュ　178
「宇宙船地球号」　265
ウパニシャッド哲学
　　　　　　　72,73
ウンマ　71
運命愛　151

●え
永久平和　277
永劫回帰　150
エイドス　33
易姓革命　47
エゴイズム
　　　63,66,166,240,241
エコシステム　265
エス　184
エスノセントリズム
　　　　　　254,274
NGO　278
NPO　278
NPT　106
エポケー　154
MSF　279
エロース　29,30
演繹法　102
縁起の教え　75,76,79
怨恨　150

●お
王権神授説　109
黄金律　139
往生　206
オタワ条約　279
ODA　278
オリエンタリズム
　　　　　　　　275
恩賜の民権　230
怨憎会苦　74

●か
懐疑主義　91
恢復の民権　230
快楽主義　40
顔　178,179
科学革命　97
核拡散防止条約　106
革命権　111
格率　118,142
仮言命令　117
我執　75,196,204,207
カースト制度　72,161
仮想現実　272
花鳥風月　222
カトリック教会　96
からくにぶり　222
からごころ　222
カリタス　68
カリフ　71
カルチャーショック
　　　　　　　　273
カルマ　72
考える葦　93
環境問題　264,266
環境倫理　183,265
観想　34
惟神の道　223

索引　285

寛容の精神 168
● き
気 49
義 46
偽 49
機械論的自然観 97
気候変動枠組み条約 266
幾何学的精神 93
帰納法 99
「95カ条の意見書」 88
救世主 61,65
『旧約聖書』 59
QOL 262
京都議定書 266
教父 67
居敬 50
義理 219
キリスト教 59,66,67,70,71,77,88,90,94,150,190,192,231,232,234
キリスト 65
禁欲主義 38

● く
空 79,80
偶像 71,98
クオリティ＝オブ＝ライフ 262
久遠実成の仏 206
「ク＝セ＝ジュ？」 90
求不得苦 74
グリーン＝コンシューマーの運動 268
クローン技術 258
軍国主義 234
君子 44

● け
敬 210-212
経験論 99,116
経世済民 216,217
形相 33
啓蒙思想 114,115,227
啓蒙思想家 114,115,227
解脱 72,73
兼愛 52
兼愛交利 52
顕教 197
原罪 66
原始キリスト教 65
現実主義 32,87
現象学 154
現存在 154

● こ
考 42
孝 212
業 72,170
公害 264
皇国史観 224
口称念仏 200
公正としての正義 134

浩然の気 47
構造主義 175,176,183
幸福 25,33,34,84,136-139,172,267
公平な観察者 133
功利主義 137-139
合理論 103,104,116
五陰盛苦 74
古学 214,215
古義学 214
コギト＝エルゴ＝スム 102
国学 222
国際協力機構 278
『国際人権規約』 279
国宝 196,197
国連環境開発会議 266
個人主義 89,240,246
個性 8,244
国家主義 232-234,251
克己復礼 43
国境なき医師団 279
古道 222
『子どもの権利条約』 280
コミュニケーション的合理性 174,175
コミュニタリアニズム 135
五倫 47,211
コンピュータ＝ウィルス 270

● さ
「最大多数の最大幸福」 137
坐禅 203-205,244
雑種文化 250
サティヤーグラハ 161
サンクション 138
三元徳 68
三毒 75
産婆術 24
三位一体の教義 67
三密 198

● し
シーア派 71
自我 102,103,126,184,239,240,244
持戒 79
自我意識 8,9
自我同一性 8
只管打坐 204
色即是空 79
四苦 74
持敬 50
四元徳 31
自己愛 11,43,112
自己浄化 161
自己中心主義 58,66,240
時宗 200

辞譲の心 46
事上磨錬 51
自然 53,98,186,266
自然権 109,110,228
自然状態 109
自然世 221
自然中心主義 265
自然法 108,109,110
四諦八正道 76
四端 46
十戒 60
実学 228,229
実験の知性 144
実践理性 115,116
実存 126,147-151,152,156-158
実存開明 152
実存主義 126,146,149
実存的交わり 152
実存哲学 153
質的功利主義 138
実用主義 141
質料 33
CTBT 106
士道 215
四徳 46
自然法爾 202
ジハード 72
慈悲 76
自文化(自民族)中心主義 254,274
死への存在 153,155
JICA 278
ジャイナ教 73
社会契約説 109,113
社会主義 128,132,234,235
社会民主主義 132
社会民主党〔独〕 132
社会民主党〔日〕 235
自由 120,134,156-158
羞悪の心 46
宗教 57-59,70,72,77,150,242,274
宗教改革 88-90,108
宗教的実存の段階 149
「十七条憲法」 193
柔弱謙下 54
修身・斉家・治国・平天下 50
習性的徳 35
自由放任主義 133
自由民権運動 229,236,238
儒学 41,49,209,214
儒家神道 211
儒教 41,49,50,52,209,211,215,221,228,233,234
朱子学 49,50,209-211
修証一等 204
受精卵診断 259
主体的真理 148

循環型社会 268
純粋経験 244,245
恕 42
上下定分の理 210
小国寡民 54
上座部仏教 78
尚歯会 225
小人 43
精進 79
唱題 206
浄土宗 200
浄土信仰 199
浄土真宗 201
少年兵 280
昌平坂学問所 210
情報格差 272
情報社会 269,270,272
情報リテラシー 272
称名念仏 200
常民 248
逍遙遊 56
諸行無常 74
職業召命観 89
贖罪 66
贖宥状 88
助産術 24
諸子百家 41
女性解放運動 183,236
『女性差別撤廃条約』 280
諸法無我 74
地雷禁止国際キャンペーン 279
白樺派 244
自力 204
自律 118
思慮 34
仁 42,43,46,214,215
心学 218
人格 118,119,245
進化論 168
信仰 84,149,150,202,231
信仰義認説 88
人工多能性幹細胞 258
「信仰のみ」 88,89
新国学 248
真実無偽の心 214
真人 56
身心脱落 204
心身二元論 102,158
真・善・美の価値 245
心即理 51,212
人道 219,220
人道主義 160,234,235,244
神仏習合 224
人文主義 85
『新約聖書』 61
真理 18,28,69,80,81,91,100-103,115,121,142,143,149,161,195-197,204,245
真理の把持 161

真理の有用性 142	則天去私 241		281
人倫 124	ソフィスト 22,27	●つ・て	●は
「人倫の喪失態」 124	尊厳死 262	『徒然草』 208	バイオエシックス
神話 19	存在忘却 156	悌 42	257
●す	存心持敬 210	DNA 257,258	バイオテクノロジー
垂加神道 211,224	尊王攘夷思想 223,224	定言命令 117,119	257
推譲 220	●た	抵抗権 111,229	胚性幹細胞 258
水平社宣言 236	体外受精 259	諦念 242	バーチャル＝リアリティ
スケープゴートの心理	大逆事件 235	テオリア 34	10,272
278	大正デモクラシー	デザイナー＝ベビー	八苦 74
スコラ哲学 69,99	238	260	覇道 47
ストア派 38	大丈夫 47	デジタル＝デバイド	祓 192
ストリート＝チルドレ	対人地雷禁止条約	272	パラダイム 182
ン 280	279	哲人政治 31,32	バラモン教 72
スンニ派 71	態度価値 14	天台宗 196,197	バリアフリーの社会
●せ	大日如来 197,198	天道 219	281
性 50	代理出産 259	天皇機関説 238	パリサイ派 61
性悪説 48,49	代理母 259	天賦人権論 228	蛮社 225
正義	対話の理性 174	●と	汎神論 103
26,30,31,35,36,152	タオ 53	ドイツ観念論 120,126	般若 79
聖書中心主義 89	「たおやめぶり」	同一哲学 126	万人司祭 89
聖遷 70	222,223	道家 53	「万人の万人に対する
性善説 45	ダス＝マン 154	道教 53	争い」 109
性亜論 229	脱亜論 229	道具主義 143	万能人 86
性即理 50,210	脱近代化 183	洞窟の喩え 28	万物斉同 56
生態系 265,266	脱構築 183	道具的理性 173	●ひ
青年海外協力隊 278	他人指向型 146	道徳	美 245,248
政府開発援助 278	他人本位 241	7,22,24,42-44,49,53,	非営利団体 278
生物多様性条約 266	多文化主義 274	150,162,181,209,211,	非攻論 51
斉物論 56	魂 25,26,30,31,34,35,68	212,215,283	被差別部落 236
生命工学 257	魂の世話 26	道徳法則 118,119	非政府組織 278
清明心 191	魂の配慮 26	士活真 220	非戦論 232
生命への畏敬 162	ターミナル＝ケア	徳	美的実存の段階 148
生命倫理 183,257	262	26,27,30,34,35,42,44,	ヒトゲノム 258
世界－内－存在 154	他力 200-203	68,214,220	批判的精神 173
世界三大宗教 71	ダルマ 80	徳治主義 44	批判的理性 173
世界市民主義 38	●ち	独立自尊 228	批判哲学 115
『世界人権宣言』 279	智 46	ドナー 261	非暴力主義 163
責任 12	知恵	奴隷道徳 150	ヒューマニズム
世代間倫理 265	20,24,26,27,30,31,54	●な	85,160,162,235
節制 31,35	智慧 79	内的制裁 139	ヒュレー 33
絶対精神・世界精神	地球温暖化 264,265	ナショナリズム 233	●ふ
120	地球温暖化防止京都会	「南無阿弥陀仏」 200	フィリア 36
絶対他力 201	議 266	「南無妙法蓮華経」	フィロソフィア 20
絶対無 245	地球サミット 266,268	206	風土 186
是非の心 46	地球全体主義 265	鳴滝塾 225	フェアトレード
善意志 117	知行合一	南都六宗 195,196	279
全国水平社 236	27,51,212,213	●に	フェア＝プレイの精神
禅宗 204,205	知的徳 34	二元論的世界観 28	133
専修念仏 200	知足 206	日蓮宗 206	フェビアン協会 132
禅定 76,79	知足安分 218	ニヒリズム 149-151	福音 61,89
全体主義 180,183,246	知徳合一 26	日本臓器移植ネットワ	「不耕貪食の徒」 221
全体的正義 35	チベット仏教 81	ーク 261	武士道 232
善のイデア 31	チャイルド＝ソルジ	人間中心主義 22,265	布施 79
先王の道 216	ャー 280	人情 219	不殺生 161
選民思想 60	忠 43,214	忍辱 79	二つのJ 231
●そ	中道 75,76	●ね	仏教
想起 29	中庸 35	涅槃 75,76	71,73,74,77,78,194,
臓器移植法 260,261	超国家主義 250	涅槃寂静 75	195,197,200,221
創造的知性 144	超人 150,151	念仏 199,200,204	復古神道 223,224
相対主義 22	調整的定義 36	●の	仏性 196,206
曹洞宗 203	致良知 51,212	脳死 260 261	物心二元論 102
双方向性 270	鎮護国家 194	ノーマライゼーション	不動心 38
惻隠の心 46			部派仏教 78
即身成仏 198			

索引 287

部分的正義　36
普遍人　86
プライバシー　270
部落解放運動　236
プラグマティズム
　　　　　141-143
ブラフマチャリヤー
　　　　　　　161
ブラフマン　73
フランクフルト学派
　　　　　172,173
プロテスタンティズム
　　　　　　　90
フロネーシス　34
プロレタリアート
　　　　　　　131
文化
　　7,185,186,273,274
文芸復興　85
分度　220
文明開化　227,232
「文明の思考」　177

● へ
平民主義　233
別愛　52
弁証法　121,122

● ほ
包括者　18,152
包括的核実験禁止条約
　　　　　　　106
法世　221
報徳思想　220
方法的懐疑　101
法華経　206
ポスト構造主義　183
ポストモダン　183
ホスピス　262
ボランティア　164,167
ボランティア活動
　　　　　　　164
梵我一如　73
本地垂迹説　224
煩悩　75,201

● ま
マインド＝コントロール　272
真心　222
誠　214
マス＝メディア
　　　　　269,270
「ますらおぶり」　222
末法思想　199,204
「まれびと」　248
曼荼羅　198

● み
「見えざる手」　133
禊　192
道　53,215,219
密教　195,197,198
ミラノ勅令　67
民俗学　248
民族宗教　59,66,224
民本主義　238

● む
無　245
無意識　184
無為自然　49,54
無我　74-76
無教会主義　232
無常　74-76,207,208,250
無常観　207,208,250
ムスリム　70
無知の知　23
無明　75

● め
明六社　227,229
メシア　61,65
メソテース　35
メッカ　71
免罪符　88

● も
目的の王国　119
目的論的自然観　33
モナド　104

「もののあはれ」
　　　　　222,223
モラリスト　90
問答法　23

● や
八百万神　190,276
『野生の思考』　177

● ゆ
唯識の思想　79,80
唯心論　100
唯物史観　130,131
友愛　35,36
勇気　31,34,152
友情　36
UNHCR　281
ユダヤ教
　　59-61,63,66,70,71

● よ
陽明学　50,212,213
欲望　25,30,31,38
「欲望の体系」　124
預言者　70,71
吉田神道　224
予定説　89
世論操作　269

● ら
ラッセル・アインシュタイン宣言　106,250

● り
理　49,50
リヴィング＝ウィル
　　　　　261,262
理気二元論　50
リサイクル　267
理性
　　19,20,28,30,31,34,38,
　　117,173,175,176,253
理性の詭計　121
理性の狡知　121
理想主義　30,244

利他行　78
立正安国　206
律法　60-62,66,88
律法主義　61
リデュース　267
リバタリアニズム
　　　　　　　135
リビドー　184
リユース　267
両義性　158
良知良能　51,212
理論理性　115
臨済宗　203
隣人愛　63
輪廻　72,73
倫理的実存の段階
　　　　　　　148
倫理的徳　34,35

● る
ルサンチマン　150
ルネサンス　85-87,108

● れ
礼　43,46,48
礼治主義　48
レジグナチオン　242
レシピエント　261
劣等感　8

● ろ
老荘思想　49,53
労働の疎外　129
六信五行　71
六波羅蜜　78
ロゴス　19-21,38
ローマ＝カトリック
　　　　　　　90
ローマ＝カトリック
　　教会　67
ロマン（浪漫）主義
　　　　　　　239

写真所蔵・提供者一覧 （敬省略）

見返し表	神戸市立博物館	p.223	本居宣長記念館
p.53	長野県信濃美術館	p.225	東京都江戸東京博物館・
p.55	大倉集古館		Image: 東京都歴史文化財団イメージアーカイブ
p.80	興福寺		
p.163	PPS	p.228 右	慶應義塾福澤研究センター
p.186 左	都立野山北・六道山公園	左	慶應義塾図書館
p.192	椿大神社	p.229	日本近代文学館
p.195	宮内庁侍従職	p.231	日本近代文学館
p.197	一乗寺	p.235	法政大学大原社会問題研究所
p.199	西新井大師總持寺	p.236	日本近代文学館
p.201	知恩院	p.237 上	国立国会図書館
p.202	京都国立博物館	p.239 上	吉野作造記念館
p.203	奈良国立博物館	下	国立国会図書館
p.205	宝慶寺	p.241 上・下	日本近代文学館
p.207	池上本門寺	p.243	PANA 通信社
p.209	東京大学史料編纂所	p.244	日本近代文学館
p.211	東京大学史料編纂所	p.245	石川県西田幾多郎記念哲学館
p.213 上	藤樹書院	p.249 上	日本近代文学館
下	天理大学附属天理図書館	中	日本近代文学館
p.215	荻生美智子	下	南方熊楠顕彰館（田辺市）
p.217	明倫舎	p.252	PANA 通信社
p.220	慶應義塾図書館	p.255	PANA 通信社
p.221	報徳博物館		

ユニフォトプレス
　　見返し表・裏，口絵，p.19,23,26,29,33,39,41,43,45,47,57,59,61,65,67,70,73,83,
　　84,85,89,91,93,96,97,101,103,105,111,113,115,121,125,129,133,137,139,143,
　　145,147,151,153,155,157,159,161,165,166,167,169,171,175,177,179,181,
　　186 右 ,237 下 ,247,260,262,271,273,275,280,283

扉写真：Giorgio de CHIRICO "Hector and Andromache"
　　　　ⓒ SIAE, Roma & SPDA, Tokyo 2011

小寺　聡　こてら　さとし

滋賀県彦根市出身。
東京大学文学部倫理学科卒，同大学院修士課程修了。
東京都立高等学校で倫理を教えながら，山川出版社の教科書『現代の倫理』，『倫理用語集』，『もういちど読む山川倫理』などを執筆・編集。

もういちど読む山川倫理

2011年4月20日　　1版1刷　発行
2021年10月20日　　1版10刷　発行

編　者　　小寺　聡

発行者　　野澤武史

発行所　　株式会社　山川出版社
　　　　　〒101-0047　東京都千代田区内神田1-13-13
　　　　　電話　03(3293)8131(営業)　8135(編集)
　　　　　https://www.yamakawa.co.jp/
　　　　　振替　00120-9-43993

印刷所　　株式会社　加藤文明社

製本所　　株式会社　ブロケード

装　幀　　菊地 信義　　カバーイラスト　小山 進

©2011 Printed in Japan　ISBN 978-4-634-59071-7
造本には十分注意しておりますが，万一，落丁・乱丁などがございましたら，小社営業部宛にお送り下さい。送料小社負担にてお取り替えいたします。
定価はカバーに表示してあります。

現代人必携！　日々変化する社会情勢を正しく理解するために、高校の教科書を書き改めた教養書シリーズ。各分野の基礎となる知識が詰まった、学び直しのスタンダード。　Ａ５判　並製

（消費税10％）

新もういちど読む 山川 **日本史**　　　　　　五味文彦・鳥海靖＝編　税込 1,760 円

もういちど読む 山川 **日本近代史**　　　　　　鳥海靖＝著　税込 1,650 円

もういちど読む 山川 **日本戦後史**　　　　　　老川慶喜＝著　税込 1,650 円

もういちど読む 山川 **日本史史料**　　　下山忍・會田康範＝編　税込 1,650 円

新もういちど読む 山川 **世界史**　　　　「世界の歴史」編集委員会＝編　税込 1,760 円

もういちど読む 山川 **世界現代史**　　　　　　木谷勤＝著　税込 1,650 円

もういちど読む 山川 **世界史用語事典**　　「世界史用語事典」編集委員会＝編　税込 1,650 円

新版もういちど読む 山川 **政治経済**　　　　　　山崎広明＝編　税込 1,650 円

新版もういちど読む 山川 **地理**　　　　　　田邉裕＝著　税込 1,650 円

もういちど読む 山川 **倫理**　　　　　　小寺聡＝編　税込 1,650 円

もういちど読む 山川 **哲学** ことばと用語　　小寺聡＝編　税込 1,650 円

読むも良し 聞くも良し！「もういちど読むシリーズ」をプロのアナウンサーが朗読した、聞く教科書。　Ａ５判　並製　ＷＡＶ・ＭＰ３形式ＤＶＤ-ＲＯＭ付

アナウンサーが読む
もういちど読む 山川 **日本近代史**　　ナレーション＝土居壮　税込 2,420 円

アナウンサーが読む
もういちど読む 山川 **倫理**　　ナレーション＝河野明子　税込 2,420 円

倫理思想の流れ②

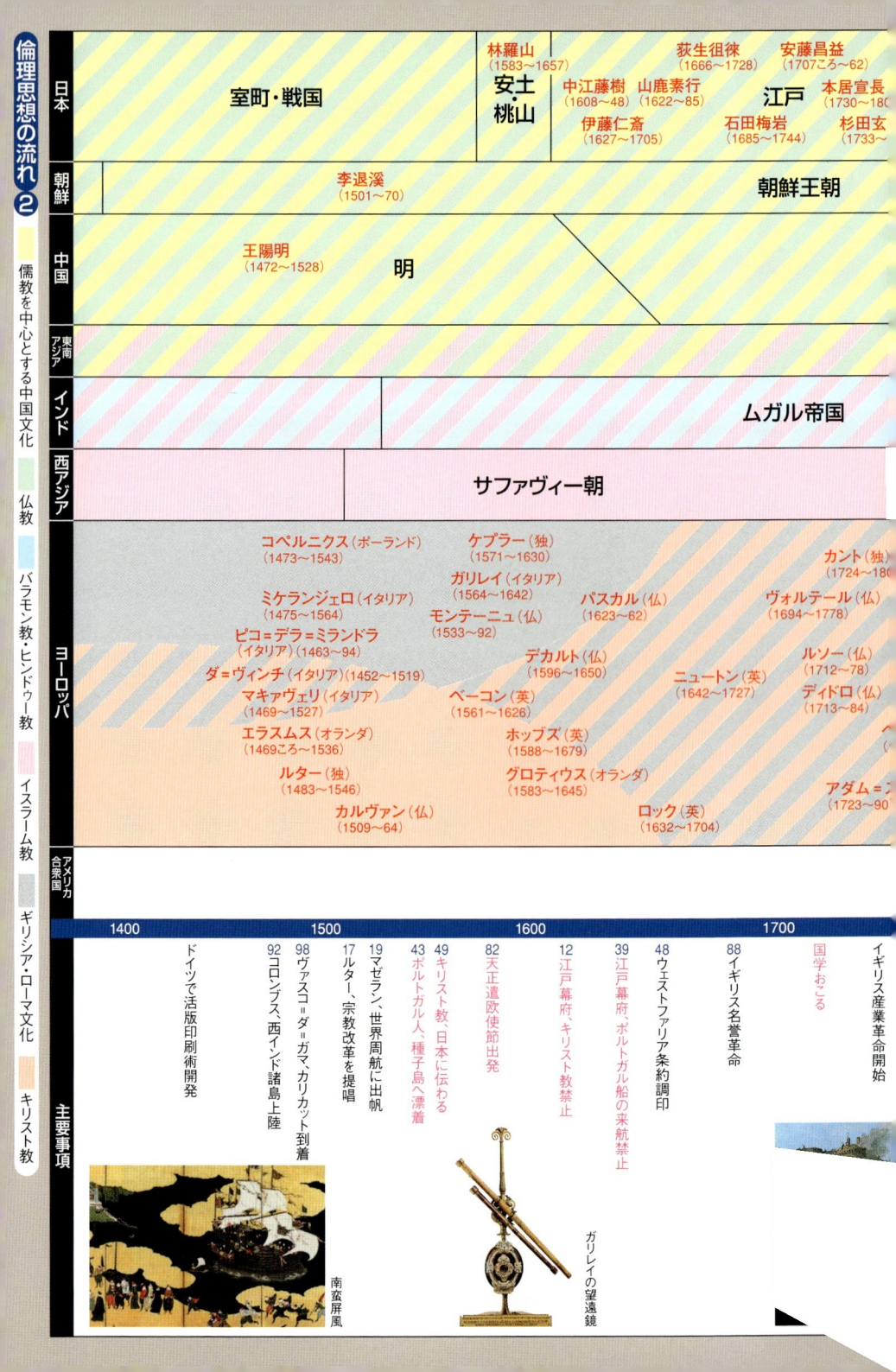

儒教を中心とする中国文化 / 仏教 / バラモン教・ヒンドゥー教 / イスラーム教 / ギリシア・ローマ文化 / キリスト教

日本
- 室町・戦国
- 安土・桃山
- 林羅山(1583~1657)
- 中江藤樹(1608~48)
- 山鹿素行(1622~85)
- 伊藤仁斎(1627~1705)
- 荻生徂徠(1666~1728)
- 安藤昌益(1707ころ~62)
- 江戸
- 石田梅岩(1685~1744)
- 本居宣長(1730~180…)
- 杉田玄…(1733~…)

朝鮮
- 李退溪(1501~70)
- 朝鮮王朝

中国
- 王陽明(1472~1528)
- 明

東南アジア

インド
- ムガル帝国

西アジア
- サファヴィー朝

ヨーロッパ
- コペルニクス(ポーランド)(1473~1543)
- ミケランジェロ(イタリア)(1475~1564)
- ピコ=デラ=ミランドラ(イタリア)(1463~94)
- ダ=ヴィンチ(イタリア)(1452~1519)
- マキァヴェリ(イタリア)(1469~1527)
- エラスムス(オランダ)(1469ころ~1536)
- ルター(独)(1483~1546)
- カルヴァン(仏)(1509~64)
- ケプラー(独)(1571~1630)
- ガリレイ(イタリア)(1564~1642)
- モンテーニュ(仏)(1533~92)
- デカルト(仏)(1596~1650)
- ベーコン(英)(1561~1626)
- ホッブズ(英)(1588~1679)
- グロティウス(オランダ)(1583~1645)
- パスカル(仏)(1623~62)
- ニュートン(英)(1642~1727)
- ロック(英)(1632~1704)
- カント(独)(1724~180…)
- ヴォルテール(仏)(1694~1778)
- ルソー(仏)(1712~78)
- ディドロ(仏)(1713~84)
- アダム=ス…(1723~90)

アメリカ合衆国

主要事項

1400
- ドイツで活版印刷術開発

1500
- 92 コロンブス、西インド諸島上陸
- 98 ヴァスコ=ダ=ガマ、カリカット到着
- 17 ルター、宗教改革を提唱
- 19 マゼラン、世界周航に出帆
- 43 ポルトガル人、種子島へ漂着
- 49 キリスト教、日本に伝わる
- 82 天正遣欧使節出発

1600
- 12 江戸幕府、キリスト教禁止
- 39 江戸幕府、ポルトガル船の来航禁止
- 48 ウェストファリア条約調印

1700
- 88 イギリス名誉革命
- 国学おこる
- イギリス産業革命開始

南蛮屏風

ガリレイの望遠鏡